Kriegsgefangen im Zweiten Weltkrieg

Das Buch

Zwei Großväter von Ernst Reuß waren »im Kriege« und anschließend in Gefangenschaft. Wo waren sie, und was haben sie gemacht? Zunächst interessierte nur die Familiengeschichte, dann aber weitete sich der Blick, und eine Frage drängte zunehmend in den Vordergrund: Wie gingen die Gegner mit ihren Gefangenen damals um?
Bei der Recherche stellte Reuß schon bald fest, dass es so gut wie keine Untersuchungen zu diesem Thema gab. Weder in West noch in Ost, wofür es unterschiedliche Gründe gab. »Zwar war viel über deutsche Kriegsgefangene in Sibirien zu lesen, aber es gab kaum etwas über das Schicksal der sowjetischen Kriegsgefangenen, obwohl 3,3 Millionen von ihnen in den deutschen Vernichtungslagern umkamen.«
Die vorliegende Arbeit bringt nicht nur Licht in das Dunkel eines verschwiegenen Kapitels deutscher Geschichte. Sie ist auch ein Kontrapunkt zu den Darstellungen des schweren Schicksals deutscher Kriegsgefangener in der Sowjetunion, mit denen wir bei Jahrestagen in den Medien konfrontiert werden, und gegen das systematische Verschweigen der Verbrechen an den gefangenen Sowjetsoldaten.

Der Autor

Ernst Reuß, Jahrgang 1962, geboren und aufgewachsen in Franken. Studium der Rechtswissenschaften in Erlangen und Wien. Promotion an der Humboldt-Universität zu Berlin. Danach als wissenschaftlicher Mitarbeiter an der Freien Universität Berlin und im Bundestag beschäftigt.
Zurzeit freiberuflich journalistisch und in der Erwachsenenbildung tätig.
Ernst Reuß lebt in Berlin.
Bisherige Veröffentlichungen: Berliner Justizgeschichte (2000), Vier Sektoren – Eine Justiz (2003), Gefangen! (2005).

Ernst Reuß

Kriegsgefangen im Zweiten Weltkrieg

Wie Deutsche und Russen mit ihren Gegnern umgingen

Weltbild

Genehmigte Lizenzausgabe für
Verlagsgruppe Weltbild GmbH,
Steinerne Furt, 86167 Augsburg

Umschlaggestaltung: Atelier Seidel, Teising
Umschlagmotiv akg-images, Berlin
Gesamtherstellung: CPI – Clausen & Bosse, Leck
Printed in the EU
ISBN 978-3-8289-4492-3

2013 2012 2011
Die letzte Jahreszahl gibt die aktuelle Lizenzausgabe an.

Das Schicksal der sowjetischen Kriegsgefangenen in deutscher Hand ist eines der dunkelsten Kapitel der Geschichte des Zweiten Weltkrieges.[1]

Prof. Dr. Hans Mommsen, 1995

Nach dem Zusammenbruch des »Dritten Reichs« bestand in Deutschland wenig Interesse am Schicksal sowjetischer Kriegsgefangener. Anteilnahme erregten lediglich die enormen deutschen Verluste in der Sowjetunion und das Schicksal deutscher Soldaten in sowjetischen Kriegsgefangenenlagern. Die Bewusstwerdung des Holocaust führte in erheblichem Maße zur Verdrängung der Verbrechen an Bürgern der Sowjetunion. Die eigenen Verbrechen dort, soweit überhaupt zur Kenntnis genommen, wurden mit Verbrechen der Alliierten aufgewogen.

Dies gipfelte darin, dass in der alten Bundesrepublik Mahnmale, die von den Sowjets oder von Überlebenden der Kriegsgefangenenlager errichtet worden waren, beseitigt oder entschärft wurden.[2] Schon harmlose Inschriften, die das Leid der Gefangenen darstellen sollten, waren offenbar dem Wirtschaftswunderdeutschen nicht mehr zuzumuten.

Waren gar Sowjetstern oder Hammer und Sichel auf den Denkmälern zu sehen, wurde dies in der noch jungen BRD häufig entschärft. Waren auf den Gedenksteinen bei den sowjetischen Massengräbern Zahlen der Opfer genannt, wurde penibel nachgerechnet und notfalls eine Tafel mit einer Gegenrechnung daneben gestellt. Obwohl bis zu 3,3 Millionen von 5,7 Millionen Gefangenen in den Lagern umgekommen sind und die sowjetischen Kriegsgefangenen somit neben den Juden diejenige Opfergruppe war, die das schlimmste Schicksal im Zweiten Weltkrieg erleiden musste, wurde nichts Genaueres über die sowjetischen Kriegsgefangenen ermittelt. »Systematische Massenmorde an Kriegsgefangenen sind nicht allein vom nationalsozialistischen Deutschland begangen worden. Vielmehr hat es sie in der Geschichte seit der Antike immer wieder gegeben. Dennoch ragt auch hier wieder der deutsche Fall heraus wegen der enormen Dimensionen, die noch einmal durch das kalkulierte Hungersterben in den Schatten gestellt wurden.«[3]

Wenngleich es sich bei den deutschen Lagern im Osten zumindest anfangs um reine Vernichtungslager für »slawische Untermenschen« handelte, interessierten sich weder Sowjets noch Amerikaner für eine umfassende Aufklärung.

Die Amerikaner hatten zu Beginn des Kalten Krieges kein sonderliches Interesse, das Leiden der sowjetischen Kriegsgefangenen ausführlich zu dokumentieren. Außerdem wurden mitverantwortliche Wehrmachtsgeneräle für den Aufbau einer westdeutschen Streitmacht, als Bollwerk gegen den Kommunismus, dringend gebraucht.

Den Sowjets andererseits war daran gelegen, den weitgehenden Zusammenbruch ihrer Armee im Sommer 1941, bei dem über fünf Millionen sowjetische Soldaten gefangen genommen wurden, zu verschleiern. Außerdem galt ein Kriegsgefangener nach Stalinscher Doktrin als Verräter, und sich gefangen nehmen zu lassen, wurde als Straftat bewertet. Propagandastellen hatten dazu aufgerufen, sich stattdessen das Leben zu nehmen. Alle sowjetischen Kriegsgefangenen standen unter einem generellen Kollaborationsverdacht, wurden nach Ende des Krieges in »Filtrationslagern« verhört und in vielen Fällen erneut zu langjähriger Lagerhaft verurteilt.

Aus diesen Gründen unterblieb lange Jahre auch jede Beschäftigung deutscher Historiker mit diesem brisanten Thema. Die Vergangenheitsbewältigung in Büchern und anderen Massenmedien während des Kalten Krieges bestärkte vielmehr die Überzeugung, dass im Krieg gegen die Sowjetunion lediglich einige Exzesse der SS zu bedauern wären.

Immer wieder wurde versucht, Kriegsverbrechen von sowjetischen Soldaten und die vielen Untaten des Diktators Stalin mit den deutschen Verbrechen in der Sowjetunion und den Untaten des Diktators Hitler aufzurechnen.

Mit diesem Buch sollen das »Unternehmen Barbarossa«, also der Feldzug der deutschen Wehrmacht gegen die Sowjetunion, und die damit verbundenen Folgen, insbesondere die Kriegsgefangenschaft, aus der Sicht zweier einfacher Soldaten dargestellt werden. Als zentraler Punkt wird die Behandlung und das unterschiedliche Schicksal von sowjetischen und deutschen Gefangenen thematisiert, was bisher – zumindest betrifft dies die kriegsgefangenen sowjetischen Soldaten – nur sehr unzureichend und im Hinblick auf die kriegsgefangenen deutschen Soldaten oftmals lediglich verzerrt geschah.

Durch die Tatsache, dass beide Protagonisten des Buches in grundsätzlich unterschiedlichen Positionen im selben Kriegsgefangenenlager in Winniza in der Ukraine waren, der eine in der Kommandantur unter deutscher Herrschaft, der andere als Gefangener unter sowjetischer Herrschaft, kann die ungleiche Behandlung von Kriegsgefangenen im Zweiten Weltkrieg an ihnenexemplarisch dargestellt werden.

Möglicherweise ist der unterschiedliche militärische Werdegang dieser beiden Soldaten auch typisch für jene Zeit. Auf jeden Fall werden aber zwei deutsche Militärangehörige an der Ostfront gezeigt, die gegenüber dem Nationalsozialismus gegensätzliche Haltungen einnehmen. Aus den noch vorhandenen persönlichen Zeugnissen jener Zeit, insbesondere Fotos und Feldpostbriefen, soll ein Bild der Geschichte gezeichnet werden, welches das Schicksal einfacher Menschen im Zweiten Weltkrieg begreifbarer macht.

Auf Weisung des Oberkommandos der Wehrmacht wurde nach Kriegsbeginn bei allen Wehrkreisen je ein »Kommandeur der Kriegsgefangenen« für die einzurichtenden Kriegsgefangenenlager bestellt. Die Abteilung Kriegsgefangenenwesen, die für die Angelegenheiten der Kriegsgefangenen zuständig war, führte ab 1942 die Bezeichnung »Chef des Kriegsgefangenenwesens«. Auf Weisung Hitlers wurde Ende Juni 1943 zudem ein »Generalinspekteur für das Kriegsgefangenenwesen der Wehrmacht« eingesetzt. Zuletzt wurde Heinrich Himmler, der Reichsführer SS, angewiesen, Aufsicht und Kontrolle über das Kriegsgefangenenwesen auszuüben. Zu jenem Zeitpunkt waren aber bereits fast alle außerhalb des Deutschen Reichs befindlichen Kriegsgefangenenlager geräumt.

Die Kommandeure der Kriegsgefangenen mussten Kriegstagebücher führen, die dann in das Heeresarchiv nach Potsdam gelangten. Vermutlich wurden diese Bestände jedoch in der Nacht zum 15. April 1945 bei einem schweren britischen Luftangriff vernichtet oder zusammen mit anderen Kriegstagebüchern und Akten von den deutschen Stellen verbrannt. Man hatte ja schließlich einiges vor den anrückenden Alliierten zu verbergen. Die Registraturen der Kriegsgefangeneneinrichtungen selbst mussten keine Unterlagen an das Heeresarchiv abgeben. Wahrscheinlich wurden beim Rückzug oder zum Kriegsende all diese Unterlagen vernichtet.

Dadurch gibt es große, nicht mehr zu schließende Lücken, so dass die Aufarbeitung des Schicksals der Gefangenen sich heute zum Teil schwierig gestaltet und umfassende Aussagen zu den meisten Lagern überhaupt nicht mehr möglich sind.

Das Bundesarchiv in Freiburg verwahrt lediglich Akten von wenigen, im Reichsgebiet befindlichen Kriegsgefangenenlagern. Einige Angaben zu den Kriegsgefangenenlagern im Osten lassen sich auch auf Wehrkreisebene bei den Kommandeuren der Kriegsgefangenen oder bei den Beständen mit Bezug auf die rückwärtigen Armeegebiete finden. Allerdings sind auch diese Überlieferungen mehr als lückenhaft, geben aber teilweise anschauliche Einblicke in die katastrophalen Zustände einzelner Lager. Material zum Thema Kriegsgefangenenwesen ist neben den regionalen Archiven auch in ministeriellen Beständen sowie in den erhalten gebliebenen Unterlagen der zentralen Ämter der SS zu finden, die vom Bundesarchiv in Berlin verwahrt werden. Auch die Zentralstelle für die strafrechtliche Aufarbeitung von NS-Verbrechen in Ludwigsburg verfügt über Schriftgut im Umfang von etwa einem Kilometer, darunter einzelne Unterlagen zu Kriegsgefangeneneinrichtungen.

Zum Teil befinden sich von den Alliierten erbeutete Akten auch noch in deren Archiven, beispielsweise im Staatsarchiv Moskau und im Militärarchiv in Prag. Personenbezogene Unterlagen über das Kriegsgefangenenwesen wurden grundsätzlich in der Wehrmachtsauskunftsstelle in Berlin verwahrt, aber zu Kriegsende in der Drachenbergkaserne in Meiningen ausgelagert. Dort wurden die Unterlagen nach dem Krieg von den Amerikanern beschlagnahmt und nach dem Wechsel der Besatzungsmacht in Thüringen mit unbekanntem Ziel in die UdSSR gebracht. Das sehr umfangreiche Schriftgut soll beim Abtransport in 377 Kisten verpackt worden sein. Im Zentralen Archiv des Verteidigungsministeriums der Russischen Föderation in Podolsk bei Moskau wurde dieser Aktenbestand der Wehrmachtauskunftsstelle gefunden. Aber auch diese Unterlagen tragen wenig zur Aufarbeitung des Kriegsgefangenenwesens im Zweiten Weltkrieg bei, da es sich dabei nur um Personalakten handelt.

Literatur zum Thema »Kriegsgefangene« gibt es reichlich. Allerdings beschränkt sich diese zumeist auf das Schicksal der *deutschen Kriegsgefangenen* in der Sowjetunion oder auf das Schicksal der zur Zwangsarbeit nach Deutschland verschleppten Kriegsgefangenen. Andere Bücher streifen bei der Beschreibung des Zweiten Weltkrieges oder bei einzelnen Aspekten des Krieges die Kriegsgefangenen lediglich am Rande.

Die wenigen vorhandenen deutschen Publikationen über Kriegsgefangenenlager sind eher dem heimatkundlichen Bereich zuzuordnen. Daher verwundert es nicht, dass es auch keine fundierte Untersuchung über die Lager auf den Gebieten des Generalgouvernements und der Reichskommissariate Ostland und Ukraine gibt.

Bücher auf Deutsch, die sich wirklich intensiv mit den Verbrechen an den sowjetischen Kriegsgefangenen auseinandersetzen, gibt es nur drei:

- Müller, Nikischin, Wagenlehner (Hrsg.), Die Tragödie der Gefangenschaft in Deutschland und in der Sowjetunion 1941-1956, von 1998;
- Alfred Streim, Die Behandlung sowjetischer Kriegsgefangenenlager im »Fall Barbarossa«, aus dem Jahre 1981 und
- Christian Streit, Keine Kameraden, von 1978.

Es handelt sich dabei um wissenschaftliche Untersuchungen, die sich lediglich abstrakt mit dem Verbrechen beschäftigten, ohne direkt auf das Schicksal einzelner Menschen einzugehen, also keine Sicht »von unten« bieten.

Im Oktober 1999 sah ich eine Ausstellung zum Holocaust. Ein Bild berührte mich sehr: das Foto einer Erschießung im Zweiten Weltkrieg. Ein am Rand einer Grube mit Leichen kniender einzelner Zivilist, der direkt in die Kamera des Fotografen blickt, während ein deutscher Soldat von hinten die Pistole auf seinen Kopf richtet. Der Fotograf hatte offensichtlich kurz vor der Liquidierung auf den Auslöser gedrückt. Als Bildunterschrift war auch der Ort angegeben, an dem die Erschießung stattgefunden hatte. Es war Winniza in der Ukraine.

Winniza?

Diesen Ortsnamen hatte ich schon einmal gehört. Mein Großvater Ernst Reuß soll dort gewesen sein, während des Krieges. Der zu früh Verstorbene, nach dem ich benannt worden war. Er war zwar Parteimitglied, sei aber weit hinter der Front in einer Schreibstube tätig gewesen, hieß es. Vom Krieg soll er kaum etwas mitbekommen haben.

Von da an interessierte es mich brennend, was in Winniza geschah und wo genau meine beiden Großväter im Zweiten Weltkrieg waren. Mich ließ das Thema nicht mehr los. Ich begann nachzuforschen. Nach den Büchern über den Feldzug gegen die Sowjet-

Erschießung in Winniza

union und den darin veröffentlichten Bildern zu schließen, geschahen solche Liquidationen anscheinend häufiger, auch weit hinter der Front. Irgendwie konnte ich mir nicht vorstellen, dass man als Soldat von derartigen Verbrechen nichts mitbekam.

Zu meinem Erstaunen und dem Erstaunen meiner Familie musste ich erfahren, dass mein Großvater Ernst in der Kommandantur eines Kriegsgefangenenlagers tätig gewesen war. Ich las alles, was ich dazu finden konnte, und erfuhr, dass in derartigen Lagern entsetzliche Verbrechen geschehen waren.

Zu meinem noch größeren Erstaunen stellte ich fest, dass zwar viel über deutsche Kriegsgefangene in Sibirien zu lesen war, aber es kaum etwas über das Schicksal der sowjetischen Kriegsgefangenen gab, obwohl 3,3 Millionen von ihnen in den deutschen Vernichtungslagern umgekommen waren. Einzig Christian Streit hatte 1978 eine umfassende Dissertation über das Problem geschrieben. Sein Buch »Keine Kameraden« hatte wohl zu einigen Diskussionen geführt, aber danach herrschte wieder weitgehend Ruhe, was dieses Thema betraf.

Ich erfuhr bei meinen Nachforschungen, dass mein anderer Großvater, der kein Nazifreund gewesen war, mehrere Jahre »als Gefangener in russischer Hand« in eben jenem Lager in Winniza verbringen musste, nachdem die Deutschen abgezogen waren.

Ich wollte nun genauer wissen, was in Winniza geschehen war. Stipendienanträge oder Anfragen an renommierte Wissenschaftler, inwieweit es möglich wäre, mich bei der Erforschung dieses Teils der Geschichte zu unterstützen, blieben ergebnislos. Meist war es den Angesprochenen nicht einmal eine Antwort wert. Privates Fotomaterial, das einem Deutsch-Russischen Museum von mir zur Verfügung gestellt wurde, blieb für immer verschwunden.

Kontakte zu Historikern aus der Ukraine führten auch nicht weiter. Trotzdem versuchte ich, weitere Erkenntnisse zu gewinnen und besuchte alle deutschen Archive, die etwas zu dieser Thematik hergeben konnten. Am effektivsten waren dabei zwei Aufenthalte in der Zentralstelle für die Aufarbeitung von NS-Verbrechen in Ludwigsburg. Aber auch in den Bundesarchiven in Berlin und Freiburg wurde ich fündig. Leider waren die Ergebnisse begrenzt, doch viele Originalakten führten dazu, dass das Bild immer klarer wurde: das Bild von zwei einfachen Soldaten an der Ostfront. Das Bild von schrecklichen, zumeist ungesühnten Verbrechen.

Aus diesem Grund beschloss ich, da nunmehr dafür genügend Material vorhanden war, alles in einer Publikation zusammenzufassen, um diese Thematik einem größeren Publikum vor Augen zu führen. Ein derartiges Buch aus dem Blickwinkel Betroffener, das sich auch intensiv mit den Verbrechen an sowjetischen Kriegsgefangenen beschäftigt, gibt es bisher nicht. Ausgehend vom Lager in Winniza soll die Gesamtproblematik dargestellt werden.

Die letzten deutschen Kriegsgefangenen verließen erst 1955 die Sowjetunion.

2010 jährt sich dieses Ereignis zum fünfundfünfzigsten Mal und zum fünfundsechzigsten Mal der Tag der Befreiung Deutschlands vom Hitlerfaschismus. Es steht zu befürchten, dass die Wahrnehmung des Themas sich auf die Darstellung des schweren Schicksals deutscher Kriegsgefangener in der Sowjetunion beschränken wird.

Mit den Verbrechen an sowjetischen Gefangenen wird man sich vermutlich kaum beschäftigen.

Ernst Reuß,
Berlin-Bergrheinfeld, Winter 2009

Anmerkungen

1 Prof. Dr. Hans Mommsen, in: Haus der Geschichte, Kriegsgefangene, 1995, S. 141f.

2 Vergleiche beispielsweise Borgsen/Volland, Stalag X B Sandbostel, 1991, S. 248ff., und Stiftung Sächsischer Gedenkstätten, Für die Lebenden, 2003, S. 22.

3 Dieter Pohl, Die Herrschaft der Wehrmacht, München 2008, S. 237.

»Unternehmen Barbarossa«

Am 22. Juni 1941 beginnt der deutsche Überfall auf die Sowjetunion mit dem Vormarsch dreier Heeresgruppen. Rumänien, Italien, die Slowakei, Finnland und Ungarn schließen sich dem Deutschen Reich an. Der dem Angriff zugrunde liegende »Barbarossa-Plan« spielt auf Kaiser Friedrich I. an, der im 12. Jahrhundert einen Kreuzzug gegen die »Ungläubigen« angeführt hatte.

Das ZK der KPdSU in Moskau ruft daraufhin den »Vaterländischen Krieg« aus.

Der deutsche Vormarsch an allen Fronten scheint unaufhaltsam. Im Juli und August werden große sowjetische Verbände in Kesselschlachten vernichtet. In Bialystok und Minsk werden mehr als 300.000 Gefangene gemacht, in Smolensk nochmals 310.000. Im September wird Leningrad von jeder Landverbindung abgeschnitten. Östlich von Kiew kommt es zur Gefangennahme von über 600.000 sowjetischen Soldaten.

Allerdings haben die deutschen Truppen »durch anhaltenden sowjetischen Widerstand« ebenfalls starke Verluste zu verzeichnen. Der Vormarsch verlangsamt sich. Dennoch, mit dem am 2. Oktober beginnenden Angriff auf Moskau kommen die deutschen Truppen bis auf 30 Kilometer vor die Stadtgrenze der sowjetischen Hauptstadt. Die Artillerie ist in der Lage, den Kreml ins Visier zu nehmen.

Am 5. Dezember 1941 erfolgt jedoch eine sowjetische Gegenoffensive mit frischen Kräften, welche die Deutschen erstmals zum Rückzug zwingt. Allerdings wird dieser Rückzug in einer Verteidigungsstellung unter starken Verlusten im Januar 1942 stabilisiert. Dabei sind die Verluste der deutschen Armee derartig hoch, dass an eine Gegenoffensive nicht mehr zu denken ist.

Die weitergehende Winteroffensive der sowjetischen Armee erzielt bis März Teilerfolge, erreicht jedoch nicht die angestrebten Ziele. Im Mai 1942 scheitert eine sowjetische Offensive bei Charkow, bei der erneut rund 250.000 Soldaten in deutsche Gefangenschaft geraten.

1942: gefangen genommene Sowjetsoldaten

Im Sommer 1942 versucht nun wieder die deutsche Armee eine Offensive. Man erreicht die Wolga und die kaukasischen Ölfelder, was die Sowjetunion wiederum in eine erhebliche Krise stürzt. Im Juni wird durch die deutschen Soldaten die Festung Sewastopol und damit die gesamte Krim erobert. Im August erreichen deutsche Truppen die Kaukasushöhen, können allerdings die Rote Armee nicht entscheidend schlagen.

Einen Monat später beginnen die Kämpfe um Stalingrad. Die Stadt ist im Oktober 1942 zu 90 Prozent besetzt. Am 19. November kommt es zu einer sowjetischen Gegenoffensive, die zur Einkesselung der 6. Armee und rumänischer Verbände führt.

Am 31. Januar 1943 kapitulieren die eingeschlossenen Truppen bei Stalingrad. Von ehemals 250.000 deutschen Soldaten gehen 90.000 in Gefangenschaft. Im Sommer, am 5. Juli 1943, versucht die deutsche Armee erneut eine Großoffensive bei Kursk mit 600.000 Mann und 2.700 Panzern. Die deutschen Soldaten werden jedoch gestoppt und bis an den Dnjepr zurückgedrängt. Erfolglos wird versucht, den sowjetischen Vormarsch aufzuhalten.

Die Rote Armee erobert am 6. November 1943 Kiew zurück.

Im Januar 1944 wird die deutsche Heeresgruppe Nord hinter den Peipussee zurückgedrängt, was auch das Ende der Belagerung Leningrads bedeutet.

Während der sowjetischen Frühjahrsoffensive im März werden die deutschen Truppen ganz aus der Ukraine vertrieben.

Die Krim wird erst im Mai 1944 unter großen Verlusten geräumt.

Drei Jahre nach Beginn des Überfalls auf die Sowjetunion beginnt am 22. Juni die sowjetische Sommeroffensive, die zur Zerschlagung des ganzen Frontabschnitts führt und zur Gefangennahme beziehungsweise zum Tod von 350.000 deutschen Soldaten.

Am 28. Juli 1944 erreichen die sowjetischen Truppen Brest. Im August wird der Warschauer Aufstand gegen die deutsche Besatzungsmacht blutig niedergeschlagen.

Kurz danach wechselt in Rumänien die Regierung und erklärt Deutschland den Krieg.

Finnland vereinbart mit den Alliierten am 19. September 1944 einen Waffenstillstand, und im Oktober wird Belgrad durch sowjetische und jugoslawische Truppen befreit.

Am 12. Januar 1945 beginnt die sowjetische Offensive, die bis Anfang Februar von Warschau bis nach Schlesien und über die Oder führt. Die deutsche Zivilbevölkerung flieht Richtung Westen aus Angst vor der Rache.

Am 11. Februar wird Budapest, am 13. April Wien befreit.

In der Nacht vom 15. auf den 16. April beginnt der Angriff auf die letzten deutschen Abwehrstellungen an der Oder.

Am 30. April begeht Hitler im Bunker Selbstmord.

Der Berliner Stadtkommandant Weidling kapituliert zwei Tage später.

In der Nacht auf den 9. Mai 1945 kapituliert in Berlin-Karlshorst Deutschlands bedingungslos. Der Zweite Weltkrieg geht in Europa zu Ende.

Ein normaler Soldat

Ernst Reuß kam aus einfachen Verhältnissen. Als jüngstes von drei Kindern wurde er am 11. März 1908 im fränkischen Schweinfurt geboren. Sein Vater Johann war Schreiner, die Mutter Koletta Hausfrau. Nach der Grundschule bekam der begabte Schüler ein Stipendium, machte eine Lehre als Kaufmann und wurde schließlich Kontorist bei einer Maschinenfabrik. Bereits mit 14 Jahren, zu Beginn seiner Lehre, wurde er Mitglied der Deutschen Angestelltengewerkschaft (DAG).

Ernst Reuß' Leben verlief vollkommen normal und ohne größere Schicksalsschläge. Mit 22 Jahren, am 14. November 1930, heiratete er die im vierten Monat schwangere Eleonora, deren Vater einen kleinen Handwerksbetrieb in einem Vorort besaß. Ernst wurde in den nachfolgenden Jahren Vater von drei Söhnen und wohnte zusammen mit seiner Familie im Haus des Schwiegervaters vor den Toren der Stadt in Bergrheinfeld.

Auch dort blieb der Aufstieg der Nazis nicht unbemerkt. In der Dorfchronik wird beschrieben, wie SA-Mitglieder aus der Stadt Versammlungen des Fränkischen Bauern- und Mittelstandsbundes störten und mit Trommelwirbel durch die Dorfstraße zogen. Die Dorfchronik erwähnt auch, wie bei einem derartigen Aufmarsch der braunen Horde ein mutiger einsamer »Heil Moskau!«-Rufer am Straßenrand von einem SA-Mann geohrfeigt wurde. Größere Auseinandersetzungen zwischen Dorfbewohnern und SA sind nicht erwähnt. Dennoch war der braune Spuk den Bürgern des Ortes suspekt, und man sprach sich eher gegen die nationalsozialistischen Randalierer aus.

Dies änderte sich jedoch sofort nach der Machtergreifung. Man passte sich hurtig an.

Bereits am 9. Mai 1933 beschloss der Gemeinderat, die Hauptstraße zu teilen und in Adolf-Hitler-Straße sowie Hindenburgstraße umzubenennen. Obwohl nur zwei Mitglieder des zehnköpfigen Gemeinderats der NSDAP angehörten, wurde der Beschluss einstimmig gefasst.

HJ marschiert: in der ersten Reihe Obergefolgschaftsführer Ernst Reuß Zweiter von links

Auch Ernst passte sich den neuen Verhältnissen, mit denen er schon vorher insgeheim sympathisiert hatte, schleunigst an. Bereits am 1. Mai 1933, ein Vierteljahr nach Machtübernahme, trat er in die NSDAP ein und wurde als Scharführer Mitglied der SA. Sein Schwiegervater saß für die NSDAP im Gemeinderat.

Außerdem war Ernst Reuß Mitglied der Deutschen Arbeitsfront geworden. Die DAF war die Nazi-Nachfolgeorganisation der Gewerkschaften. Sie wurde mit dem Vermögen der Gewerkschaften als Einheitsverband gegründet. Die Nazis hatten am 2. Mai 1933 alle Gewerkschaften aufgelöst, Streiks verboten und Gewerkschaftshäuser besetzen lassen. Viele Gewerkschaftsfunktionäre wurden verhaftet und in Konzentrationslagern interniert. Die Bildung anderer Organisationen neben der Deutschen Arbeitsfront war von nun an ausdrücklich verboten.

Doch so ganz sicher konnte man sich in der Anfangszeit der Machtübernahme auch als braver Parteimitläufer und SA-Mitglied nicht sein. Gut ein Jahr später galt es schon nicht mehr unbedingt als schick, Mitglied der SA zu sein. Am 30. Juni 1934 und den zwei darauffolgenden Tagen wurden viele Mitglieder und Personen aus dem Umfeld der SA sowie deren Führer Ernst Röhm wegen eines angeblichen Putschversuchs ermordet. Wie viele Personen letztlich umgebracht wurden, ist nicht genau feststellbar.

Die Zahlen schwanken zwischen 61, so zumindest in einer Reichstagsrede, und über 1.000.

Am 3. Juli 1934 wurde per Gesetz beschlossen: »Die zur Niederschlagung hoch- und landesverräterischer Angriffe vom 30. Juni, 1. und 2. Juli 1934 vollzogenen Maßnahmen sind als Staatsnotwehr rechtens.«[4] Die Morde waren somit gesetzlich legitimiert. Der rechtgläubige Deutsche brauchte also kein schlechtes Gewissen zu haben.

Nach dem sogenannten Röhm_Putsch war die SA weitgehend entmachtet und von den 4,5 Millionen Mitgliedern des Jahres 1934 blieben im Oktober 1935, nach zahlreichen Austritten, nur noch 1,6 Millionen übrig.

Auch Ernst trat aus und fand ein neues Aufgabengebiet. Er wurde Obergefolgschaftsführer der HJ. Die HJ war militärisch durchstrukturiert und gliederte sich vom Gebietsführer über den Bannführer bis zum Gefolgschafts-, Schar- und Kameradschaftsführer. Als ausgezeichneter Sportler hamsterte Ernst in den folgenden Jahren Pokale im Turnen, Faustball und Fußball und »erzog« nebenbei die Dorfjugend. Wobei sich die Erziehung eher auf den sportlichen als auf den politischen Bereich erstreckte.

Die nächsten Jahre verliefen ruhig. Ernst hatte eine fünfköpfige Familie zu ernähren und war als Sportass ziemlich beliebt in seiner Umgebung.

Ernst Reuß als HJ-Führer

Bei Kriegsbeginn, im September 1939, wurde er vorerst nicht zur Wehrmacht eingezogen.

Nachdem jedoch eine Bäuerin aus der Nachbarschaft ihn beschimpfte, weil er als HJ-Führer und NSDAP-Mitglied nicht im Krieg sei, während schon einige Söhne des Ortes eingezogen worden waren, meldete er sich freiwillig. Dass er ein Feigling wäre, wollte er sich dann doch nicht sagen lassen.

Sein Diensteintritt erfolgte am 20. Mai 1940.

Aufgrund seiner kaufmännischen Ausbildung blieb ihm der Dienst direkt an der Front erspart. Trotzdem war das beschauliche Leben vorbei. Man hatte ja schließlich seine vaterländische Pflicht zu erfüllen. Er wurde beim 2. Landesschützenbataillon 807 ausgebildet und war ab 9. August 1940 im Stammlager XIII B in Weiden in der Oberpfalz eingesetzt.

Stalag XIII B in Weiden war ein Kriegsgefangenenlager für belgische, französische, polnische, jugoslawische, amerikanische, sowjetische, englische und italienische Soldaten sowie für spanische Zivilisten. Maximal gab es dort 31.000 Gefangene. Stalag XIII B war am 17. Juli 1940 als Barackenlager errichtet worden.

Zur Unterbringung Gefangener hatte die Wehrmacht seit 1939 ein engmaschiges Netz von Kriegsgefangenenlagern in Deutschland und den besetzten Gebieten errichtet. Im Wehrkreis X III – also in Franken und in der Oberpfalz – gab es noch andere Kriegsgefangenenlager: Stalag XIII A in Sulzbach, Stalag XIII C in Hammelburg und XIII D in Nürnberg-Langwasser.

Die für den Feldzug gegen die Sowjetunion vorgesehenen Stalags erhielten eine Bezeichnung mit arabischen Zahlen aus der »300er-Reihe«. Die 100er- und die 200er-Reihe waren zuvor für die Lager im Frankreichfeldzug benutzt worden.

Die »Russenlager« im Reich erhielten neben der arabischen Zahl die übliche, dem Wehrkreis entsprechende Kennzeichnung mit einer römischen Ziffer. Beispielsweise hieß das Lager in Zeithain: Stalag 304 IV

H Zeithain. Für das Gelände des Truppenübungsplatzes Zeithain wurde zunächst die Aufstellung der Stalags 304 und 314 befohlen. Später wies man ihm noch zusätzlich das Stalag 329 aus dem Wehrkreis XIII zu, das später als Frontlager nach Winniza in die Ukraine verlegt wurde.

Ab 18. April 1941 wurde Ernst Reuß in die Kommandantur des Stammlagers 329 versetzt.

Man bereitete das »Unternehmen Barbarossa« vor und erwartete beim »blitzschnellen« Vormarsch massenhaft Kriegsgefangene. Stalag 329, welches zuerst in Amberg in der Oberpfalz aufgestellt worden war, befand sich vom 4. Juni bis Mitte Juli 1941 unbelegt auf dem Truppenübungsplatz Zeithain, nahe der sächsischen Industriestadt Riesa an der Elbe. Auch das Zeithainer Lager bestand, wie die anderen Russenlager in Deutschland, lediglich aus einem mit Stacheldrahtverhau umgebenen Gelände.

Laut Befehl sollten Unterkünfte für serbische Kriegsgefangene vorbereitet werden. Es handelte sich bei diesem Befehl jedoch nur um eine Tarnmaßnahme, die den wahren Grund, den Angriff auf Russland, verschleiern sollte.

Ab 8. April 1941 wurde das Personal für das Lager Zeithain aufgestellt. Das Stammpersonal gliederte sich in sechs Gruppen: Kommandantur, Arbeitseinsatz, Sanitätsoffizier, Abwehr und Postüberwachung, Verwaltung, Fahrbereitschaft. Die Unterkünfte des Personals lagen außerhalb des Stammlagers. Außerdienstlicher Kontakt mit den Kriegsgefangenen war verboten.

Wachpersonal wurde von den Landesschützenbataillonen rekrutiert. Dabei handelte es sich normalerweise um bedingt verwendungsfähige, meist ältere Männer. Die Sollstärke bestand bei einem auf 30.000 Kriegsgefangenen ausgelegten Lager aus 20 Offizieren, 69 Unteroffizieren und 149 Mannschaften sowie 18 Zivilbeamten; bei einem Lager mit 10.000 Kriegsgefangenen aus 14 Offizieren, 23 Unteroffizieren, 61 Mannschaften sowie 33 Zivilbeamten.[5]

Ernst Reuß war einer von ihnen. Er war in der Schreibstube beschäftigt und sollte es im Laufe der Kriegsjahre bis zum Oberfeldwebel bringen.

Die in den Nürnberger Prozessen von der sowjetischen Anklagevertretung vorgelegten Dokumente über Verbrechen an sowjetischen Kriegsgefangenen berichten von entsetzlichen Zuständen in solchen Lagern. Es war Befehl erteilt worden, die Kriegsgefangenenlager unter freiem Himmel durch Absperrung mit Stacheldrahtzäunen zu errichten. Für die russischen Gefangenen sollte es keine Barackenlager geben.

In solch ungeschützten Internierungslagern starben in den nächsten Jahren Millionen sowjetischer Gefangener. Sie gingen an Hunger und Krankheiten zugrunde oder wurden ermordet.

Eine amtliche Statistik des OKW (Oberstes Kommando der Wehrmacht) vom 1. Mai 1944 lässt den Schluss zu, dass bereits ein Jahr vor Kriegsende mindestens zwei Millionen Gefangene in den Lagern gestorben waren.

Mit anderen Statistiken kann man zu dem Ergebnis gelangen, dass diese Anzahl bereits zwei Jahre zuvor – im Februar 1942 – erreicht worden war. Die vorsichtige Schätzung von Streim, damals Leiter der Zentralstelle zur Aufklärung von NS-Verbrechen in Ludwigsburg, geht bis Kriegsende von insgesamt mindestens 2,5 Millionen gestorbenen Kriegsgefangenen der Roten Armee aus, wobei hier nicht die als Partisanen festgenommenen und liquidierten Soldaten eingerechnet worden sind.

Andere ernst zu nehmende Forscher wie Streit, Dallin und Jacobson rechnen vor, dass bis zu 3,3 Millionen sowjetische Kriegsgefangene in den deutschen Lagern umgekommen sind.

Bei diesen Zahlen ist zu berücksichtigen, dass viele, die zuvor auf unmenschliche Märsche zu rückwärtigen Durchgangslagern geschickt worden waren, diese nicht überlebt hatten. Sie tauchen in keiner Statistik auf.[6] Wer schlapp machte, wurde häufig vor Ort erschossen, was einige Male zu unglaublichen Massakern führte, so dass mitunter nur ein Drittel der Gefangen am Ziel ankam. Nach russischen Schätzungen sollen so 200.000 bis 250.000 Rotarmisten auf dem Transport ermordet worden sein.[7]

Insgesamt hat es nach Statistiken des Oberkommandos des Heeres (OKH) und des Oberkommandos der Wehrmacht (OKW) 5.734.528 sowjetische Kriegsgefangene gegeben.

Zieht man davon jene ungefähr eine Millionen Soldaten ab, die entlassen worden sind, und die ungefähr 500.000 Gefangenen, die durch Flucht und beim Rückzug »abhanden« kamen, und berücksichtigt man weiter, dass nach der offiziellen Statistik am 1. Januar 1945 sich noch 930.287 Rotarmisten in deutscher Gefangenschaft befanden, kommt man auf die unglaubliche Zahl von 3,3 Millionen

Verstorbenen.[8] Mehr als die Hälfte der sowjetischen Gefangenen war also in den deutschen Lagern jämmerlich zugrunde gegangen!

Mitte Juli 1941 trafen in Deutschland die ersten russischen Kriegsgefangenen mit Zügen ein. Sie waren zuvor wie Vieh in Güterwaggons getrieben worden. Ein Augenzeuge einer Verladeaktion in der Ukraine berichtete.[9] »Am Bahnhof von Winniza nahmen wir Aufstellung und wurden in eine Marscheinheit eingeteilt. Unvermittelt tauchte eine Kolonne grauer Gestalten auf, die von schwerbewaffneten Aufsehern in offene Güterwaggons getrieben wurden. Damit es schneller ging, wurde mit Schlägen nachgeholfen. Die Männer waren kahlgeschoren und ohne Kopfbedeckung.«

Die Züge umfassten durchschnittlich 50 bis 60 Waggons, in die so viele Kriegsgefangene wie möglich hineingestopft wurden.

Laut Augenzeugenberichten waren die Verhältnisse in den Transporten unerträglich. Die Waggons waren völlig überfüllt. Die Gefangenen mussten sich so hinsetzen, dass der Vordermann immer auf den Oberschenkeln des Hintermanns zu sitzen kam.

In dieser grauenvollen Enge hatten sie zuweilen eine Woche oder mehr zu verbringen, bis sie am Zielort angelangt waren. Ein Deportierter berichtet von seinen Leiden.[10] »In jedem Waggon starben [...] Menschen an Blutverlust, Wundstarrkrampf, Blutvergiftung, vor

Transport sowjetischer Kriegsgefangener in offenen Güterwaggons

Hunger, an Wasser- und Luftmangel [...]. Diese unmenschliche Qual dauerte vom 4. bis 11. Juli 1941. Der Zug hielt an. Zur Mittagszeit begann das Ausladen der Kriegsgefangenen [...]. Die Toten wurden aus den Waggons auf den Platz geworfen.«

Im Winter war die Sterblichkeit aufgrund der unbeheizten Waggons noch höher. Der Reichskommissar für das Ostland sprach von einer Sterblichkeitsquote von 25 bis 70 Prozent in den Waggons.[11]

Auch ein Bericht des rückwärtigen Heeresgebietes vom November 1941 thematisierte die hohe Sterblichkeit der Gefangenen in den offenen Güterwaggons, kurz O-Wagen.[12]

»O-Wagen sollen nicht mehr zum Transport von Gef. verwendet werden. Beim letzten Transport von Bobruisk nach Minsk sind 20 Prozent der Gef. gestorben (von 5.000 Mann = 1000 Mann). Insgesamt sind bisher Gefangene gestorben 14.777. 158 000 Gefangene sind durch die Lager geschleust worden.«

Mit einem Merkblatt zur Durchführung von Kriegsgefangenentransporten wurden die Kommandanten vor Ort angehalten, zumindest hygienische Mindeststandards bei den Deportationen einzuhalten. Zu beachten war demnach das »Einstreuen von Stroh, Sägemehl, Reiser, Einstellen von Abortkübeln (Marmeladeeimer)«.[13]

Bei einer Meuterei, bei Fluchtversuchen und Ähnlichem lautete der Befehl kurz und lapidar »rücksichtsloser Waffengebrauch«[14].

Nach Ankunft in den Lagern sollte es den Gefangenen auch nicht viel besser ergehen. Die hygienischen Verhältnisse in den »Russenlagern« – auch in Deutschland – entsprachen zu keiner Zeit menschlichen Erfordernissen. Man ging davon aus, dass der »slawische Untermensch« keine sonderlichen Hygienebedürfnisse habe. Zehntausende von Menschen waren auf engstem, mit Stacheldraht umgebenem Raum eingepfercht. Die Beseitigung der Exkremente war zumeist nicht organisiert, so dass man durch Kot waten musste, wollte man seine Notdurft verrichten. Einmal im Monat fand ein Entlausungsbad statt. Darüber hinaus gab es keine Möglichkeit sich zu waschen.

Ein Überlebender, der sich schon ab September 1941 in Gefangenschaft befand, berichtet: »Wir wurden [...] bis zu einer Bahnstation [...] getrieben. Die Schwachen, nicht mehr Bewegungsfähigen wurden am Ende der Kolonne erschossen. Endlich mussten wir in Viehwaggons einsteigen. Es war so eng, dass wir nur dicht beieinander sitzen konnten. In den Waggon schmiss man nur ein

Paar Laibe Brot rein. Das Brot teilten wir in gleiche Portionen. Wir wurden nach Deutschland geliefert und in einem Lager untergebracht, dessen Nummer ich nicht mehr kenne. Das war ein freies Feld, von Stacheldraht umzäunt. Wachtürme umringten das Gelände. Auf jedem Turm befand sich rund um die Uhr ein Wachmann. In den Wachtürmen gab es Scheinwerfer und Maschinengewehre, die in Richtung Lager zielten. Man durfte sich dem Zaun nicht nähern. Die Wachmannschaft eröffnete sofort das Feuer. [...]

Die erste Nacht hat sich mir gut eingeprägt. Ein freies Feld. Die Lufttemperatur war niedrig. Die nach dem langen Weg erschöpften Menschen schliefen direkt auf dem nackten Boden. Mein Kamerad und ich hatten einen Stahlhelm. Mithilfe des Helms gruben wir ein kleines Erdloch und schliefen drin. [...] Am Morgen kamen wir aus dem Erdloch raus. Das Gelände war von liegenden Menschen voll. Sie konnten nicht aufstehen, obwohl sie noch am Leben waren.

Die aus den Reihen der Kriegsgefangenen angeworbenen Polizisten zogen diese Körper zu einem Haufen vor dem Tor. [...] Zwei Polizisten zogen einen Liegenden an den Beinen. Hinterher liefen ein paar Kameraden und riefen: ›Herr Polizist, oder wie müssen wir Sie nennen? Er ist noch am Leben! Noch am Leben!‹ (Ich glaube, das waren Ukrainer.) Als Antwort bekamen sie Schimpfe und Kopfschläge mit Stöcken.

Zum Tor kamen bedeckte Pferdekarren. Die vor dem Tor liegenden Menschen wurden in diese Karren gestapelt und weggebracht [...].«[15]

Kurz nach Eintreffen der Gefangenen in Zeithain brach schon eine Ruhrepidemie aus. 20 Prozent der Lagerinsassen erkrankten. Die genaue Zahl der Toten ist unbekannt.

Monate später, mit Einbruch der Kälte, ging die Zahl der Ruhrerkrankungen zurück. Aber es kam zu ersten, durch Kleiderläuse übertragene Flecktyphus-Erkrankungen. Ein Gefangener berichtet: »Täglich starben bis zu 500 Menschen an dieser Krankheit. Die Toten wurden in Massengräbern bestattet, in die man sie in mehreren Reihen übereinander legte. Elend, Kälte, Hunger, Krankheiten, Sterben – so sah es im Lager [...] aus.«[16]

Andere Zeitzeugen aus der Wachmannschaft berichten von 20 bis 200 Toten täglich. Ein Überlebender berichtet: »Später wurden wir nach Deutschland abtransportiert. Ich glaube, es war ein KZ

Zeithain. Wir schliefen unter dem freien Himmel, auf einer Wiese. Es regnete sehr stark. Tagsüber durfte man stehen bleiben. In der Nacht musste man nur liegen. Wer doch aufstand, wurde erschossen. [...] Danach verbreitete sich Typhus. Die Deutschen haben das Lager verlassen. Wir sind allein geblieben. Ich wurde auch typhuskrank. [...] Ich blieb mit dem russischen medizinischen Personal. Das war wie ein Todesurteil. 11 Tage lang war ich völlig ohnmächtig. Die Jungs haben meine Brotration getrocknet und aufbewahrt. Als sich mein Gesundheitszustand etwas verbesserte, konnte ich diese Brotstücke essen und damit überleben. [...] Das gesamte Lager sah schon wie ein Lazarett aus. Die Kranken starben massenhaft vom Hunger [...].

Der Lagerkommandant hatte seinen Wachmannschaften verboten, über das Sterben zu sprechen oder darüber in Feldpostbriefen zu schreiben. Die Quarantäne konnte erst im März 1942 aufgehoben werden.«[17]

Auch das Propagandaministerium beschäftigte sich mit den vielen Gefangenen. Man versuchte, sie zur Bestätigung des propagierten Weltbildes vom überlegenen Herrenmenschen zu nutzen. Goebbels ließ am 26. August 1941 eine Fahrt der Mitglieder der Ministerkonferenz zum Stammlager in Zeithain organisieren, an der er selbst auch teilnahm.

Laut Reichshauptleiter Tiessler aus dem Propagandaministerium sollte der Zweck dieser Visite sein, »den Konferenzteilnehmern und Vertretern des Gaues Berlin einmal die in den Wochenschauen gezeigten Unmenschen in Natur vorzuführen und hierdurch zu zeigen, vor welcher Gefahr Führer und die Wehrmacht uns gerettet haben«.[18]

Goebbels wollte die in den Wochenschauen gezeigten Kriegsgefangenen im Original vorführen. Dies misslang jedoch gründlich, denn die Teilnehmer des »Betriebsausfluges« zeigten sich enttäuscht von den »Unmenschen«, die so gar nicht den Erwartungen entsprachen und sogar »ein durchaus menschliches Aussehen hatten«. Reichshauptleiter Tiessler vom Propagandaministerium merkte in seinem Bericht enttäuscht an: »Die Fahrt brachte insofern nicht das gewünschte Ergebnis, als die Gefangenen fast durchweg Weißrussen waren und daher durchschnittlich ein durchaus menschliches Aussehen hatten [...] Ferner erklärten sie übereinstimmend, sie hätten

Hunger und wollten arbeiten. […] Auch die anderen Fahrtteilnehmer haben – obwohl sie alle die Notwendigkeit, gegen die Gefangenen erbarmungslos vorzugehen, nicht nur einsehen, sondern um unserer gemarterten Soldaten willen noch für eine mildtätige Behandlung halten – das Lager nicht mit dem Gefühl des Hasses verlassen, sondern eher in Verwunderung darüber, dass es noch so viele menschlich aussehende Russen gibt.«[19]

Tiessler berichtete weiter: »Ich nehme an, dass bei zukünftigen Besichtigungen vorher dafür Sorge getroffen wird, dass der in den Wochenschauen gezeigte Entwurf gezeigt wird.«[20]

Logisch! Er war ja aus dem Propagandaministerium. Es war seine Aufgabe die Realitäten dem »Entwurf« anzupassen.

Reichshauptleiter Tiessler gab bei seinen Überlegungen auch ein geradezu klassisches Beispiel der vorherrschenden »Humanität« – nicht nur – höherer Parteikreise. »Zum Abschluss der Führung wurden uns die Gefangenen gezeigt, die schon einmal ausgebrochen sind. Wir verstanden nicht, dass diese überhaupt noch lebten. […] Sie waren hinter einem Stacheldrahtverhau und machten in dem strömenden Regen, zum größten Teil zu dreien unter einer Jacke stehend, einen erbärmlichen Eindruck. Einer der Gefangenen […] sagte zunächst immer wieder dasselbe, nämlich sie wollten arbeiten. Dann verlangte er Brot bzw. etwas zu essen, da sie schon so lange gehungert hätten. […] Er wollte nur arbeiten und essen. Sie bekommen außerordentlich wenig Beköstigung und haben Tag und Nacht keinerlei Schutz vor dem Wetter.

Meines Erachtens werden diese Gefangenen sowieso hinter ihrem Drahtzaun verrecken. Nicht aus Mitleid, sondern aus reinen Verstandesgründen stehe ich auf dem Standpunkt, dass man das Essen, was sie noch bekommen, sowie die Wachmannschaften, die man für sie braucht, sparen und sie, wenn sie geflohen sind, sofort töten sollte.«[21]

Später triumphierte Tiessler, der seinen Misserfolg im Beisein Goebbels unbedingt wieder gutmachen wollte, dann doch. »Im Nachtrag […] gebe ich bekannt, dass der zweite Teil der Ministerkonferenzteilnehmer gestern das Gefangenenlager in Neuhammer besuchte. Dort waren überhaupt nur solche Typen zu finden, wie sie in der Wochenschau gezeigt werden sollten.«[22] Der über seinen eigenen Erfolg begeisterte Reichshauptleiter aus dem Propagandaministerium schlug daher nun vor, derartige »Unmenschen« in

NSDAP-Versammlungen und in den besetzten Gebieten im Westen vorzuführen. Er schlug auch vor, sie den gefangenen englischen Offizieren vorzuführen, damit diese sich eines besseren Gegners besinnen würden.[23]

Aus den Akten des Propagandaministeriums ging nicht hervor, ob dieser Vorschlag von Goebbels mit Wohlwollen aufgenommen wurde. Spätere »Vor-Ort-Vorführungen« sind nicht dokumentiert.

In Zeithain wurde normalerweise morgens »Tee« oder Kaffee-Ersatz ausgegeben. Beides schmeckte nicht unbedingt wirklich nach Tee oder Kaffee, aber war zumindest heiß. Mittags gab es *Balanda*, eine dünne Suppe, die aus ungereinigten Steck- und Futterrüben und einer geringen Menge Kartoffeln bestand.

Abends gab es »Russenbrot«. Das speziell hergestellte Brot für die russischen Kriegsgefangenen bestand zu 50 Prozent aus Roggenschrot, zu je 20 Prozent aus Zuckerrübenschnitzeln und Zellmehl sowie zu 10 Prozent aus Strohmehl oder Laub (!). Fünf bis zehn Personen mussten sich einen Laib von eineinhalb Kilogramm teilen.[24] Essgeschirr gab es nicht. Das mussten die Gefangenen besitzen oder selbst herstellen.

Ein Leutnant machte im Oktober 1941 folgende, in einem Brief dargelegte Beobachtungen: »Heute Vormittag habe ich mit einem Hauptmann und einem Feldwebel das große Russenlager besichtigt […]. Täglich kommen hier die gräulichsten Dinge vor. Täglich sterben welche an Krankheiten und Unterernährung. […] Die Leichen sind nur Haut und Knochen […] alles Greifbare stopfen sie in sich hinein: Gras, giftige Pilze usw.«[25]

Im Lager Zeithain befanden sich am 1. Dezember 1941 laut Bestandslisten 10.677 Gefangene, am 1. Januar 1942 nur noch 7.298 und am 1. Februar 1942 gerade nur noch 5.685 Kriegsgefangene.[26]

Zwar kann man die Sterbequote im Lager hiermit nur sehr ungenau erfassen, jedoch zeigen die Zahlen, dass es in diesem Zeitraum ein verhältnismäßig hoher Prozentsatz gewesen sein musste. Insgesamt dürften in Zeithain ungefähr 35.000 sowjetische Kriegsgefangene ums Leben gekommen sein.[27]

Die Gefangenen starben jedoch nicht nur an Krankheiten. Man versuchte auch, den gefährlichen bolschewistischen Virus zu bekämpfen und »sonderbehandelte« des Kommunismus verdächtige Gefangene. Bereits am 21. Juli 1941 wurde durch den Chef der

Sicherheitspolizei mit Einsatzbefehl Nr. 9 angeordnet, dass auch für das Lager Zeithain ein Kommando aus einem SS-Führer und drei bis vier Beamten zu bilden sei, um die Kriegsgefangenen zu überprüfen. Die Durchführung der Aussonderungen und Liquidierungen hatte sich diskret abzuspielen und wurde, wie folgt, präzisiert: »Der Einsatz der Sonderkommandos ist im Einvernehmen mit den Befehlshabern des rückwärtigen Heeresgebietes (Kriegsgefangenenbezirks-Kommandanten) so zu regeln, dass die Aussonderung möglichst unauffällig vorgenommen und die Liquidierungen ohne Verzug und so weit abseits von den Dulags und von Ortschaften durchgeführt werden, dass sie den sonstigen Kriegsgefangenen und der Bevölkerung nicht bekannt werden.«[28]

Von den Zeithainer »Aussonderern« wurde nach dem Krieg niemand bestraft. Das Ermittlungsverfahren gegen die beschuldigten Offiziere, welche die »Aussonderungen« in Zeithain durchgeführt hatten, wurde schon 1965 wegen Verjährung eingestellt. Ein nicht verjährter Mord im Sinne des Strafgesetzbuches hätte nur dann vorgelegen, wenn den Angeklagten persönliche Mordmotive wie beispielsweise Heimtücke, Grausamkeit oder Mordlust hätten vorgeworfen werden können. Das war nicht der Fall. Ihnen konnte nicht mal ein Vorsatz nachgewiesen werden.

Im staatsanwaltlichen Bericht hieß es: »Über die Tätigkeit [...] haben die zahlreichen übrigen vernommenen Zeugen keine Angaben machen können, die den sicheren Schluss zulassen, dass den [...] Beschuldigten U. sowie H. und L. bekannt war, dass die von ihnen Ausgesonderten nach der Überstellung in die Konzentrationslager liquidiert werden sollten. Insbesondere kann [...] nicht widerlegt werden, dass sich ihre Aussonderungsaufgabe auch auf die Gewinnung von sowjetischen Kräften für deutschen Einsatz (Aufbau besetzter Gebiete, Vorbereitungen für die Aufstellung von Verbänden nach Art der Turk-Divisionen oder der Wlassow-Armee, Gegenspionage u. a.) bezog.«[29]

Wie üblich beriefen sich auch die Zeithainer »Aussonderer« auf den Befehlsnotstand. Sie hatten ja nur das gemacht, was ihnen gesagt worden war. In der Abschlussverfügung der Staatsanwaltschaft hieß es, dass ihnen nicht widerlegt werden könne, »dass ihre [...] Aussonderungsmaßnahmen auf ausdrücklichen Befehl des Reg. Direktors K., des Leiters der Stapo-Leitstelle Dresden, erfolgten, denen sie sich nicht entziehen zu können glaubten«.[30]

Spätestens 1965, zwanzig Jahre nach dem Ende des »Dritten Reiches«, wären laut Strafgesetzbuch alle vor 1945 begangenen Verbrechen verjährt gewesen. Die Bundesregierung lehnte damals eine Verlängerung der Verjährungsfrist ab, was zu lautstarken Diskussionen führte. Das Ergebnis war ein Kompromiss: Im »Berechnungsgesetz« wurde der Ablauf der Verjährungsfrist von 1965 auf 1970 verschoben.

1969 wiederholte sich diese Übung. Ergebnis des wieder geänderten Gesetzes war, dass für Völkermord keinerlei Verjährung und für Mord eine Verjährungsfrist von 30 Jahren vorgesehen war. Als sich das Problem nach Ablauf dieser 30 Jahre in den 80er Jahren erneut stellte, hob der Bundestag schließlich die Verjährungsfrist für Mord gänzlich auf.

Mein Großvater Ernst Reuß erlebte weder den Besuch von Goebbels in Zeithain noch die Fleckfieberquarantäne vor Ort mit und wohl auch nicht mehr die dortigen »Aussonderungen«. Er befand sich zu jenem Zeitpunkt, im Sommer 1941, bereits im Osten. Stalag 329 war im August 1941 als Frontlager in die Ukraine verlegt worden.

Stalag 329 in Winniza bestand aus einer ehemaligen russischen Kaserne und 10 bis 15 Holzbaracken. Das Hauptlager konnte mit bis zu 50.000 Mann belegt werden. Vom 20. August bis 2. Oktober 1941 befand sich das Lager in Shmerinka nahe der Stadt Winniza, dann bis November 1943 direkt in der Stadt.[31] Shmerinka wurde dann genauso wie Gaissin und Berditschew als Nebenlager genutzt.

Stalag 329 Winniza: Brotausgabe an die Hungernden

Ernst Reuß mit zwei einheimischen Frauen in Winniza

Nach Aussagen von mehreren Mitgliedern der Stammbesatzung des Stalags 329 schwankte die Belegungszahl des Lagers zwischen 1.000 und 100.000 Gefangenen. Möglicherweise beruhen die unterschiedlichen Angaben darauf, dass auch in der Nähe von Winniza kurzfristig große Durchgangslager geschaffen und dann erst die Gefangenen auf die verschiedenen Lager aufgeteilt wurden. Laut offiziellem Bericht des Chefs des Kriegsgefangenenwesens hatte das Lager 329 in Winniza maximal etwa 19.000 Gefangene.[32]

Will man den Alltag in einem solchen Lager beschreiben, stellen sich viele Fragen.

Wie war die Ernährungssituation vor Ort? Wie viele Gefangene wurden »ausgesondert«? Wer war für die Ernährung der Gefangenen zuständig? Wurde der Zivilbevölkerung erlaubt, den Gefangenen Lebensmittel zuzustecken? Wie viele wurden »auf der Flucht erschossen«? Wie viele starben täglich?

Ernst Reuß war dort in der Schreibstube tätig und verwaltete als Unteroffizier den täglichen Horror vor Ort mit. War er vielleicht für die Ernährungsbeschaffung zuständig?

Leider lassen sich die meisten dieser Fragen möglicherweise nie mehr beantwortet. Vielleicht existiert aber – vergessen oder versteckt

Kriegsgefangene im Stalag 329 in Winniza

in sowjetischen oder ukrainischen Kellern und Dachböden – einiges an Originalmaterial? Bisher wurde allerdings noch nichts gefunden. In deutschen Archiven sind keine Lagerakten vorhanden. Sie wurden aus guten Gründen beim Rückzug wahrscheinlich vollständig vernichtet. Man stößt auf vereinzelte Augenzeugenberichte, sonst nichts.

Einzig der Koch des Lagers berichtet in seiner polizeilichen Vernehmung nach dem Krieg von Hungertoten im Stalag 329. »Es gab damals ca. 60.000 russische Gefangene. Dazu waren 10 Feldküchen vorhanden. Aus jeder Küche wurden 6.000 Gefangene verpflegt. Die große Zahl der Gefangenen konnte nicht ausreichend verpflegt werden. Es starben viele Gefangene des Hungertodes.«[33]

Da die offiziellen Zahlen erheblich geringer sind, könnte es sein, dass der Koch in seiner Vernehmung irrtümlich von der im Vorfeld entstandenen Gefangenensammelstelle berichtete, von wo die Gefangenen in das Stalag verwiesen wurden.

Der Feldzug gegen die Sowjetunion, das »Unternehmen Barbarossa«, begann am Sonntag dem 22. Juni 1941 um 3.30 Uhr früh. Drei Heeresgruppen überquerten im Schutze der Morgendämmerung die erst im Herbst 1939 festgelegten Grenzen. Der »Nichtangriffspakt« vom August '39 hielt also nicht sonderlich lange. Stalin hatte den Angriff allerdings nicht so früh erwartet. Und das im wahrsten Sinne des Wortes, denn er verschlief den Angriff, weil keiner aus seiner Umgebung sich traute, ihn zu wecken.

Hitler und seine Generäle hatten für den Blitzkrieg längstens vier Monate geplant. Mit mehr als drei Millionen Soldaten glaubte er die Sowjetunion geradezu überrennen zu können, wonach es zu Beginn auch aussah. Es sollte jedoch bald anders kommen!

Bis Ende des Jahres 1941 fielen 25 Prozent der deutschen Soldaten an der Ostfront. Am Ende des Krieges befanden sich über drei Millionen Deutsche in sowjetischer Kriegsgefangenschaft. Insgesamt hatte der Wahnsinn Zweiter Weltkrieg geschätzten 55 Millionen Menschen den Tod gebracht.

Die Zahlen für direkte militärische Verluste auf sowjetischer Seite bewegen sich zwischen 8 und 14 Millionen Menschen. Nach neueren Berechnungen sollen von ungefähr 160 Millionen Menschen, die 1941 in der Sowjetunion lebten, 27 bis 32 Millionen durch unmittelbare Kriegsgewalt oder durch die Folgen von Hunger, Kälte und Epidemien umgekommen sein.[34]

Von 1941 bis 1944 war die Ukraine von deutschen Truppen besetzt. Der »Wehrmachtsbefehlshaber Ukraine« erließ unmittelbat nach der Okkupation ausführliche »Richtlinien zur Unterdrückung des Volkswiderstands«.[35]

Sowjetischer Panzerfahrer ergibt sich

Propagandabild oder Wirklichkeit: Ukrainierinnen begrüßen die deutschen Soldaten und »danken für ihre Befreiung«, wie es im begleitenden Bildtext heißt

In der Ukraine wurden zehn Stalags errichtet. Die große Zahl von Kriegsgefangenen machte es notwendig, Kommandeure der Kriegsgefangenen – zum Teil auch mit nachgeordneten Kriegsgefangenen-Bezirkskommandanturen – einzusetzen. Als Kommandanten wurden normalerweise ehemalige Weltkriegsoffiziere berufen, die nicht mehr fronttauglich waren. Von den insgesamt 22 Kommandanten in den ukrainischen Kriegsgefangenenlagern war der Jüngste Jahrgang 1896, der älteste Jahrgang 1871.

Als »Wehrmachtsbefehlshaber Ukraine« fungierte ab Oktober 1941 General Kitzinger, als Kommandeur der Kriegsgefangenen in der Ukraine bis November 1942 Generalleutnant Feichtmeier . Nach ihm kam Generalmajor Wolff.[36]

Hitler bezog am 16. Juli 1942 die Anlage »Werwolf« bei Winniza, um der Front näher zu sein. »Werwolf« lag in einem Wald 15 Kilometer nördlich von Winniza an der Straße nach Shitomir. Das Führerhauptquartier bestand aus Blockhäusern. Die Arbeits- und Wohngebäude lagen abseits der Straße und waren durch hohe Drahtzäune gesichert. Hitler verblieb dort lediglich bis 31. Oktober 1942. Im März 1944, während der sowjetischen Frühjahrsoffensive, wurden die deutschen Truppen aus der Ukraine vertrieben.

Beim Rückzug hinterließen die deutschen Soldaten – gemäß dem Befehl Himmlers – »verbrannte Erde«. »Es muss erreicht werden, dass bei der Räumung von Gebietsteilen der Ukraine kein Mensch, kein Vieh, kein Zentner Getreide, keine Eisenbahnschiene zurückbleiben, dass kein Haus stehen bleibt, kein Bergwerk vorhanden ist, das nicht für Jahre gestört ist, kein Brunnen vorhanden ist, der nicht vergiftet ist. Der Gegner muss wirklich ein total verbranntes und zerstörtes Land vorfinden.«[37]

Angeordnet wurde: »Im Falle von Absetzbewegungen sind alle dem Feind irgendwie nutzbaren Anlagen und Vorräte: Unterkünfte (Häuser und Wohnbunker), Maschinen, Mühlen, Windmühlen, Brunnen, Heu- und Strohstaken in dem jeweils dafür freigegebenen Abschnitt und Zeitpunkt restlos zu zerstören.

Häuser sind ausnahmslos abzubrennen, Feuerstellen durch Handgranaten zu zersprengen, Brunnen durch Vernichtung der Zieh- und Schöpfanlagen sowie durch Einwerfen von Unrat (Kadaver, Mist, Kuh-Mistbrikett, Benzin) unbrauchbar zu machen, Stroh- und Heustaken sowie Vorräte aller Art in Brand zu setzen, landwirtschaftliche Maschinen sowie festes Gestänge permanenter Leitungen zu sprengen, Fähren und Kähne durch Leckschießen zu versenken.

Zerstörung der Brücken und Sperrung der Wege durch Minen ist Aufgabe der Pioniere.

Jeder Einzelne hat die Pflicht, dafür zu sorgen, dass das dem Feind überlassene Gebiet für jede militärische und landwirtschaftliche Nutzung auf absehbare Zeit hinaus ausfällt.«[38]

714 Städte und 28.000 Dörfer in der Ukraine wurden zerstört. Ungefähr 30 Millionen Stück Vieh wurden abtransportiert. Bis zu fünf Millionen Ukrainer sollen dem Krieg zum Opfer gefallen sein.

Laut den vorläufigen Ergebnissen – es waren erst 24 von 44 Bezirken untersucht – einer außerordentlichen Kommission im

Die geschlagene deutsche Wehrmacht im Frühjahr 1944 bei ihrer Flucht aus der Ukraine

April 1944 kamen im Winnizaer Gebiet 101.139 Menschen um, 64.076 wurden zur Zwangsarbeit verschleppt. Allein in der Stadt Winniza sollen 41.620 Menschen umgebracht und 13.400 verschleppt worden sein.[39]

Andere Quellen sprechen von insgesamt 53.820 Toten in der Stadt Winniza, darunter 12.000 Kriegsgefangenen.[40]

Überall im Osten, wo sich deutsche Soldaten befanden und – insbesondere die Einsatzkommandos – wüteten, wurde gemordet. Man nannte diese Taten euphemistisch »Säuberungen«.

Im Zuge der Vorbereitung auf das »Unternehmen Barbarossa« waren ab Mai 1941 vier voll motorisierte Einsatzgruppen der Sicherheitspolizei und des SD aufgestellt worden, deren Aufgabe es sein sollte, sicherheitspolizeiliche Aufgaben wahrzunehmen und »Säuberungen« durchzuführen.

Als »Gestapo auf Rädern« bezeichnete das Nürnberger Militärgericht später diese Truppe. Die »motorisierte Gestapo« funktionierte bestens im Sinne der rassistischen Vorstellungswelt der braunen Befehlshaber. Sie löschten komplette jüdische Gemeinden – Frauen, Kinder und Greise – aus.

Ein Wissenschaftler schreibt: »Bezüglich der Einsatzgruppen kann man [...] anführen, dass im Rahmen militärischer Operationen noch nie zuvor so wenige Menschen willkürlich über das Leben so vieler anderer entschieden, sie ermordet und gequält hatten. Mochten sich die intellektuellen Köpfe dieser Einheiten – vor allem gegenüber der Nachwelt – als Nachrichtenbeschaffer, politische Funktionäre, Sicherheitsbeauftragte und weltanschauliche Soldaten des Staatsschutzes verstanden haben, so waren sie doch hauptsächlich und vor allem Mörder.«[41]

Aus allen Teilen Deutschlands hatte man für diese »Mördertruppe« Gestapo-Beamte, Kriminalpolizisten, SD-Angehörige und das erforderliche Hilfspersonal – Dolmetscher, Kraftfahrer, Funker, Fernschreiber usw. – zusammengezogen. Ein großer Teil ihrer Mitglieder stammte aus der SS.

Die Sicherheitspolizei war untergliedert

- in die Einsatzgruppe A – für das Baltikum mit den Sonderkommandos 1 a und 1 b sowie den Einsatzkommandos 2 und 3;
- in die Einsatzgruppe B – für Weißrussland mit den Sonderkommandos 7a und 7b, den Einsatzkommandos 8 und 9 sowie dem »Vorkommando Moskau«;
- in die Einsatzgruppe C – für die nördliche und mittlere Ukraine mit den Sonderkommandos 4a und 4b sowie den Einsatzkommandos 5 und 6 und
- in die Einsatzgruppe D – für Bessarabien, die Südukraine, die Krim und Kaukasien mit den Sonderkommandos 10 und 10b sowie den Einsatzkommandos 11a, 11b und 12.[42]

Nach Beginn des Überfalls auf die Sowjetunion 1941 wurde das Personal der für die nördliche und mittlere Ukraine zuständigen Einsatzgruppe C noch durch Zuteilung eines Polizeireservebataillons aufgestockt. Ein Kommandoführer in der Ukraine definierte die Aufgabenstellung und Tätigkeit der Einsatzgruppen im März 1943 wie folgt: »Neben der Vernichtung aktiv hervorgetretener Gegner sind durch vorbeugende Maßnahmen solche Elemente auszumerzen, die aufgrund ihrer Gesinnung oder Vergangenheit bei dazu günstigen Umständen als Feinde aktiv hervortreten können. Die Sicherheitspolizei führt diese Aufgabe entsprechend den allgemeinen Weisungen des Führers mit jeder erforderlichen Härte durch.«[43]

Die Einsatzgruppe A berichtete am 15. Oktober 1941 davon, bisher 125.000 Juden und 5.000 andere liquidiert zu haben. Die Einsatzgruppe B sprach am 14. November 1941 von insgesamt 45.000 Exekutionen, die Einsatzgruppe C von 75.000 Juden und 5.000 anderen, und die Einsatzgruppe D meldete am 12. Dezember 1941 die Anzahl von 55.000 Getöteten.[44]

Die Anzahl der Morde reichte Berlin anscheinend noch nicht, denn schon bald, nach Beginn des Krieges gegen die Sowjetunion, wurde noch eine fünfte Einsatzgruppe dorthin geschickt.

Häufig befanden sich unter den Opfern auch aus Deutschland geflüchtete Juden wie wahrscheinlich auch in jenem Fall, über den ein Wehrmachtsangehöriger 1965 Aussagen machte. Es handelte sich um ein Massaker an 2.500 Juden in der südlichen Ukraine, zu dem er als Zuschauer vom Teilkommandoführer des SK 10 b abkommandiert worden war. »Während ich diesem Gemetzel zusah, stand plötzlich ein junges Mädchen bei mir, hob die Hände auf und sagte: ›Bitte, bitte, man soll mich doch noch ein bissl leben lassen, ich bin doch noch so jung. Meine Eltern sind schon gefallen. Wir haben daheim kein Radio, wir haben auch keine Zeitung gehabt. Die reichen Juden sind schon lange mit den Autos und den Flugzeugen fort. Warum erschießt man uns arme Juden? Wir haben noch nie auf Deutsche geschimpft. Sagen Sie doch, sie sollen mich noch ein bissl leben lassen. Ich bin doch noch so jung!‹

Hierbei hatte das Mädchen die Hände immer vor dem Gesicht in der Art des Betens aufgehoben und sah mir in die Augen. Das Mädchen war meiner Erinnerung nach noch ein Schulmädel oder eine Studentin. Es sprach fließendes, akzentfreies Deutsch, hatte bräunliches Haar und sah absolut nicht wie ein Judenkind aus.

Einer der Maschinenpistolenschützen hat uns dort stehen sehen, denn er rief zu mir herunter: ›Führ sie herauf!‹

Ich erwiderte, dass ich das nicht tuen würde. Das Mädchen hatte diesen Zuruf ja auch gehört und bat mich ängstlich: ›Bitte, bitte tun Sie es nicht!‹

Als ich keine Anstalten machte, das Mädchen hinauf zu den Schützen zu bringen, sah ich den SS-Mann zu mir herunterkommen. Er hatte die Maschinenpistole in der Hüfte im Anschlag. Ich dachte bei diesem Anblick immerfort, hoffentlich dreht sich das Mädel, welches mir immerfort in die Augen sah, nicht um und sieht so ihren Mörder und den Tod noch vor Augen.

Ich tröstete es also immer wieder, obwohl ich den Todesschützen bereits hinter seinem Rücken auf uns zukommen sah. Das Mädchen flehte mich immerfort an und hat den SS-Mann sicher nicht herankommen gehört. Als dieser schräg hinter dem Mädchen angekommen war, drückte er ab. Er schoss dem Mädchen hinter's Ohr hinein[,] und ohne einen Muckser zu machen stürzte es vor mir zu Boden. [...] Das Bild des mir zu Füßen liegenden Mädchens werde ich zeitlebens nicht vergessen. [...]

Als es dann am Boden lag, sagte der SS-Mann, dass ich es jetzt zu den übrigen Toten ziehen könne.

Ich hatte einen solchen Ekel vor diesem Mann bekommen, dass ich, als er sich umdrehte, hinter ihm ausgespuckt habe. Angewidert vor dem tierischen Verhalten dieses Menschen habe ich mich abgewendet und bin zu meinem Fahrzeug gegangen.«[45]

Was solche Mordaktionen betraf, stellten die Einsatzgruppen nur die Speerspitze der deutschen Verbände dar. Beteiligt am Massenmord in der Sowjetunion waren viele. Beispielhaft ist auch folgende Ereignismeldung: »In Borispol wurden auf Anforderung des Kommandanten der dortigen Kriegsgefangenenlager [...] am 14.10.41 752 und am 16.10.41 357 jüdische Kriegsgefangene, darunter einige Kommissare und 78 vom Lagerarzt übergebene jüdische Verwundete erschossen. Gleichzeitig exekutierte derselbe Zug 24 Partisanen und Kommunisten, die von Ortskommandanten in Borispol festgenommen wurden. [...] Ein anderer Zug [...] exekutierte störungslos 1.865 Juden, Kommunisten und Partisanen, darunter 53 Kriegsgefangene und einige Flintenweiber.«[46]

Der Brief eines Frontarbeiters aus Belorussland in die Heimat zeigt, mit welchem Selbstverständnis der deutsche Herrenmensch in der Sowjetunion wütete. Sein Text räumt mit der immer noch kolportierten Mär auf, dass die Soldaten vom Morden im Osten nichts gewusst hätten:

»Lieber Vater! Du müsstest einmal sehen wie es dem auserwähltem Volk hier geht. Alles was Hände und Füße hat schlägt und tritt an ihm herum, wenn jemand seinen Zorn auslassen will kommt ein Jüd dran, zu fett werden sie bei uns auch nicht. Früh muss sie ein O.T. Mann *(Organisation Todt – E. R.)* holen, am Tag beaufsichtigen und abends wieder nach Hause bringen, denn sie wohnen gemeinsam in einem mit 3 m hohen Stacheldraht eingezäuntem Lager, wer ohne Posten auf der Straße gesehen wird, wird sofort

Zum Arbeitseinsatz gezwungene Juden

erschossen. Auch haben wir gefangene Russen zum Arbeiten, es gehen alle Tage einige kaputt oder werden erschossen.

Wenn wir diese früh holen sagt der Unteroffizier am Abend muss die Zahl stimmen oder ihr habt die Burschen erschossen und ich sehe die Leichen dieses macht nichts, auch ging uns im Wald einer stiften konnten ihn aber noch in die ewigen Jagdgründe schicken.

Im Zimmer haben wir Judenmädchen zum Aufwaschen, Kleiderwaschen, Strümpfstopfen, Schuh putzen haben uns diese auf dem Arbeitsamt ausgesucht, bei meinem Zimmer ist eine tüchtige Judendame wäscht und hält alles in Ordnung. Auch sind in der letzten Zeit 40.000 Juden wieder erschossen worden weil wir diese Brüder nicht mehr brauchen können, da zittern die anderen immer weil sie auch noch dran kommen.

Was ich Euch geschrieben habe soll man nicht weiter erzählen, es ist verboten.

Da nun das Osterfest nahe vor der Türe steht so wünsche ich Euch frohe und gesunde Osterfeiertage

seid alle nochmals herzlich gegrüßt von Euren Sohn und Bruder Oskar.«[47]

Auch die Beiläufigkeit, mit der im folgenden Brief desselben Autors nur wenige Monate später von unfassbaren Verbrechen berichtet wird, zeigt die unbegreifliche Normalität des bestialischen

Treibens in jenen Tagen: »Bei uns währe alles in Ordnung wenn bloß der Fraß etwas besser wäre. Kartoffel und wieder Kartoffel man scheißt Haufen so groß wie ein Backkorb und hat trotzdem Kohldampf. Salat oder Gemüse hat es noch nicht gegeben bis der groß wird den wir gesät haben wird es Weihnachten werden.

Ich kaufe mir immer einmal Rettich etwas Butter gibt es auch hat auch wieder Bier gegeben, ist dann eine prima Brotzeit.

Auch habe ich an Schwägerin Anni eine Beileidskarte gleich auf dem Telegramm geschickt hat mir aber bis heute noch keine Antwort zukommen lassen ich schreibe halt auch nichts mehr an ihr. Ich dachte immer Wehners Edmund ist verheiratet meine Frau hat mir die Todesanzeige geschickt da heißt es aber nichts von der Frau.

Auch wurde eine Wasserleitung gegraben da kamen wir durch ein jüdisches Massengrab welches zirka ein Jahr alt war. Juden mussten dann die Leichen umbetten, wenn sie fertig waren fanden sie dann auch den Tod im gleichen Grab. Von dieser Sache schweigen denn ich war vom Kommando Wachhabender.«[48]

Soche Erschießungen »kleineren« Ausmaßes waren offensichtlich an der Tagesordnung.

Auch in der Gegend von Winniza, in der das Stalag 329 im August 1941 eingerichtet worden war, gab es häufig derartige Vorkommnisse. Vielfach gibt es Zeugenaussagen, die das Ermorden von 5 bis 50 Menschen belegen. Das geschah vor allem nach Einmarsch des Einsatzkommandos 6 im Juli 1941, also noch *vor* Errichtung des Kriegsgefangenenlagers.

Eine dieser – in diesem Falle etwa drei Stunden anhaltende – Mordaktionen in Winniza wurde von einem Täter aus dem Polizeibataillon 45 später wie folgt beschrieben: »Die Juden mussten einzeln an den Brunnenschacht. An jedem der Schächte stand dann ein Mann von der 2. Kompanie. […] Die Opfer mussten sich dann mit Blick in den Schacht leicht über die Brüstung neigen und wurden von dem Schützen mit Pistole durch einen Genickschuss getötet. Die Opfer sind dann kopfüber in den Schacht gefallen. Das ist laufend gegangen. Ich möchte meinen, dass im Durchschnitt je Minute eine Person erschossen wurde, d. h. an jedem Schacht eine Person pro Minute. Das nehme ich so an. Ich glaube nicht, dass eine längere Zeit beansprucht wurde.«[49]

Laut den Ereignismeldungen Nr. 38 vom 30. Juli 1941 und Nr. 47 vom 9. August 1941 kam es beispielsweise in Winniza auch zu Exekutionen von 146 Juden. 30 davon sollen an der Mauer des vom Einsatzkommando besetzten NKWD-Gebäudes und eine weitere Gruppe an einer Sandgrube am Stadtrand von Winniza von Mitgliedern des EK 6 getötet worden sein.[50]

21 Jahre nach Ende des Krieges wurden Zeugen in einem Prozess gegen Mitglieder der Einsatzkommandos auch hierzu befragt. Ein Beteiligter schildert die Ereignisse wie folgt: »Als nächsten Einsatzort kann ich Winniza nennen [...] Wir lagen im NKWD-Gebäude. Eines Tages sackte ein Fahrzeug der Einheit auf dem Hof des Gebäudes ein. Man stellte fest, dass dort Leichen, die der Russe hinterlassen hatte, vergraben waren. Es wurden nun Juden zusammengetrieben, die die Leichen ausgraben mussten. Anschließend sind diese Juden, es mögen 30 bis 40 gewesen sein, erschossen worden. [...] Es sind dann aber außer den Juden, die die Leichen ausgraben mussten, auch noch weitere erschossen worden.

Die Erschießung hat in einer Sandgrube am Stadtrand von Winniza stattgefunden.«[51, 52]

Das Einsatzkommando hinterließ eine breite Blutspur vor allem unter der jüdischen Bevölkerung. Das hatte sich inzwischen wohl auch bis nach Winniza herumgesprochen. Die jüdischen Einwohner versuchten vor dem Einsatzkommando zu flüchten, was nach dem Einmarsch zu regelrechten Treibjagden auf Juden führte.

Ein Angehöriger des EK 6 erzählt: »Aus unserem Kommando wurde ein kleines Kommando zusammengestellt, bestehend aus SD und SS. Ich selbst bin nicht mitgefahren. Das kleine Kommando fuhr von Winniza aus in Richtung rumänische Grenze. Unterwegs sind die jüdischen Flüchtlinge eingeholt und an Ort und Stelle erschossen worden. Nach den Erzählungen soll es eine direkte Treibjagd gewesen sein, es sollen Tausende von Juden erschossen worden sein. Von Winniza zogen wir nach Kiew.«[53]

Aber auch nachdem die »Hauptsäuberungen« durch das EK 6 ausgeführt worden waren, hatte das Nachkommando noch einiges zu tun. Ein Angehöriger des Nachkommandos berichtete über laufend durchgeführte Exekutionen: »Das Nachkommando hatte ähnliche Aufgaben wie das Hauptkommando. Auch bei ihm haben Judenerschießungen stattgefunden. Es waren vielleicht nicht ausschließlich Juden, sie wurden frühmorgens, damit die Bevölkerung es nicht sah, mit Lkw fortgefahren. Uns war klar, dass sie nicht etwa entlassen werden würden.«[54]

Offiziell sollten also mit den Einsatzgruppen bereits im Vorfeld Unruhen vermieden werden. »Potenzielle Unruhestifter« sollten gnadenlos »ausgemerzt« werden. In der Stadt Winniza selbst gab es offenbar mindestens zwei solcher »vorbeugenden Maßnahmen«. Bei der ersten Aktion am 22. September 1941 soll es in Winniza ungefähr 28.000 Erschießungsopfer gegeben haben.[55] Nach Aussagen von dort stationierten Soldaten waren bei dieser Aktion vorzugsweise Alte und Kranke erschossen worden.

Alte und Kranke als »potenzielle Unruhestifter«?

Ein Mitglied des Polizeireservebataillons 69 – der Bankangestellte Helmuth B. – berichtet von der ersten Aktion gegen Juden: »Es kann somit im September 1941 gewesen sein, als ich mit einigen Kameraden in der Freizeit in Winniza spazieren ging. So kamen wir auf einen Sportplatz. Hier sahen wir eine Menschenansammlung. Man hatte Juden zu einem Kreis auf dem Sportplatz zusammengetrieben, die von SS-Leuten oder SD-Leuten bewacht wurden. Ich entsinne mich hierbei, dass ein dicker starker SS- oder

Juden in Shitomir vor ihrer Hinrichtung

SD-Mann diese Juden mit dem Karabiner stieß, so dass sie hinfielen. Ich habe auch gehört, dass dieser Mann sagte: ›Was, du Schwein, willst kein Jude sein?‹ […]

Nach einigen Minuten haben wir uns von der Stelle entfernt, weil wir es nicht mehr ansehen konnten. Ich weiß aber, dass es sich bei den Juden um lauter alte Leute gehandelt hat. Es waren Männer und Frauen im Greisenalter.«[56]

Sollten all diese Menschen etwa die gefährlichen Feinde gewesen sein? Offensichtlich nicht! Hitlers Krieg im Osten war – zumindest auch – ein rassistisch motivierter Vernichtungskrieg!

Ein SS-Mitglied aus der Reiterabteilung berichtete über die – wahrscheinlich – gleiche Erschießung: »Wir wurden mit Lkw zu einem in der Nähe Winnizas gelegenen Waldstück gefahren. Dort war eine Grube ausgehoben, an welcher sich SD-Leute aufhielten. […] Etwa alle 10 bis 20 m wurde ein Angehöriger unserer Einheit postiert. Danach kamen Lkw herangefahren, auf denen sich jeweils ca. 40 Menschen befanden. Diese Leute – es handelte sich um Frauen, Männer und Kinder – mussten sich nach Verlassen der Fahrzeuge völlig entkleiden und wurden dann durch die von uns gebildete Gasse an die Grube geführt. Hier standen drei SD-Leute, von denen jeweils zwei mit Pistolen die Juden erschossen, nachdem sie vorher in die Grube springen mussten. […]

Wie ich gerüchteweise erfahren habe, sollen die Erschossenen aus einem Krankenhaus und auch aus Wohnungen in Winniza herausgeholt worden sein.«[57]

Bereits im April 1942 kam es nach Aussagen von Soldaten in Winniza zu einer weiteren Erschießung größeren Umfangs, bei der nach Zeugenaussagen und staatsanwaltschaftlichen Schätzungen mindestens 15.000 Menschen jüdischen Glaubens umgebracht wurden. Dies führte im Jahre 1960 zu staatsanwaltlichen Ermittlungen.

Von den »Aktionen« berichtet vor dem Staatsanwalt ein weiterer Angehöriger des Reservebataillons 69: »Zu dieser Zeit waren bei mir auf der Kammer 2 jüdische Mädchen beschäftigt. […] Ich bin auch in der Wohnung dieser Mädchen gewesen, es handelte sich um Geschwister. Hier habe ich auch die Mutter dieser Mädchen gesprochen. […]

Wir mögen kurz in Russland gewesen sein als der Spieß Raderschatt zu mir kam und sagte, dass in Winniza Judenaktionen durchgeführt würden. Er gab mir den Auftrag, in den leerstehenden Häusern der Juden nachzusehen, ob dort noch geeignetes Mobiliar für die Dienststelle vorhanden sei. [...]

Ich möchte annehmen, dass man zu dieser Zeit alle Juden erschossen hat, die nicht mehr arbeiten konnten. Ich begründe dies damit, weil wir später noch arbeitsfähige Juden bei uns beschäftigt hatten.

Im April 1942 muss eine weitere Aktion gegen die jüdische Bevölkerung von Winniza stattgefunden haben. [...] In dieser Zeit war ich gerade auf Urlaub. Als ich zurückkam, war meine erste Frage, wo sind denn die Judenmädchen geblieben? Ich erinnere mich genau, dass man mir gesagt hat, die Juden von Winniza sind erschossen worden.«[58]

Ein anderer Angehöriger des Polizeireservebataillons 69 – der Kellner Karl H. – teilte in den damals durchgeführten Vernehmungen mit: »Ich habe mit anderen Kameraden an einem Sportplatz in Winniza abgesperrt. Die Judenfamilien kamen bereits auf den Platz und haben geweint und geschrien. Von vorne kam der Befehl *Durchgehen!*. Wir mußten ständig hinten nachschieben. Die Juden gingen in Richtung eines Waldes. [...]

Nach der Aktion waren die Kameraden niedergeschlagen. Es sprach aber niemand gerne von der Sache. So habe ich wohl erfahren, dass man die Juden erschossen hat, Einzelheiten kann ich aber nicht angeben, weil ich nicht Zeuge der eigentlichen Erschießung geworden bin.«[59]

Der Polizeimeister Peter G. vom Polizeireservebataillon sagte über die zweite »Aktion« aus: »Ich wurde [...] in eine Absperrung eingegliedert. Ich war zunächst sehr überrascht, um was es eigentlich ging. Mein Posten war etwa 120 Meter von einer großen Grube entfernt und ich konnte deutlich erkennen, wie ein SD-Mann mit einer Maschinenpistole vom Rand der Grube aus in diese hineinschoss. [...]

Gemeinsam mit den anderen [...] hatte ich dafür zu sorgen, dass diese Juden nicht fliehen konnten. [...] Auf einem verschlammten Weg kamen die Juden an uns vorbeigezogen. Ich habe beobachtet, wie sie Geld zerrissen und auch andere Sachen in den Schlamm traten.

Etwa 30 Meter von der Exekutionsstätte entfernt mussten sich die Opfer entkleiden und ihre Kleider auf einen Haufen werfen.

Nackt gingen sie in die Grube und wurden [...] erschossen. Ich habe genau beobachtet, dass es sich um Männer, Frauen und Kinder handelte. Die Juden haben sich diszipliniert benommen. So habe ich gesehen, wie sich Familien verabschiedeten und Frauen ihre Kinder küssten. Die Juden haben laut gebetet und andere laut geschrien.«[60]

Herbert H. berichtete ebenfalls von der oben zitierten zweiten »Aktion« gegen die Juden von Winniza. Er begleitete als Ordonnanz seinen Hauptmann, der auf Grund der Verladeaktion am Marktplatz von Winniza neugierig geworden war und mit den Worten »Jetzt sehen wir uns das Spiel mal an« hinterherfuhr. Er wollte sich die Erschießungen nicht entgehen lassen. Das grausame »Spiel« ging folgendermaßen vor sich: »Jetzt sahen wir, dass die Juden von den Lastwagen herunterspringen mussten. Es handelte sich um Männer, Frauen und Kinder. Der SD-Mann zeigte in Richtung eines verfallenen Gebäudes. [...]

Auch wir begaben uns zu diesem Gebäude. Hier mussten sich die Juden entkleiden. [...] Diese Baracke hatte hinten einen Ausgang, wo die Juden nackend herauskamen und auf einem zertretenen Weg noch etwa 300 Meter weiter gehen mussten. Hier standen SD und Polizisten wieder mit Hunden. Schubweise gingen die Juden diesen Weg, wobei sie ständig von SD-Leuten angetrieben wurden.

Auch wir sind diesen Weg gegangen und kamen an eine große Grube von etwa 30 x 40 Metern und einer Tiefe von etwa 4 Metern. In dieser Grube lagen bereits 4 bis 5 Schichten nackter Menschen, die schon erschossen waren.

Die Leute, die die Erschießungen vornahmen, waren mit blauen Schlosseranzügen bekleidet und trugen russische MPs. Einer hatte eine Pistole 08 mm und erteilte die Schüsse auf die Juden, die noch nicht tot waren.

Ich habe gesehen, wie diese Leute über die Toten liefen bis zu den Juden, die sich hingekniet hatten und auf den Genickschuss warteten. Einzeln wurden die Juden kniend mit den Maschinenpistolen erschossen. So konnte ich auch beobachten, wie ein Jude an der Schlagader getroffen wurde, weil er sich umgedreht hatte. Ich meine, es sei ein Offizier gewesen, der hinging und diesen Juden mit einem Pistolenschuss in den Kopf tötete. An dem Rand der Grube standen einige SD-Leute mit Regenumhängen, die die

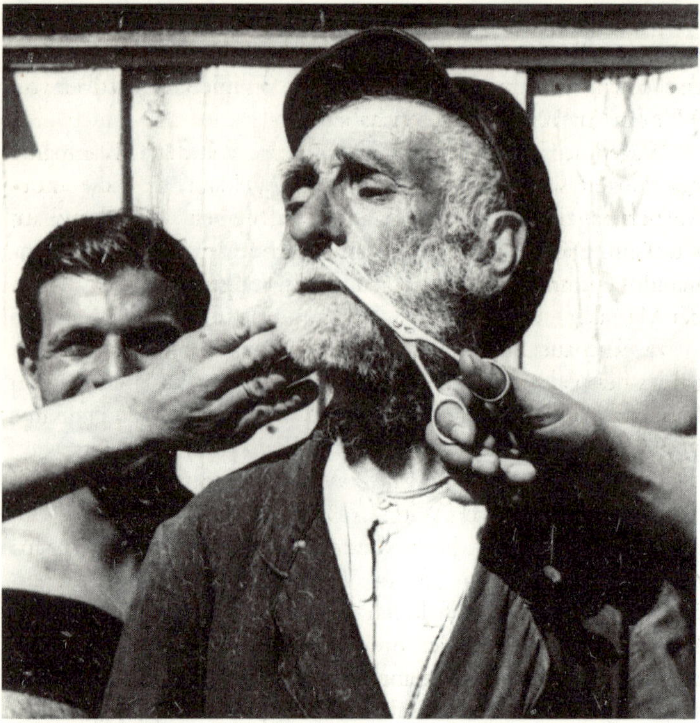

Demütigung der besonderen Art: Einem alten Juden wird von deutschen Soldaten der Bart abgeschnitten, Juli 1941

ankommenden Juden antrieben, in die Grube zu springen. Wenn sie nicht springen wollten, wurden sie von diesen Leuten hineingestoßen. […]

Ich weiß, dass noch zwei weitere Gruben am Exekutionsort vorhanden waren. Ich habe auch die Schießereien an den Gruben gehört.«[61]

Ein Einzelschicksal ging anscheinend selbst dem kampferprobten Hauptmann an die Nieren: »Hauptmann M. und ich standen am Rand der Grube, als ein junges jüdisches Ehepaar mit zwei Kindern in die Grube springen sollte. Der Mann sah Hauptmann M. und kam mit seinen zwei Kindern auf dem Arm auf ihn zu und sagte: ›Warum das alles, ich habe doch nichts getan.‹

Hauptmann M. hat sich abgewendet und zu mir gesagt, ich habe hier keine Funktion. Ich habe beobachten können, dass

Hauptmann M. sehr ergriffen war. Dann ist der Mann mit seiner Frau und den Kindern in die Grube gesprungen und wurde so erschossen, wie bereits geschildert.«[62] Die Erschießungen sollen von 9 Uhr bis 16.30 Uhr gedauert haben.

Wegen der Massaker in Winniza wurde von der 1. Kompanie des Polizeireservebataillons niemand angeklagt, da diese »nur« Absperrungen durchführte. Die Täter blieben weitgehend im Dunkeln. Die Anklagen gegen die Angehörigen des Einsatzkommandos 6 führten zwar zu einigen Verurteilungen, aber nicht wegen der Massaker in Winniza.

Zwei genauer dokumentierte Massenmorde von Einsatzgruppen gab es beispielsweise auch in Shitomir und in der Schlucht von Babi Jar. Wobei Babi Jar geradezu ein Synonym für derart grausame Verbrechen wurde.

Die Buchhalter des Grauens listeten für den 19. September in Shitomir, nicht weit von Winniza, 3.145 erschossene Juden auf. In der Schlucht von Babi Jar bei Kiew wurden am 29. und 30. September 1941 insgesamt 33.171 Menschen bestialisch ermordet.[63] Die am Morden in der Schlucht von Babi Yar beteiligten Polizeibataillone sollen auch hier »nur« abgesperrt und die Opfer zum Erschießungsort getrieben haben, was zur Zeit der Ermittlungen als verjährte Beihilfe nicht mehr bestraft werden konnte.[64]

Da auch bei den Erschießungen alles seine Ordnung haben musste, wurde normalerweise die Kleidung der Massakrierten fein säuberlich auf Lastwagen verfrachtet, desinfiziert und der NS-Volks wohlfahrt zugeführt.

Auch das wurde penibel dokumentiert: »137 Lastwagen Bekleidungsstücke, die im Zuge der in Shitomir und Kiew vorgenommenen Judenaktionen angefallen waren, wurden der NSV zur weiteren Verwendung zur Verfügung gestellt. Der größte Teil davon gelangte nach der notwendigen Desinfektion zur Verteilung an Volksdeutsche. U. a. konnte auch ein Kriegslazarett der Waffen-SS seinen Bedarf an Wolldecken usw. aus diesem Vorrat decken.«[65]

Das Verhalten der deutschen Armee gegenüber Zivilisten in den besetzten Gebieten war – um es sehr vorsichtig auszudrücken – nicht von besonderer Rücksichtnahme geprägt.

Der Generalplan Ost sollte die Germanisierung des europäischen Teils der Sowjetunion bis zum Ural bewerkstelligen. Generalfeldmarschall von Reichenau erläuterte dazu in seinem Tagesbefehl vom 10. Oktober 1941: »Das wesentliche Ziel des Feldzuges gegen das jüdisch-bolschewistische System ist die völlige Zerschlagung der Machtmittel und die Ausrottung des asiatischen Einflusses im europäischen Kulturkreis.«[66]

Doch bevor die Ostkolonien als Rohstoffquelle und Absatzgebiet genutzt werden konnten, mussten sie von der nicht-arischen Bevölkerung befreit werden. Da sich die Wehrmacht alleine aus russischen Ressourcen ernähren sollte, waren die einheimischen Bewohner nun lediglich überflüssige Esser.

Falls es sich, wie mitunter behauptet, nicht um einen vorsätzlich ausgeklügelten »Hungerplan«[67] der faschistischehn Führungselite handelte, wurde von den Naziführern der Hungertod von Millionen sowjetischer Menschen zumindest billigend in Kauf genommen. Juristisch macht das keinen wesentlichen Unterschied.

Dabei erledigten die Polizeibataillone der Armee ihren Teil des auch von Reichenau vorgegebenen Plans und beteiligten sich an der Ausrottung des »asiatischen Einflusses im europäischen Kulturkreis«. Sie waren häufig in Massenerschießungen involviert. Die Angehörigen dieser Polizeibataillone waren sowohl vor als auch nach dem Krieg meistens normale Polizisten. Während des Krieges aber waren sie an der »Endlösung« beteiligt.

Browning zitiert in seinem Buch »Ganz normale Männer« einige der Mitglieder des von ihm untersuchten Reserve-Polizeibataillons 101, welches in Polen wütete. Laut ihren Berichten hatten sie vor allem anfangs mit der Rolle, die ihnen bei der »Endlösung« zugedacht war, noch größere Probleme. »Ich mußte ihn regelrecht wieder hochziehen und voranschleppen. So erreichte ich den Exekutionsort erst, als meine Kameraden bereits ihre Juden erschossen hatten.

Beim Anblick seiner erschossenen Landsleute warf sich mein Jude nun zu Boden und blieb liegen. Ich habe nun meinen Karabiner durchgeladen und ihn durch einen Schuss in den Hinterkopf erschossen. Da ich durch die grausame Behandlung der Juden bei der Räumung der Stadt schon sehr aufgeregt und völlig durcheinander war, habe ich jetzt viel zu hoch geschossen. Durch den Schuss wurde meinem Juden das gesamte hintere Schädeldach abgerissen und das Gehirn bloßgelegt. Teile des Schädeldachs sind dabei meinem Zugführer, dem Hauptwachtmeister S., ins Gesicht geflogen.

Dies war für mich der Anlass, nach Rückkehr zum Wagen zu unserem Spieß zu gehen und um meine Ablösung zu bitten.

Mir war durch den Vorfall derartig übel geworden, dass ich einfach nicht mehr konnte.«[68]

Andere Angehörige des Polizeibataillons machten ähnliche Erfahrungen: »Nachdem ich eine Erschießung durchgeführt hatte und zur nächsten Erschießung am Abladeplatz mir als Opfer eine Mutter mit Tochter zugeteilt wurde und ich mit diesen ins Gespräch kam und erfuhr, dass sie Deutsche aus Kassel waren, fasste ich den Entschluss, mich nicht mehr an Exekutionen zu beteiligen. Mir war die ganze Sache jetzt so zuwider, dass ich erneut zu meinem Zugführer ging und ihm erklärte, dass mir noch immer übel sei, und ich nicht mehr könne und um meine Ablösung bäte.«

Ein Dritter konnte sich daran erinnern, dass der erste Jude, den er trotz flehentlicher Bitte um Gnade erschossen hatte, einen Orden aus dem Ersten Weltkrieg besaß und aus Bremen stammte. Aber auch der konnte nicht auf Gnade hoffen. Befehl war schließlich Befehl![69]

Die obigen Schilderungen betrafen die Gefühle der Angehörigen dieses Bataillons bei der ersten Erschießung, auf die sie nicht vorbereitet waren.

Insgesamt schätzt man die jüdischen Opfer allein dieses – aus 500 Mann bestehenden – Bataillons bis zum Mai 1943 auf 83.000 Menschen.[70]

Nach und nach wurden derartige Maßnahmen zu Routine. Nur so sind Aussagen wie folgende zu erklären: »In den drei Gräben wurden von unserer Kompanie an diesem Tage etwa 350 Juden beiderlei Geschlechts, vorwiegend aber Männer erschossen. Bei den Erschießungen ist es aber zu keinen grausamen Handlungen gekommen, das möchte ich betonen.«[71]

»Normale« Erschießungen wurden also als nicht mehr als grausam empfunden. Es mussten schon ganz andere Dinge geschehen, um eine gewisse Abscheu bei den abgestumpften Soldaten auszulösen. Beim Polizeibataillon 45, das ähnliche Erfahrungen machte, waren die Skrupel anscheinend schon bald verflogen. Wie sollte man sonst ein mehrseitiges Gedicht mit dem zynischen Titel »Mehr oder weniger lustige KdF-Reise nach Südosten« erklären, das im Januar 1942 beim Kameradschaftsabend zum Besten gegeben wurde? Hier ein kurzer Auszug:

Von Jalta bis Sewastopol
So ringsherum um Simferopol
Da hausen wir wie die Titanen
Ganz mächtig. Und die Partisanen
Kriegen mal endlich toll
Ihr ziemlich großes Arschloch voll.
Ferner die Juden und Krimtschaken
Verlernen schnell das Nüsseknacken.
So tobt der Kampf an allen Fronten
Wir waren überall dabei
Und zeigten gerne was wir konnten
Und nicht ein Einzger schoss vorbei. [72]

Die Mörder in Uniform schreckten auch nicht davor zurück, Frauen und Kinder zu töten. Ein Mitglied des EK 5, das auch in der Nähe von Winniza wütete, beschreibt in seiner Vernehmung nach dem Krieg eine dieser Erschießungen, an der er selbst teilnahm: »Die Frauen und Kinder wurden auf Panjewagen aus der Ortschaft herausgefahren. Die Männer mussten zu Fuß gehen. Insgesamt dürfte es sich um 60 bis 100 Menschen gehandelt haben. Genauer habe ich die Zahl nicht mehr in Erinnerung. Wie viel Kinder sich dabei befunden haben, kann ich nicht sagen, zehn werden es wohl gewesen sein.

In einem Fall erinnere ich mich, dass eine Frau ein Kleinkind auf dem Arm trug. Etwa fünf Menschen wurden jeweils vom Warteplatz zum Exekutionsplatz hingeführt. Ich meine, das geschah durch die ukrainischen Hilfspolizisten. Die zu Erschießenden mussten sich mit dem Gesicht zur Grube hin aufstellen. Dann wurden sie durch Genickschuss mit der Pistole [...] erschossen. Hinter jedem der zu Erschießenden stand einer von uns Angehörigen des Kommandos. In einem Falle habe ich gesehen, dass ein zusätzlicher Schütze herangezogen wurde, als eine Mutter mit Säugling an der Grube stand. Dieser hatte den Säugling zu erschießen, während ein anderer die Mutter erschoss.

Ich habe in Erinnerung, dass ich zwei Frauen und drei Männer erschossen habe.«[73]

In der Nachkriegszeit wurden in Deutschland immer nur die Gräueltaten der SS thematisiert. Die deutsche Wehrmacht selbst sei angeblich unbeteiligt gewesen. Die unbestrittenen Leiden der einzelnen deutschen Soldaten wurden mit dem Leiden der Bürger in der Sowjetunion aufgewogen. Wer wen überfallen und massenhaft getötet hatte, wurde dabei meist vernachlässigt.

Bis heute wird man häufig angefeindet, wenn man über Verbrechen der deutschen Wehrmacht berichtet. Aber es war normale, einfache Soldaten, welche an der Deportation von Abertausenden Zivilisten zur Zwangsarbeit teilgenommen hatten. Es war die Wehrmacht, deren geflissentliche Zusammenarbeit es ermöglichte, dass die berüchtigten SS-Einsatzkommandos über eine Million Juden an und hinter der Ostfront ermorden konnten. Es war die Wehrmacht, die Absperrungen vornahm und die Mörder ernährte, beförderte und unterbrachte. Und es war der normale Soldat der Wehrmacht, vor allem hinter der Front, der die Gräuel tagtäglich mitbekam und als »Normalität« des Krieges erlebte, ohne dagegen aufzubegehren.

Ein Mitglied des Stalags 329 berichtete: »Mir ist bekannt, dass nahezu täglich Erschießungen von Zivilpersonen (Männer, Frauen u. Kinder jüd. Abstammung) in der Nähe des Stalags stattgefunden haben. Diese Erschießungen hatten nichts mit dem Lager zu tun. In der Nähe der Lager wurden [...] später von Kriegsgefangenen lange Gräben ausgehoben, in denen die Erschossenen vergraben wurden. Wer für diese Erschießungen verantwortlich war, weiß ich ebenfalls nicht. Die Delinquenten wurden täglich, oftmals bis zu 100 Stück, mit Lastkraftwagen angefahren und von einem SS-Offizier der Begleitmannschaft mit einer Maschinenpistole erschossen. Ich habe selbst zweimal aus einiger Entfernung zugeschaut.«[74]

Auch Ernst Reuß, der in der Nähe des Stalags untergebracht war, muss von den Erschießungen und den Gräueltaten gewusst haben.

Im Krieg war es verboten darüber zu sprechen oder diesbezügliche Bilder und Briefe in die Heimat zu verschicken. Offensichtlich hielt sich mein Großvater Ernst Reuß an seine Befehle. Bilder und Briefe aus jener Zeit sprechen eher für ein Abenteuer. Laut seinen Erzählungen liebte er das Land und die Leute. Er beabsichtigte sogar, nach dem gewonnen Krieg dorthin auszuwandern. Auch die Bilder aus dem Fotoalbum – wo er häufiger im Kreise ukrainischer Familien zu sehen ist – lassen auf eine gewisse Verbundenheit mit der Bevölkerung schließen.

Nach dem Krieg wurde nie darüber gesprochen, was eigentlich in Winniza geschehen war. Es hieß lediglich, dass er in Winniza, weit hinter der Front, in der Schreibstube gesessen habe. Man war

Ernst Reuß (3. v. l.) mit einer ukrainischen Familie

in der Nachkriegszeit als ehemaliger einfacher, im Krieg verwundeter oder erkrankter Soldat mit dem täglichen Daseinskampf und den körperlichen Gebrechen vollauf beschäftigt. Die seelischen Wunden und die Frage der Mitschuld wurden tabuisiert.

Nur ein Bild aus dem privaten Fotalbum zeigt, dass es im Stalag 329 in Winniza auch um Leben und Tod ging.

Aber nicht nur mittels Aushungern, sondern auch mit der sogenannten Partisanenbekämpfung sollte die slawische Bevölkerung dezimiert werden. Und das schon, bevor überhaupt eine wirkliche Partisanenbewegung entstanden war. Die Fluchtquote in den Gefangenenlagern war aufgrund der schlechten Behandlung und des zu erwartenden Hungertodes gerade in den okkupierten Ostgebieten sehr hoch. Zur »Partisanenbekämpfung« gab es deshalb von einem bestimmten Zeitpunkt an die Anweisung, versprengte Soldaten oder entflohene Kriegsgefangene als »Freischärler« zu erschießen.

Der Generalkommandant des VII. Armeekorps befahl am 29. Juni 1941, alle Zivilisten, die bewaffnet angetroffen werden, als Freischärler anzusehen und zu »erledigen«, »auch wenn sie nur Rasiermesser in den Stiefeln haben«.[75]

Schon ein für Soldaten typischer Kurzhaarschnitt konnte laut Führungsanordnungen ins Verderben führen.[76]

Auch die Aussage von Adolf Hitler vom 16. Juli 1941 spricht für sich: »Die Russen haben jetzt einen Befehl zum Partisanenkrieg hinter unseren Fronten gegeben. Dieser Partisanenkrieg hat auch wieder seinen Vorteil: Er gibt uns die Möglichkeit auszurotten, was sich gegen uns stellt.«[77]

»Auszurotten, was sich gegen uns stellt« war auch Keitels Plan im September 1941. Er verlangte »beim ersten Anlass unverzüglich die schärfsten Mittel anzuwenden« und das Leben eines getöteten deutschen Soldaten mit dem Tod von 50 bis 100 »Kommunisten« zu rächen.[78]

Besonders brutal ging man bei der »Partisanenbekämpfung« in Ruthenien vor. Ruthenien wurde der östliche Teil Galiziens genannt, der heute zwischen der Ukraine und Belorussland aufgeteilt ist. In einem Monat wurden dort von 10.940 Gefangenen 10.431 als Partisanen erschossen.

Auch hier konnte von Partisanen oder von »fanatischen, kommunistisch geschulten Kämpfern, die vor keiner Gewalttat zurückschrecken«, wie es in der Nazi-Propaganda hieß, nur schwerlich die Rede sein. Bei dieser Partisanenbekämpfung hatten die deutschen Truppen zwei Gefallene und fünf Verwundete zu beklagen. So gefährlich waren »die fanatisch geschulten Kämpfer« dann ja wohl anscheinend doch nicht. Ganze 89 Waffen wurden bei den mehr als 10.000 »Partisanen« erbeutet.[79]

Im Kaukasus musste deshalb sogar ein Generaloberst die ihm unterstellten »Bandenbekämpfer« im Dezember 1942 zur Mäßigung aufrufen. »Es ist selbstverständlich, dass gegen jeden Versuch der Bandenbildung mit rücksichtsloser Härte durchgegriffen werden muss. Daran ist nicht zu deuteln. Es ist aber vorgekommen, dass bei den Durchkämmungsaktionen auch Frauen und Kinder, die im Wald Heu oder wilde Früchte sammelten, von unseren Strafkommandos erschossen wurden oder größere Exekutionen gegen vermeintliche Angehörige von Bandenmitgliedern vorgenommen worden sind.«[80]

Inwieweit er mit seinem Aufruf Erfolg hatte, lässt sich nicht mehr eruieren.

Im »rückwärtigen Heeresgebiet Mitte« wurden bis Mai 1942 ungefähr 80.000 Personen als »Partisanen« beziehungsweise »partisanenverdächtig« erschossen. In einem Befehl vom 16. Dezember 1941 hieß es: »Ortschaften, in welchen die Einwohner die Partisanen unterstützen oder mit ihnen sympathisieren, sind zu vernichten.«[81] Dort kam es auch zu einem schrecklichen Massaker an Kindern, das von ukrainischen Hilfswilligeneinheiten durchgeführt wurde, weil man den regulären deutschen Einheiten die Belastung ersparen wollte. Bei dieser abscheulichen Mordaktion am 3. Oktober 1941 in Mogiljow in der Nähe von Minsk wurden – nach mehreren Aussagen deutscher Soldaten – Säuglinge in die Luft geworfen und wie Tontauben abgeschossen.[82]

Ein ähnliches Verbrechen gab es auch in der ukrainischen Stadt Balaja-Zerkow im August 1941. Dort wurden 90 jüdische Kinder, deren Eltern zuvor von ukrainischen Hilfswilligen umgebracht worden waren, von den Einsatzgruppen exekutiert, nachdem Generalfeldmarschall von Reichenau ausdrücklich befohlen hatte, die Aktion durchzuführen.[83]

Später, als Partisanen – aus Propagandagründen beziehungsweise aus »psychologischen« Gründen – nicht mehr Partisanen, sondern »Banditen« hießen, nannte Himmler am 29. Dezember 1942 eine Zahl von über 350.000 erledigten »Banditen, Bandenhelfern oder Bandenverdächtigen« und Juden in vier Monaten.

Nach einer Meldung an den Führer waren es 737 sofort exekutierte »Banditen«, 7.828 nach längerer Vernehmung exekutierte »Banditen«, 14.257 exekutierte »Bandenhelfer oder Bandenverdächtige« und 363.211 exekutierte Juden.[84]

Auch noch beim Rückzug der deutschen Truppen Ende 1943 wurden angebliche »Banditen« gejagt und erschossen, wobei ganze Dörfer vernichtet wurden. So hieß es in der kurzen Morgenmeldung an den Kommandanten des rückwärtigen Armeegebiets 582 vom 1. Weihnachtsfeiertag 1943: »Durchkämmung der Ortschaft Thälmann (4 km südostw. Lobatschoew), 13 km s. Wolodarka, durch SD. 250 Ortseinwohner, die bandenverdächtig waren, erschossen. Ortschaft vernichtet.«[85]

Schon am 15. Mai 1941 hatte der Chef des OKW im »Erlass über die Ausübung der Kriegsgerichtsbarkeit im Gebiet ›Barbarossa‹ und über besondere Maßnahmen der Truppe« befohlen: »Für Handlungen, die Angehörige der Wehrmacht und des Gefolges gegenüber feindliche Zivilpersonen begehen, besteht Verfolgungszwang, auch dann nicht, wenn die Tat zugleich ein militärisches Verbrechen oder Vergehen ist.«[86]

Er begründete die angeordnete Immunität damit, »dass der Zusammenbruch im Jahre 1918, die spätere Leidenszeit des deutschen Volkes und der Kampf gegen den Nationalsozialismus mit den zahllosen Blutopfern der Bewegung entscheidend auf bolschewistischen Einfluss zurückzuführen war und dass kein Deutscher dies vergeben darf«.[87]

Keitels Erlass hatte offensichtlich noch nicht die gewünschte Wirkung, denn die »unsoldatische« Behandlung von Verdächtigen, der auch Frauen und Kinder zum Opfer fielen, führte zu Unstimmigkeiten innerhalb der Wehrmacht. Einzelne Angehörige des Heeres wurden nicht gedeckt und sollten wegen ihrer Verbrechen bestraft werden. Beispielsweise hinterließ der Kommandeur des Polizeibataillons 304 in der Ukraine am 29. November 1941 ein sehr aussagekräftiges Schreiben an den Kommandeur der Ordnungspolizei für den Distrikt Warschau: »Ich kann als Einheitsführer heute nicht den Befehl geben, 10, 50, 100, 600, 1.000 ja 5.000 Juden auf einmal zu erschießen und am nächsten Tage vielleicht den gleichen Wachtmeister zur Vernehmung schicken, weil er in Warschau gelegentlich einen Juden angeschossen hat. Hier wird der gleiche Wachtmeister von mir bestraft, wenn er einem Schießbefehl nicht nachkommt, dort in Warschau ebenfalls, weil er geschossen hat.

Dieses Verfahren muss meine Männer verwirren und unsicher machen, und unter Umständen dürfte dieses Verfahren gerade dazu angetan sein, eine Lockerung der Manneszucht herbeizuführen. [...]

Wir sind in einem Krieg, den uns Judäa aufgezwungen hat und in dem es für unser Volk um Sein oder Nichtsein geht. Da müssen Erwägungen menschlicher Milde zurücktreten. Es gilt nun einmal, in diesem Krieg reinen Tisch zu machen und unser Großdeutsches Reich für künftige Jahrhunderte von der jüdischen Weltpest und der asiatischen Gefahr aus dem Osten zu sichern. Meines Erachtens dürfte es noch andere Wege geben, zum formalen Abschluss eines Juden betreffenden Vorganges zu gelangen. Was würde mit der Akte geschehen, wenn z. B. rein zufällig der in Rede stehende Wachtmeister im fernen Osten inzwischen meuchlings von einem jüdischen Partisan ermordet worden wäre?«[88]

Diesen Unstimmigkeiten wurde allerdings, spätestens durch einen erneuten Erlass vom 16. Dezember 1942, ein Riegel vorgeschoben: »Der Feind setzt im Bandenkampf fanatische, kommunistisch geschulte Kämpfer ein, die vor keiner Gewalttat zurückschrecken. Es geht hier mehr denn je um Sein oder Nichtsein. Mit soldatischer Ritterlichkeit oder mit den Vereinbarungen der Genfer Konvention hat das nichts mehr zu tun. Wenn dieser Kampf gegen die Banden sowohl im Osten wie auf dem Balkan nicht mit den allerbrutalsten Mitteln geführt wird, so reichen in absehbarer Zeit die verfügbaren Kräfte nicht mehr aus, um dieser Pest Herr zu werden.«[89]

Auch Frauen und Kinder durften auf keine Gnade mehr hoffen: »Die Truppe ist daher berechtigt und verpflichtet, in diesem Kampf ohne Einschränkung auch gegen Frauen und Kinder jedes Mittel anzuwenden, wenn es nur zum Erfolg führt. Rücksichten, gleich welcher Art, sind ein Verbrechen gegen das deutsche Volk und den Soldaten an der Front, der die Folgen der Bandenanschläge zu tragen hat und keinerlei Verständnis für irgendwelche Schonung der Banden oder ihrer Mitläufer haben kann.«[90]

Den Naziführern war es inzwischen durch Befehle und Einschüchterungen gelungen, ihre Anhänger davon zu überzeugen, dass Slawen »Untermenschen« seien. Nur mit härtester Gangart seien die »Bestien« zu bändigen. Nur die, die man als Arbeitssklaven gebrauchen konnte, waren vor ihrer Vernichtung momentan noch halbwegs geschützt. Ansonsten wurde der deutsche Soldat geradezu dazu aufgefordert, mittels Brutalität und Mord Furcht und Schrecken bei den Besetzten zu verbreiten.

Dazu war eine entsprechende Indoktrination und Ausbildung deutscher Soldaten und deren ziviler Helfer erforderlich, wie der sowjetische Ankläger in den Nürnberger Prozessen erläuterte: »Es ist selbstverständlich, dass es nicht genügte, chemische Rezepte für *Zyklon A* (ein Giftgas) auszuarbeiten, Gaskammern und Krematoriumsöfen zu konstruieren oder Spezialverfahren der Massenerschießung in allen Einzelheiten festzulegen, um Millionen unschuldiger und hilfloser Menschen zu vernichten, sondern man musste zu diesem Zwecke viele Tausende von Befehlsvollstreckern ausbilden, die diese Politik nicht ›ihrer Form, sondern ihrem Geiste nach‹, wie sich Himmler einst ausdrückte, ausführten. Man musste Menschen ohne Herz und Gewissen, mit perversen Neigungen, solche die mit den Grundsätzen der Moral und des Rechts bewusst gebrochen hatten, erziehen.«[91]

Als Beleg dafür galt in den Nürnberger Prozessen ein Dokument, das den Titel trug »12 Gebote für das Verhalten der Deutschen im Osten und die Behandlung der Russen«, unterzeichnet von Herbert Backe, dem ehemaligen Ernährungsminister, der seine Leser ermahnte: »Ihr müsst Euch bewusst sein, dass Ihr Repräsentanten Großdeutschlands und Bannerträger der nationalsozialistischen Revolution und des neuen Europa für Jahrhunderte seid. Ihr müsst daher auch die härtesten und rücksichtslosesten Maßnahmen, die aus Staatsnotwendigkeiten gefordert werden, mit Würde durchführen. Charaktermängel des Einzelnen werden grundsätzlich zu seiner Abberufung führen.«[92]

Ähnlich waren auch die »Richtlinien für das Verhalten der Truppen in Russland«: »Der Bolschewismus ist der Todfeind des nationalsozialistischen deutschen Volkes. Dieser zersetzenden Weltanschauung und ihren Trägern gilt Deutschlands Kampf.

Dieser Kampf verlangt rücksichtsloses und energisches Durchgreifen gegen bolschewistische Hetzer, Freischärler, Saboteure, Juden und restlose Beseitigung jeden aktiven und passiven Widerstandes.

Gegenüber allen Angehörigen der Roten Armee – auch den Gefangenen – ist äußerste Zurückhaltung und schärfste Achtsamkeit geboten, da mit heimtückischer Kampfweise zu rechnen ist. Besonders die asiatischen Soldaten der Roten Armee sind undurchsichtig, unberechenbar, hinterhältig und gefühllos.«[93]

Und der sogenannte Reichenau-Befehl vom 10. Oktober 1941: »Der Soldat ist im Ostraum nicht nur ein Kämpfer nach den Regeln der Kriegskunst, sondern auch Träger einer unerbittlichen völkischen Idee und der Rächer für alle Bestialitäten, die deutschem und artverwandtem Volkstum zugefügt wurden. Deshalb muss der Soldat für die Notwendigkeit der harten, aber gerechten Sühne am jüdischen Untermenschentum volles Verständnis haben [...]. Fern von allen politischen Erwägungen der Zukunft hat der Soldat zweierlei zu erfüllen:

1) die völlige Vernichtung der bolschewistischen Irrlehre, des Sowjetstaates und seiner Wehrmacht,
2) die erbarmungslose Ausrottung artfremder Heimtücke und Grausamkeit und damit die Sicherung der deutschen Wehrmacht in Russland.

Nur so werden wir unserer geschichtlichen Aufgabe gerecht, das deutsche Volk von der asiatisch-jüdischen Gefahr ein für allemal zu befreien.«[94]

Zur Veranschaulichung der Ergebnisse solcher Anweisungen wurden in den Nürnberger Prozessen viele Augenzeugen aufgeboten. Beispielsweise sagte ein Gefangener aus, der Leichen verbrennen musste: »Ein Mensch wurde am Hals, an den Händen oder Füßen aufgehängt, dann wurden die Hunde auf ihn gehetzt und rissen ihn in Stücke. Der Mensch wurde als Zielwand bei Schießübungen verwendet. Mit diesen Dingen beschäftigten sich am meisten die Gestapoleute H., M., B., der Chef des Lagers, W., und andere, an deren Namen ich mich nicht erinnere. […] Die Menschen wurden an den Beinen angefasst und auseinandergerissen; Kinder im Alter von einem Monat bis zu drei Jahren wurden in Fässern, die mit Wasser gefüllt waren ertränkt. […] Die Frauen wurden an den Haaren aufgehängt, dabei wurden sie ausgezogen, hin und her geschaukelt, und so hingen sie, bis sie starben.«[95]

Ein Historiker schreibt: »Bataillonskommandeure, Kompanie- und Zugführer sowie Einzeltäter aus den Mannschaftsdienstgraden erscheinen vor diesem Hintergrund als homogene Einheit von Weltanschauungskriegern, die ihr Bild von der nationalsozialistischen Vernichtungspolitik entschlossen in die Tat umsetzten und sich dabei nicht von höheren Stellen aufhalten ließen. Sie waren nicht auf Befehle oder übergeordnete Strukturen angewiesen, sondern entwickelten ihre eigene *Kreativität* des Mordens. Das heißt: Sie machten nicht nur eigene Vorschläge oder entwickelten Pläne zur Vernichtung von Menschen, sondern sie führten die Vernichtung in Eigenregie durch.«[96]

Anmerkungen

4 RGBL. I 1934, S. 529.
5 Hüser/Otto, Das Stammlager 326, 1992, S. 18.
6 Pohl, Die Herrschaft der Wehrmacht, 2008, S. 202.

7 a. a. O., S. 208ff.

8 Zu den Zahlen vgl. Dallin, Deutsche Herrschaft in Russland, 1958; Streit, Keine Kameraden, 1978. Vgl. auch Streit, Forschungsüberblick, 1998, S. 281; in: Müller, Tragödie der Gefangenschaft, Poljan, Repatriierung und Rehabilitation, 1998, S. 365-394; in: Müller, Tragödie der Gefangenschaft und Streim, Die Behandlung sowjetischer Kriegsgefangener, 1981, S. 224.

9 Knopp, Der verdammte Krieg, 1991, S. 75.

10 Osterloh, Lebensbedingungen in den Lagern, 1998, S. 29f.; in: Müller, Tragödie der Gefangenschaft.

11 Siehe Mai, Kriegsgefangen in Brandenburg, 1999, S. 93.

12 BArch-MA Freiburg, RH 22/251, Bl. 44.

13 BArch-MA Freiburg, RH 23/262, Bl. 3.

14 ebenda.

15 Der 1990 gegründete und in Berlin ansässige Verein KONTAKTE-KOHTAKTbI e. V. ist Initiator eines Bürger-Engagements für vergessene NS-Opfer, der ehemalige sowjetische Kriegsgefangene in den Mittelpunkt einer Spendenkampagne stellt und über ihre Schicksale aufklärt. Jeder von ihnen, dessen Antrag auf »Zwangsarbeiterentschädigung« abgelehnt wurde, weil nach deutschem Recht Kriegsgefangenen keine Leistungsberechtigung zusteht, soll mindestens 300 Euro aus dem Spendenaufkommen des Vereins erhalten. In persönlichen Briefen wird dies den Spendenempfängern als »Geste der Anerkennung erlittenen Unrechts« erklärt. Die Angeschriebenen werden zugleich gebeten, ihre Erinnerungen aufzuschreiben. Tausende antworteten bisher. Die Schreiben werden laufend übersetzt und wöchentlich auf der Homepage *www.kontakte-kontakty.de* als »Freitagsbriefe« veröffentlicht. Der hier zitierte Freitagsbrief trägt die Nr. 16. Alle nachfolgend zitierten Schreiben werden nur noch mit ihrer Ziffer angegeben.

16 Osterloh, Lebensbedingungen in den Lagern, 1998, S. 297ff.; in: Müller, Tragödie der Gefangenschaft

17 39. Freitagsbrief (siehe FN 15)

18 BArch-Berlin, NS 18/271, Bl. 3ff.

19 Ebenda.

20 Ebenda.

21 Ebenda.

22 BArch-Berlin, NS 18/271, Bl. 8.

23 BArch-Berlin, NS 18/271, Bl. 8. u. Bl. 18.

24 Zu den Lebensbedingungen im Lager vgl. Osterloh, Lebensbedingungen in den Lagern, 1998, S. 291ff.; in: Müller, Tragödie der Gefangenschaft.

25 Brief vom 3. Oktober 1941. Nachlass K.; AStSG, Sammlung Zeithain.

26 Abgedruckt in Streim, Die Behandlung sowjetischer Kriegsgefangener, 1981, S. 209.

27 Stiftung Sächsischer Gedenkstätten, Für die Lebenden, 2003, S. 73.

28 Ebenda, S. 322ff.

29 BArch-Ludwigsburg 302 AR-Z 27/65 Band IV, Bl. 1265f.

30 BArch-Ludwigsburg 302 AR-Z 27/65 Band I, Bl. 1266.

31 Vgl. BArch-MA Freiburg, RW/48, Bl. 216 und BArch-Ludwigsburg AR-Z 13/69 Bl. 65.

32 Vgl. BArch-MA Freiburg, RW 6/ v. 450, Bl. 32, 48, 59, 70, 82, 93, 101, 108, 119 und RW 6/ v. 451, Bl. 7, 17, 26, 35, 44, 52, 62, 71, 85, 94, 106.

33 BArch-Ludwigsburg AR-Z 13/69 Bl. 103.

34 Vgl. u. a. Rürup, Der Krieg gegen die Sowjetunion, 1991, S. 168.

35 Müller, Deutsche Besatzungspolitik, 1980, S. 122.

36 BArch-Ludwigsburg 302 AR-Z 13/69 Bl. 64f.

37 Schreiben vom 7. September 1943; zitiert nach Rürup, Der Krieg gegen die Sowjetunion, 1991, S. 232.

38 Zitiert nach Kohl, »Ich wundere mich, dass ich noch lebe«, 1990, S. 249.

39 Vgl. Klee/Dreßen, Gott mit uns, 1989, S. 99, und Bartsch/Schebesch/Frieder/Scheppelmann, Der Krieg im Osten, 1981, S. 190; laut Homepage der Ukrainischen Botschaft fallen fünf Millionen Ukrainer dem Krieg zum Opfer. Drei Millionen werden zur Zwangsarbeit nach Deutschland verschleppt.

40 Laut Auskunft des Deutsch-Russischen Museums Berlin-Karlshorst, an Hand einer sowjetischen Untersuchung von Verbrechen der deutsch-faschistischen Besatzer an Bürgern der UdSSR in der Stadt Winniza.

41 Angrick, Besatzungspolitik und Massenmord. Die Einsatzgruppe D in der südlichen Sowjetunion 1941-1943. Hamburg 2003, S. 731.

42 Krausnick, Hitlers Einsatzgruppen, Frankfurt am Main 1985, S. 124f.

43 a. a. O., S. 130.

44 Jacobson, Kommissarbefehl und Massenexekution sowjetischer Kriegsgefangener, in: Anatomie des SS-Staates, Band 2, 1965, S. 193.

45 Zitiert nach Angrick, Besatzungspolitik und Massenmord, 2003, S. 357f.

46 Zitat und weitere Nachweise in Jacobson, Kommissarbefehl und Massenexekution sowjetischer Kriegsgefangener, in: Anatomie des SS-Staates, Band 2, 1965, S. 194; siehe auch den Beschwerdebrief eines Gebietskommissars an den Generalkommissar, abgedruckt in Browning, Ganz normale Männer, Hamburg 1993, S. 41ff.

47 Brief eines Frontarbeiters vom 31. März 1942, im Privatbesitz der Familie Weigand aus Euerbach/Bayern.

48 Brief eines Frontarbeiters vom 9. Juli 1942, Privatbesitz Weigand.

49 Welzer, Täter, Frankfurt am Main 2005, S. 153.

50 BArch-Ludwigsburg, 204 AR 1258/66, Band II, Bl. 425 f.

51 LG Stuttgart Az. 18 Js 139/66

52 Näheres zu in Winniza von Russen begangenen Verbrechen in: De Zayas, Die Wehrmacht-Untersuchungsstelle, 1980 S. 362ff.

53 BArch-Ludwigsburg, 204 AR-Z 6/64, Bl. 58f.

54 LG Stuttgart Az: 18 Js 139/66.

55 Laut Auskunft des Deutsch-Russischen Museums Berlin-Karlshorst. Christopher R. Browning (Ganz normale Männer, Hamburg 1993, S. 39) spricht von mehreren tausend Juden.

56 BArch-Ludwigsburg, 202 AR-Z 907/60, Band 3, Bl. 440ff.
57 BArch-Ludwigsburg, AR-Z 369/63, Band I, Bl. 69 f.
58 BArch-Ludwigsburg, 202 AR-Z 907/60, Band 3, Bl. 407ff.
59 a. a. O, Bl. 404ff.
60 a. a. O., Bl. 418ff.
61 a. a. O., Bl. 464ff.
62 Ebenda.
63 Krausnick, Hitlers Einsatzgruppen, 1985, S. 9 u. S. 164f. bzw. Ereignismeldung UdSSR Nr. 106.
64 So Stefan Klemp, »Nicht ermittelt«, Essen 2005, S. 125. Siehe auch hinten S. 106.
65 Einsatzmeldung 132. Zitiert nach Jacobsen/Jochmann, Ausgewählte Dokumente zur Geschichte des Nationalsozialismus 1933-1945, 2 Bde, Bielefeld 1960/66, Bd. 2, S. 132.
66 Zitiert nach Alfred Streim, Die Behandlung sowjetischer Kriegsgefangener, Heidelberg/Karlsruhe 1981, S. 189.
67 Vgl. Christian Gerlach, Kalkulierte Morde, Hamburg 1999, S. 46ff. Er belegt ausführlich den Hungerplan der Nazis.
68 Christopher R. Browning, Ganz normale Männer, 1993, S. 100.
69 a. a. O., S. 101.
70 a. a. O., S. 189.
71 Angrick, Voigt, Ammerschubert, Klein, »Da hätte man schon ein Tagebuch führen müssen«, 1994, S. 344, in: Grabitz, Bästlein, Tuchel, Die Normalität des Verbrechens.
72 Angrick, Besatzungspolitik und Massenmord, 2003, S. 393.
73 BArch-Ludwigsburg 204 AR-Z 266/59, Bd. IV, Bl. 665.
74 BArch-Ludwigsburg AR-Z 13/69 Bl. 128.
75 Zitiert nach Förster, Die Sicherung des »Lebensraums«, Stuttgart, 1983, S. 1035; in: Militärgeschichtliches Forschungsamt, Das Deutsche Reich und der Zweite Weltkrieg, Band 4, Teil 1.
76 BArch-MA Freiburg, RH 20-6/756 Bl. 52.
77 Laut eines Aktenvermerks des Leiters der Parteikanzlei Martin Bormann, in: Rürup, Der Krieg gegen die Sowjetunion, 1991, S. 128. Zitiert auch in Förster, Die Sicherung des »Lebensraums«, Stuttgart, 1983, S. 1037; in: Militärgeschichtliches Forschungsamt, Das Deutsche Reich und der Zweite Weltkrieg, Band 4, Teil 1.
78 Arnold, Die Wehrmacht und die Besatzungspolitik in den besetzten Gebieten der Sowjetunion, Berlin 2005, S. 458.
79 Streit, Keine Kameraden, 1978, S. 107. Vgl. auch die Beispiele in Förster, Rückblick auf das »Unternehmen Barbarossa«, 1979, S. 114f.; in: Friedrich/Wollenberger, Licht in den Schatten der Vergangenheit. Zur Enttabuisierung der Nürnberger Kriegsverbrecherprozesse. Frankfurt am Main 1987.
80 Angrick, Besatzungspolitik und Massenmord, 2003, S. 666.
81 BArch-MA Freiburg, RH 22-225, Bl. 234.

82 BArch-Ludwigsburg, AR-Z 6/65, Bl. 773; siehe auch Angrick, Voigt, Ammerschubert, Klein, »Da hätte man schon ein Tagebuch führen müssen«, 1994, S. 348ff., in: Grabitz, Bästlein, Tuchel, Die Normalität des Verbrechens, und Klemp, Nicht ermittelt, 2005, S. 406f.

83 Arnold, Die Wehrmacht und die Besatzungspolitik in den besetzten Gebieten der Sowjetunion. Berlin 2005, S. 522.

84 Rürup, Der Krieg gegen die Sowjetunion, 1991, S. 136.

85 BArch-MA Freiburg, RH/23 369, Bl. 60.

86 Abgedruckt in Streim, Die Behandlung sowjetischer Kriegsgefangener, 1981, S. 355.

87 Ebenda

88 Klemp, Nicht ermittelt, Essen 2005, S. 403.

89 Aus Rürup, Der Krieg gegen die Sowjetunion, 1991, S. 135.

90 Ebenda.

91 Taylor, Die Nürnberger Prozesse, München 1994, S. 369.

92 Ebenda.

93 Streit, Keine Kameraden, 1978, S. 49 f.; Vgl. auch »Merkblatt für die Bewachung sowj. Kriegsgefangener« vom 8. September 1941 in Rürup, Der Krieg gegen die Sowjetunion, 1991, S. 110. Ähnlicher Wortlaut in der Anordnung für die Behandlung sowjetischer Kriegsgefangener, abgedruckt in Streim, Die Behandlung sowjetischer Kriegsgefangener, 1981, S. 368.

94 Zitiert nach Streim, Die Behandlung sowjetischer Kriegsgefangener, 1981, S. 189.

95 Zitiert nach Gabi Müller-Ballin, Die Nürnberger Prozesse 1945-1949, Nürnberg 1995.

96 Klemp, Nicht ermittelt, Essen 2005, S. 406f.

Die Behandlung sowjetischer Kriegsgefangener

Im Vorfeld des »Unternehmens Barbarossa« erließ das Oberkommando der Wehrmacht am 26. März 1941 den Befehl an fast alle Wehrkreiskommandos im Reichsgebiet zur Aufstellung von insgesamt 60 Lagern speziell für sowjetische Gefangene. Offiziell war natürlich keine Rede von russischen Kriegsgefangenen, sondern von Serben. Man hatte der Sowjetunion ja noch nicht den Krieg erklärt. Bis spätestens Ende April musste die Einsatzbereitschaft der Lager gemeldet werden, was auch geschah. Man richtete Internierungslager (Ilag), Durchgangslager (Dulag), Offizierskriegsgefangenenlager (Oflag) und Mannschaftsstammlager (Stalag) ein.

Oflags sollten ungefähr 1.000 gefangene Offiziere und *Stalags* etwa 10.000 gefangene Mannschaftsdienstgrade aufnehmen.

Ähnliche Lager gab es auch unter dem Oberkommando der Marine und der Luftwaffe. Es gab außerdem sogenannte *Heilags*, also Lager für kranke und verletzte Soldaten. Heilags spielten im »Unternehmen Barbarossa« kaum eine Rolle, da ein Gesundpflegen von sowjetischen Soldaten keineswegs in Betracht gezogen wurde. Die NS-Rassenpolitik zielte ja auf eine Dezimierung der »slawischen Massen« ab. Warum sollte man also kranke und verletzte sowjetische Soldaten gesund pflegen?

Nachdem geradezu irrwitzige Pläne gescheitert waren, alle Juden auf die Insel Madagaskar[97] zu deportieren, plante man, die Bevölkerung mit anderen Mitteln um 30 Millionen Menschen zu »reduzieren«. Lebensmittel für die Zivilbevölkerung und für die Gefangenen hatten keinen Platz in den Vormarschplänen der Nazis. Außerdem wären zu viele Menschen innerhalb der annektierten Gebiete in der Nachkriegszeit nur schwer im Zaum zu halten gewesen.[98] Der Historiker Christian Gerlach schreibt: »Der Hungerplan und das Verhungernlassen der Kriegsgefangenen waren in dieser Logik einfach eine unbedingte Voraussetzung für den deutschen Sieg.«[99]

Ein Teil der geplanten Lager sollte von Anfang an in Deutschland verbleiben. Diese Lager wurden meist im militärischen Sperrgebiet oder auf Truppenübungsplätzen eingerichtet, um sie der Aufmerksamkeit der deutschen Zivilbevölkerung besser entziehen zu können.

Grund war die befürchtete Infiltrierung durch die sowjetischen Kriegsgefangenen. Man fürchtete den Einfluss des kommunistischen Gedankengutes. Außerdem hatte man Angst, dass das mühsam errichtete Propagandagebäude einstürzen könnte, wenn die Bevölkerung mit normalen Menschen – statt »Bestien« – konfrontiert werden würde.

Im Übrigen konnte so die schlechte Behandlung der Sowjetgefangenen vor der Bevölkerung besser verborgen werden. Meist wurden die Lager nämlich ohne Unterkünfte errichtet, so dass die Gefangenen unter freiem Himmel schliefen. Diese Gefangen hatten während der Zeit der Gefangenschaft ihr Leben in Erdhöhlen zu fristen. So war es beispielsweise auch im Stalag X D 310 Wietzendorf, das am Rande eines Truppenübungsplatzes lag. Ab Herbst 1941 durften sich die Gefangenen dort zumindest Erdbunker bauen.

Vielleicht gerade deshalb soll es der 69-jährige Kommandant des Lagers, laut eines Berichtes der Gauleitung Osthannover, viel zu gut mit den Gefangenen gemeint haben.[100] Dieser Kommandant war der Ansicht, dass auch die sowjetischen Gefangenen ein Anrecht auf gute Verpflegung und gute Behandlung hätten, was zu einigem Aufruhr in Parteikreisen führte.

Die daraufhin bei der Gauleitung eingehenden Beschwerden führten auch einige Gefangenenausbrüche auf die humane Haltung des Kommandanten zurück. Außerdem hatte der Kommandant es gewagt, einen seiner Soldaten zu bestrafen, weil der einen sowjetischen Gefangenen ohne vorhergehende Anrufung erschoss, und er hatte es zugelassen, dass bei einer Beerdigung eines anderen Gefangenen von einem Mitgefangenen eine Trauerrede gehalten worden war. Die NSDAP-Kreisleitung aus Soltau forderte daraufhin seinen sofortigen Rücktritt. Inwieweit die Rücktrittsforderung Erfolg hatte, geht aus den Berichten leider nicht hervor.

Trotzdem war das Lager Wietzendorf alles andere als ein Ferienlager und erregte das Interesse der einheimischen Bevölkerung in der Nähe. Man wollte den in den Wochenschauen gezeigten *Unter-*

Stalag X D Wietzendorf mit sowjetischen Kriegsgefangenen in Erdhöhlen, 1941/42. Nur jeder Zehnte überlebte

menschen aus der Nähe sehen. Sonntags fanden sich Hunderte von Schaulustigen am Lagerzaun ein, worauf der Lagerkommandant die Zufahrtswege sperren wollte. Der Bürgermeister gab zu bedenken: »Es kann nicht schaden, wenn die Bevölkerung diese Tiere in Menschengestalt ansieht, zum Nachdenken angeregt wird und feststellen kann, was geworden wäre, wenn diese Bestien über Deutschland hergefallen wären.«[101]

Das Dahinvegetieren in den Erdhöhlen bestätigte wohl viele durch das Propagandaministerium geschürte Vorurteile gegen die slawischen Unmenschen.

Wie man am im August 1941 misslungenen Versuch des Propagandaministeriums sehen konnte, bewirkte ein derartiges Zur-Schau-Stellen manchmal jedoch auch das Gegenteil. Die Gefangenen entsprachen meist nicht den in den Wochenschauen gezeigten »Bestien in Menschengestalt«. Die schrecklichen Umstände ihrer Inhaftierung und der körperliche Zustand der geschundenen Soldaten weckten bei nicht gänzlich verrohten Bürgern eher Mitleid.

Die Gauleitung Oberschlesien, die Fraternisierungstendenzen fürchtete, meldete am 8. Dezember 1941 genau das dem Reichspropagandaministerium. Man zeigte sich ob der »charakterlichen

Haltung« des deutschen Volkes sehr besorgt: »Bei dem steigenden Einsatz von Kriegsgefangenen zeigt die Bevölkerung trotz ständiger Aufklärung durch Presse und Mundpropaganda oft nicht die gewünschte charakterliche Haltung. Russische Kriegsgefangene erhalten von der Zivilbevölkerung Zigaretten und auf ihrem Weg zur Arbeit belegte Brote zugesteckt. Selbst mit dem Namen von Kriegsgefangenen versehene Pakete sind auf dem Anmarschweg der Kolonnen gefunden worden.

Mehr und mehr macht sich in gewissen Bevölkerungskreisen ein starkes Mitleid mit den ›armen Russen‹ bemerkbar. Man denkt dabei nicht nur an die Millionen Kriegsgefangener, sondern an die vielen hungernden sowjetrussischen Familien, die in dem von den verbündeten Truppen eroberten Gebiet und in Leningrad und Moskau leben.«[102]

Und man vermutete: »Sicher steckt auch hier die Kirche dahinter!«[103]

Mitleid oder christliche Nächstenliebe waren selbstverständlich nicht im Sinne der Nationalsozialisten und auch ein Grund für die sorgfältige Abschottung der Lager.

Das nach einer Fleckfieberepidemie nahezu ausgestorbene Lager in Wietzendorf wurde im Frühjahr 1942 aufgelöst.

Nur jeder zehnte Gefangene hatte überlebt.[104]

Die Berliner Nazi-Führung hatte eigentlich gedacht, den Krieg gegen die »slawischen Untermenschen« schnell beenden zu können. Der Arbeitseinsatz von sowjetischen Gefangenen im Reichsgebiet war anfangs überhaupt nicht vorgesehen. Aus Furcht vor Fraternisierungstendenzen sollte die Bevölkerung von feindlichen Soldaten fern gehalten werden. Man verbot daher jeglichen Kontakt mit Kriegsgefangenen. Nach dem Gesetz zum Schutze der Wehrkraft des Deutschen Volkes, das 1939 durch eine Verordnung ergänzt wurde, war jeder mit einer Gefängnis- oder Zuchthausstrafe bedroht, der »vorsätzlich gegen eine zur Regelung des Umgangs mit Kriegsgefangenen erlassene Vorschrift verstößt oder sonst mit einem Kriegsgefangenen in einer Weise Umgang pflegt, die das gesunde Volksempfinden gröblich verletzt«.[105]

Daneben gab es einen Runderlass des Reichsführers SS und Chefs der Deutschen Polizei, Heinrich Himmler, vom 16. Februar 1940, durch den, in Fällen verbotenen Geschlechtsverkehrs, die

Einweisung von Frauen in ein KZ für mindestens ein Jahr vorgesehen war. Außerdem sollte die Polizei das öffentliche Anprangern und Haare abschneiden nicht verhindern, was einer Aufforderung zur öffentlichen Anprangerung gleichkam.[106]

Solche Strafen schienen für manche Hardliner wie den Reichshauptamtsleiter Tiessler nicht abschreckend genug zu sein. Wenn es nach ihm gegangen wäre, käme bei derartigen »Verbrechen« nur die Todesstrafe in Betracht. Er schlug am 12. Juli 1941 vor: »Für eine Frau, die sich mit einem Ausländer einlässt, ist es eben keine besondere Strafe, wenn ihr die Haare abgeschnitten werden. Wenn sie kein Ehrgefühl gegenüber ihrem Volk kennt, wird sie durchschnittlich kein Ehrgefühl sich selbst gegenüber besitzen.

Aus diesem Grunde schlage ich vor, dass für derartige Fälle die Todesstrafe eingeführt wird. Es müssen dann, nachdem einige Urteile ausgesprochen sind, diese publizistisch groß herausgestellt werden, damit Frauen, bei denen das Ehrgefühl in dieser Frage nicht ausreicht, dann vielleicht aus Angst ihr würdeloses Treiben einstellen.

Wenn ich die Todesstrafe vorschlage, so tue ich dies nicht nur um des abschreckenden Beispiels willen, sondern um auf der anderen Seite klar und deutlich herauszustellen, dass das Reinhalten deutschen Blutes in unserem Volke für jeden anständigen Menschen eine Selbstverständlichkeit darzustellen hat. Wer sich dagegen vergeht, begeht das größte Verbrechen, das man sich im nationalsozialistischen Deutschland überhaupt denken kann.«[107]

Glücklicherweise konnte sich Tiessler mit seinen kruden Ideen nicht immer durchsetzen. Frauen, die ein Verhältnis mit Ausländern hatten, wurden nur »normal« bestraft.

Als ein Beispiel unter vielen wurde eine Frau wegen Geschlechtsverkehrs mit einem Franzosen »nur« zu drei Jahren und sechs Monaten Zuchthaus verurteilt, weil sie »fortgesetzt mit einem Kriegsgefangenen Umgang gepflogen, der das gesunde Volksempfinden gröblich verletzt«.[108]

Besonders wurde in diesem Urteil die »Dreistigkeit und Geschmacklosigkeit, mit der sie alle Gelegenheiten ausgenutzt hat, sich dem Franzosen hinzugeben«, strafverschärfend gewertet.[109]

Ein zur Tatzeit 18-jähriges Mädchen wurde schon allein deshalb zu einem Jahr Zuchthaus verurteilt, weil sie zu einem französischen Kriegsgefangenen zu engen Kontakt hatte und sich von ihm zweimal küssen ließ.[110] Beziehungen zu Russen wurden, im Gegensatz zu Beziehungen zu anderen Kriegsgefangenen, am strengsten bestraft, was wohl auf die NS-Rassenideologie zurückzuführen ist. Die russischen Kriegsgefangenen wurden in solchen Fällen normalerweise der »Sonderbehandlung« zugeführt, das heißt auf verschiedene Art bestialisch ermordet.

Anfangs geschah dies auch mit den polnischen Kriegsgefangenen. Nachdem allerdings festgestellt wurde, dass einzelne zur »Sonderbehandlung« vorgesehene Polen »nordischen Rasseneinschlag« aufwiesen, wurden sie nur noch bei entsprechend negativem »Rassengutachten« ermordet. Bejahte man die »Eindeutschungsfähigkeit« jedoch, entfiel die »Sonderbehandlung«.

Bei sowjetischen Kriegsgefangenen wurde »selbstverständlich« von vornherein auf eine derartige Prüfung verzichtet.[111]

Weil Hilfe verboten war, konnte nicht nur jede Hilfeleistung für besonders »minderwertige« Russen, sondern auch die korrekte oder wohlwollende Behandlung von Ausländern überhaupt bestraft werden. Für die Aburteilung derartiger Delikte standen eine in vielen Bereichen geänderte Strafjustiz und die unmittelbar nach der nationalsozialistischen Machtübernahme gebildeten Sondergerichte zur Verfügung.

Gegen das »gesunde Volksempfinden« – ein typisch nationalsozialistisches Rechtskonstrukt, das man nach Belieben auslegen konnte – verstieß beispielsweise eine Frau, die einen Kriegsgefangenen aus ihrer Bierflasche trinken ließ. In der Urteilsbegründung hieß es: »Die Strafkammer hat darin, dass die Angeklagte den Kriegsgefangenen S. aus ihrer Flasche Bier hat trinken lassen, zutreffend einen das gesunde Volksempfinden gröblich verletzenden Umgang mit dem Kriegsgefangenen und damit einen Verstoß gegen ß 4 Abs. 1 zweiter Fall der VO zur Ergänzung der Strafvorschriften zum Schutze der Wehrkraft […] erblickt.«[112]

Bestraft wurde auch schon die Äußerung, dass es den Russen in Deutschland schlecht gehe. Wegen dieser wahrheitsgemäßen Äußerung in einem Brief an seine Eltern wurde ein 23-jähriger Schlosser vom Sondergericht Bremen zu sechs Monaten Gefängnis verurteilt.[113]

Außerdem gab es ab 1940 für polnische und ab 1942 für sowjetische Zwangsarbeiter extra Sonderstrafrechte, in deren Annex sich ebenfalls Strafmaßnahmen gegen diejenigen Deutschen herausbildeten, die verbotenen Umgang pflegten. Ein Betroffener, der in einem Stalag als Handwerker beschäftigt war, erzählt: »Mein Mitarbeiter K. und ich mußten zum Lagerkommandant kommen, der im Beisein eines weiteren Offiziers uns Vorhaltungen machte. Es sei gesehen worden, dass meine Frau den Gefangenen Brot gegeben habe. Wir wurden als Verräter und Sympathisanten der Russen-Schweine beschimpft. Es sei schon zum zweiten Mal vorgekommen, dass den Russen Brot gegeben worden sei. In Zukunft habe das böse Folgen, man sprach von KZ-Lager.«[114]

Die sowjetischen Kriegsgefangenen versuchten, bei der Bevölkerung – soweit sie in Kontakt treten konnten – Nahrung zu erbetteln.

Noch gegen Kriegsende erforderte es viel Mut, den Gefangenen heimlich etwas zuzustecken. Eine Anwohnerin des Stalags VI A in Hemer berichtet: »Als man kurz vor Kriegsende merkte, dass die Amerikaner nicht mehr weit waren, wurde strengstens untersagt, den Russen noch Brot zu geben. Niemand auf Hemers Straßen hätte gewagt, den Russen etwas zuzustecken, denn niemand war vor seinen Mitbürgern sicher, die hätten einen selbst an den Galgen gebracht.

Ich habe damals erlebt, dass ein Russe, der von einem wachhabenden deutschen Soldaten von seiner Arbeitsstelle abgeholt wurde, er konnte vor Schwäche kaum noch gehen, mit Fußtritten und Gewehrhieben immer wieder vorangetrieben wurde, bis er am Ende im Rinnstein an der Ecke Hauptstraße/Friedrich-List-Straße, sein kümmerliches Leben aushauchte.

Die Volksseele kochte, aber niemand wagte, seiner Empörung Luft zu machen. Meine Mutter, die selbst einmal Zeuge eines ähnlichen Vorfalls wurde und den Mut hatte, den Wachposten auf sein unmenschliches Tun hinzuweisen, bekam zur Antwort: ›Halten Sie gefälligst Ihre Klappe, sonst kriegen Sie auch noch einen über den Schädel!‹«[115]

Denunzianten gab es zuhauf. Jede menschliche Handlung den Kriegsgefangenen gegenüber wurde »verpetzt«. Der Bürgermeister von Hemer hatte sich dem Ortsgruppenleiter gegenüber zu verantworten, weil einer seiner Gemeindearbeiter zu nett zu den Gefangenen gewesen war. »Es wird mir gemeldet, dass vor ca. 14 Tagen an der Steiner ein Trupp Gefangener unter der Aufsicht Ihres Wegewärters W. arbeitete. Es soll dann ein Bäckerlehrling mit einem

Brötchenkorb vorbeigefahren sein, der an die Gefangenen Brötchen verkauft hat. Der Wegewärter W. soll den Gefangenen bei dieser Gelegenheit das erforderliche Geld gewechselt haben. Zeugen sind hierfür vorhanden. Ich bitte Sie, den Wegewärter W. dieserhalb zu vernehmen und erwarte Ihren Bericht baldigst. Heil Hitler!«[116]

Gerichte ahndeten streng, selbst geringfügige Vergehen. Eine Zeitungsmeldung jener Tage aus dem Lokalblatt: »Immer wieder ist darauf hingewiesen, dass jeglicher Verkehr mit Kriegsgefangenen verboten ist. Trotz dieser Hinweise gibt es aber immer noch Volksgenossen, die glauben, dass sie mit den Kriegsgefangenen verkehren und ihnen allerlei zustecken dürfen. Sie leisten dadurch in manchen Fällen Beihilfe zur Flucht. Dieser Verkehr wird mit schweren Strafen geahndet.

Einem jungen Mann aus Gevelsberg wurde vom Gericht zugute gehalten, dass er diesen Tatbestand nicht überlegt hatte. Er hatte einem Kriegsgefangenen Butterbrote gegeben und dafür Zigaretten und Tabak entgegengenommen. Dafür verurteilte ihn das Gericht zu zwei Monaten Gefängnis.«[117]

Aber auch ohne einen Denunzianten konnte es für den Arbeitgeber schon heikel werden, wenn seine Zwangsarbeiter sich in einem zu guten körperlichen Zustand befanden. Der bereits oben zitierte Handwerker im Stalag berichtet weiter: »Eine Zeit später wurde ich wieder zur Lagerführung gerufen und befragt, warum die Gefangenen in meiner Arbeitskolonne körperlich zu gut aussehen würden. Ich vertrat die Meinung, dass gerade meine Arbeiter, die im Lager alle Maurer- und sonstigen Arbeiten unter erschwerten und auch gesundheitlich gefährlichen Bedingungen tun müssten, körperlich dazu in der Lage sein müssten. Nach Aufzählung einiger Einsätze im Totenkeller, im Fleckfieber-Block, im Tbc-Bereich, in der Entlausung und in den zentralen Toiletten konnte ich den Lagerkommandanten davon überzeugen, dass meine Arbeiter weiterhin die Essensreste aus der Küche bekommen würden.«[118]

Häufig versuchten die Gefangenen auch die karge Mahlzeit mittels Tauschgeschäften aufzubessern. Ein höherer SS- und Polizeiführer sah sich daraufhin veranlasst einzuschreiten und richtete am 8. August 1944 ein Rundschreiben an alle Regierungs- und Polizeipräsidenten im Wehrkreis VI: »Von Ostarbeitern und Kriegsgefangenen werden außerhalb der Arbeitszeiten Gebrauchsgegenstände wie Körbe und Spielwaren, darunter bewegliche Schmetterlinge, Hühner, Pfauen, kleine Fahrzeuge und sonstige Dinge hergestellt. Das Rohmaterial wie Blech, Holz und zum Teil wertvolle Farben, dürfte zweifellos zum größten Teil an den Arbeitsstellen entwendet worden sein.

Die Ostarbeiter und Kriegsgefangenen versuchen, diese Gegenstände sehr häufig auf Straßen und Plätzen der Städte deutschen Volksgenossen anzubieten und gegen Lebensmittel bzw. Lebensmittelkarten einzutauschen. Insbesondere bei Frauen besteht häufig eine gewisse Bereitwilligkeit, auf diesen Tauschhandel einzugehen.

Da derartige Beziehungen zwischen deutschen Volksgenossen einerseits und Ostarbeitern und Kriegsgefangenen vom volkspolitischen Standpunkt höchst unerwünscht sind und zum anderen auch Gefahren für die Staatssicherheit mit sich bringen, bitte ich, alle Angehörigen der Ordnungspolizei eingehend zu unterrichten und sie anzuweisen, derartige Tauschhandel zu verhindern. Gegebenenfalls ist Meldung bzw. Anzeige zu erstatten, die den zuständigen Staatspolizei(leit)stellen zuzuleiten ist.«[119]

Der Humanitätsgedanke hatte gegen Ende des 19. Jahrhunderts dazu geführt, dass man sich auch über »humanitäre Kriege« Gedanken machte. In diesem Zusammenhang wurden Richtlinien für die Behandlung Kriegsgefangener erarbeitet.

Das erste diesbezüglich wichtige zwischenstaatliche Abkommen wurde 1907 kodifiziert. Dieses »Abkommen betreffend die Gesetze und Gebräuche des Landkrieges« vom 18. Oktober 1907 wurde als »Haager Landkriegsordnung« (HLKO) bekannt. In der Haager Landkriegsordnung wurde die bis heute geltende Grundregel aufgestellt, Kriegsgefangene der feindlichen Regierung sollten von nun an mit Menschlichkeit behandelt werden. Garantiert wurden das persönliche Eigentum, die Religionsausübung und vieles mehr.

So ganz perfekt war die Haager Landkriegsordnung nicht, denn nach dem Ersten Weltkrieg erkannte man Nachbesserungsbedarf. Der HLKO folgte am 27. Juli 1929 das »Abkommen über die Behandlung der Kriegsgefangenen«, besser bekannt als »Genfer Konvention«. Wie in Art. 89 ausdrücklich festgelegt, sollten die Genfer Konventionen die Haager Landkriegsordnung nicht ersetzen, sondern ergänzen.

Mehr als zehn Jahre *vor* Beginn des Zweiten Weltkriegs waren also in der zivilisierten Welt anerkannte Konventionen geschaffen, welche die schlimmsten Auswüchse eines Krieges verhindern helfen sollten. Einem »humanitären Krieg« konnte also eigentlich nichts im Wege stehen. Aber es kam gänzlich anders, als man dachte, was übrigens dazu führte, dass auch nach dem Zweiten Weltkrieg – am 12. August 1949 – eine neue, verbesserte, ebenfalls in Genf ratifizierte Konvention geschaffen wurde.

Auch das Deutsche Reich hatte die Genfer Konventionen am 30. April 1934 ratifiziert. Dennoch sollten diese Konventionen nach Ansicht des OKW nicht für sowjetische Kriegsgefangene gelten.

Russland hatte zwar die Haager Landkriegsordnung, nicht jedoch die Genfer Konvention unterzeichnet. Die deutsche Regierung stellte sich auf den Standpunkt, dass die Genfer Konvention nur bei Gegenseitigkeit Gültigkeit besäße.

Eigentlich wäre auch das kein allzu großes Problem gewesen, denn es gab ja immer noch die Haager Landkriegsordnung.

Offensichtlich wollte die deutsche Regierung für sowjetische Gefangene nicht einmal das Abkommen von 1907 anwenden. »Nichtarier« waren schließlich keine richtigen Menschen!

In Hitlerdeutschland vertrat man die Ansicht, dass die Sowjets sich von allen Verträgen des zaristischen Russlands, also auch von der Haager Landkriegsordnung, losgesagt hätten. Man glaubte somit den Vorwand gefunden zu haben, sich gegenüber einem »bolschewistischen Russland« nicht mehr an derartige Verpflichtungen gebunden fühlen zu müssen.

Eine sowjetische Note an das Deutsche Reich, die versicherte, die Haager Landkriegsordnung bei Gegenseitigkeit einzuhalten, blieb unbeantwortet.[120]

Allerdings gab es einige Juristen, die dies als rechtsgültige Beitrittserklärung der neuen sowjetischen Regierung zur Landkriegsordnung betrachteten. Das Deutsche Reich beharrte aber auf der entgegengesetzten, erwünschten juristischen Auslegung, wofür findige deutsche Juristenhirne noch ein Argument nachgeschoben hatten: Es hätten ja nicht alle kriegführenden Parteien – wie zum Beispiel die Slowakei – die Haager Landkriegsordnung unterschrieben, was notwendige Voraussetzung für deren Einhaltung sei.

Die Tatsache, dass man sich im Ersten Weltkrieg noch an die Haager Landkriegsordnung gehalten hatte, obwohl auch da nicht alle kriegsteilnehmenden Länder unterschrieben hatten und man inzwischen die Haager Landkriegsordnung als völkerrechtliches

Gewohnheitsrecht betrachtete, interessierte die deutsche Regierung nicht sonderlich. Man hatte wohl anderes als Humanität im Sinne.

Den sowjetischen Kriegsgefangenen wurde jedenfalls kein völkerrechtlicher Schutz gewährt, auch wenn das OKH »dem arbeitswilligen und gehorsamen Kriegsgefangenen« eine ordentliche Behandlung zusagte.[121]

Den Offizieren wurde – entgegen den sonst üblichen Gepflogenheiten – keine bessere Behandlung gewährt. Das OKW befahl diesbezüglich: »Die kriegsgef. sowjetischen Offiziere können nicht mit den in den europäischen Ländern üblichen Maßstäben beurteilt werden. Der Mangel jeglicher Tradition, Haltung, Erziehung und Bildung hebt sie in keiner Weise aus der Masse der Mannschaften heraus. Es besteht daher auch keine Veranlassung, sie anders oder gar besser zu behandeln als den niedrigsten militärischen Dienstgrad einer anderen Nationalität.«[122]

Hitlerdeutschland glaubte zu dieser Zeit noch an den Blitzkrieg und meinte, es nicht nötig zu haben, derartige Kompromisse einzugehen. Im Übrigen war die geplante Vernichtung der »slawischen Massen« mit dem Kommissarbefehl vom 6. Juni 1941 bereits angelaufen.

Der Kommissarbefehl lautete: »Im Kampf gegen den Bolschewismus ist mit einem Verhalten des Feindes nach den Grundsätzen der Menschlichkeit oder des Völkerrechts zu rechnen. Insbesondere ist von den Kommissaren aller Art als den eigentlichen Trägern des Widerstandes eine hasserfüllte, grausame und unmenschliche Behandlung unserer Gefangenen zu erwarten. Die Truppe muss sich bewusst sein: In diesem Kampfe ist Schonung und völkerrechtliche Rücksichtnahme diesen Elementen gegenüber falsch. Sie sind eine Gefahr für die eigene Sicherheit und die schnelle Befriedung der eroberten Gebiete.

Die Urheber barbarisch-asiatischer Kampfmethoden sind die politischen Kommissare. Gegen diese muss daher und ohne weiteres mit aller Schärfe vorgegangen werden. Sie sind daher, wenn im Kampfe oder Widerstand ergriffen, grundsätzlich sofort mit der Waffe zu erledigen.«[123]

Das Deutsche Reich hatte also keinerlei Interesse, sich an irgendwelche Konventionen zu halten. Die formalistisch angeführten rechtlichen Konstrukte, die für die Nichteinhaltung der Haager Landkriegsordnung sprachen, waren offensichtlich vorgeschoben.

Ein Kriegsgefangener aus einem dieser Lager – Stalag 350 in der Nähe von Riga – beschreibt die erbärmliche Situation der Gefangenen wie folgt: »Wir bekamen 180 Gramm Brot, das zur Hälfte mit Sägespänen und mit Stroh vermengt war, und einen Liter Suppe ohne Salz, die aus faulen und ungesäuberten Kartoffeln zusammengekocht war. Wir schliefen auf dem Übungsplatz. Uns fraßen die Läuse. Durch Hunger, Kälte, Prügel, Flecktyphus und Erschießungen kamen von Dezember 1941 bis Mai 1942 an die 3.000 Kriegsgefangene um, die sich im Stalag 350 befanden. Man hetzte uns mit Hunden, warf die Gefangenen in die westliche Dvina und ertränkte sie in dem Fluss, als wir im Hafen von Riga arbeiteten, andere verbrannten sie bei lebendigem Leibe in der Dampferfeueranlage. Täglich schossen die Deutschen auf die Kriegsgefangenen, die vor Schwäche oder vor Krankheit nicht zur Arbeit gehen konnten.«[124]

Das juristische Geplänkel der deutschen Regierung diente offensichtlich nur dem einen Zweck: Man wollte mit den sowjetischen Kriegsgefangenen in abgeschotteten Lagern, ungestört von rechtlichen Gesichtspunkten und der Weltöffentlichkeit, im eigenen Sinn verfahren.

Mit erheblichem Propagandaaufwand versuchte die deutsche Seite den einfachen russischen Soldaten zum Überlaufen zu bewegen. Man wollte die militärische Auflösung des Gegners erreichen. Es galt ja schließlich, den »Blitzsieg« zu erringen.

Um gerade dies zu verhindern, wurde durch eine sowjetische Regierungsverordnung vom 16. Juli 1941 der Kommissar als feste Institution in der Roten Armee wieder eingeführt. Wie auch während der Oktoberrevolution, sollte der politische Kommissar die Kommandeure der Roten Armee kontrollieren.

Dies wiederum veranlasste die deutsche Regierung – kurz nach der sowjetischen Regierungsverordnung –, den politischen Kommissar als Haupthindernis des schnellen Sieges und somit als Hauptübel und Hauptfeind auszumachen. Gemäß den »Ergänzenden Weisungen für die Handhabung der Propaganda gegen die Sowjetunion« vom 21. August 1941 wurde eine spezielle Anti-Kommissar-Propaganda konzipiert. Der Kommissarbefehl alleine reichte offenbar noch nicht aus. Im September erreichte diese Propaganda mit einer Großaktion ihren Höhepunkt, bei der unter anderem ein Anti-Kommissar-Flugblatt mit 160 Millionen Stück Auflage zum

Einsatz kam. Die Kommissare wurden durchweg als Mörder, Peiniger oder Spitzel jüdischen Ursprungs bezeichnet, deren sich der einfache Soldat wie der Offizier mittels Gewalt entledigen müsse. Nur so würden die Russen frei sein, um sich den Deutschen zu ergeben und ein besseres Leben zu führen. Die millionenfach auf den Flugblättern – die zugleich als Passierscheine galten – verbreitete, ziemlich plumpe Parole dieser Aktion lautete: »Bei schida-politruka, roscha prosit kirpischa! – Hau den Juden-Kommissar, seine Fresse verlangt nach einem Ziegelstein!«[125]

Den sich ergebenden Soldaten sollte laut deutscher Propaganda mit den Passierscheinen eigentlich kein Haar gekrümmt werden. Dass es sich dabei jedoch nur um einen Propagandatrick handelte, mussten viele Gefangene am eigenen Leib spüren. Sie wurden ohne großes Federlesen exekutiert, auch wenn sie überhaupt nicht mehr in der Lage waren, Widerstand zu leisten.

Rotarmisten ergeben sich. Darunter ein sogenanntes »Flintenweib«. Weibliche Militärangehörige kamen ins KZ oder wurden erschossen

Deutsche Soldaten sagten übereinstimmend aus, dass Kommandeure von Panzerdivisionen den Befehl erteilt hätten, keine Gefangenen zu machen – vermutlich um das Vordringen ihrer Truppen zu beschleunigen.[126]

Augenzeugen berichten, dass selbst blutüberströmte russische Soldaten, die zum Teil nur noch kriechen konnten und sich mit erhobenen Händen ergaben, aus kürzester Entfernung niedergemetzelt wurden.[127]

Zwischen Überläufern und normalen Kriegsgefangenen wurde oft kein Unterschied gemacht. Sie wurden verprügelt und dem Hungertod preisgegeben oder auch einfach erschossen. Ein deutscher Kanonier erzählt von der fortschreitenden Verrohung der deutschen Landser: »Eines Tages trafen dort einige russische Überläufer ein. Der Regimentsadjutant rief bei der Stabsbatterie an, ob nicht einige Freiwillige bereit wären, die Russen zu erschießen. Es meldeten sich wirklich welche. Den Russen wurden die Filzstiefel und die wattierten Jacken und Hosen ausgezogen. Dann wurden sie erschossen. Die russische Zivilbevölkerung erlebte das mit. Einige Kameraden sagten damals schon: ›Gnade uns Gott, wenn der Iwan nach Deutschland kommen sollte!‹«[128]

Es ist nachzuvollziehen, dass darauf das Absinken der anfangs hohen Überläuferzahl zurückzuführen ist. Ein desillusionierter überlebender Überläufer beschrieb die Behandlung, die einen erwartete, wenn man den Propagandaflugblättern Glauben schenkte: »18 bis 20 Tage ohne Verpflegung, nur Schimpferei und Schläge, grundloses Erschießen oft nur deshalb, weil der Gefangene nicht verstehen konnte, was die Deutschen von ihm wollten. Weiter kamen Durchgangslager ohne Dach über dem Kopf, fast ohne Essen, Massenkrankheiten und Tod, Leichen ohne Ende. Nachrichten über das hoffnungslose Leben in den deutschen Kriegsgef.-Lagern verbreiten sich unter der Bevölkerung.«[129]

Auch nach der Festnahme hatten sie im Lager – so weit politisch verdächtig – mit Exekutionen zu rechnen. Tausende von Gefangenen wurden in Sachsenhausen, Majdanek und anderen Konzentrationslagern umgebracht. Ein politischer Häftling im KZ Sachsenhausen zeichnete das schlimme Schicksal einiger hundert Kriegsgefangener aus dem Stalag Wietzendorf auf. Sie wurden im KZ erschossen und verbrannt. Offensichtlich »Sonderbehandlungen«. »Am 9. September (1941) kommen […] sehr magere, verhungerte

Soldaten. Auf einer mitgebrachten Liste heißt es: ›Liste 4 der verdächtigen Kgf. im Stalag XD Wietzendorf.‹ Am 10. rauchen die Blechschornsteine der Krematorien schon am Nachmittag, um die am Abend vorher Erschossenen zu verbrennen. Bei den getöteten Russen werden noch Zeitungen gefunden, außerdem ein Aufruf in Russisch, in dem es heißt, dass sie sich ergeben sollen und vertrauensvoll wie Hunderttausend ihresgleichen der Gefangenschaft entgegensehen könnten, es wird niemandem etwas geschehen.«[130]

Um den totalen Zusammenbruch seiner Armee zu vermeiden, ging auch Stalin mit unmenschlicher Härte gegen seine eigenen Soldaten vor. Neben der Einführung des politischen Kommissars ließ er die gesamte Führung der Westfront sowie zahlreiche andere Generäle wegen angeblicher Feigheit erschießen. Außerdem wurden im Rücken der Front »Sperreinheiten« postiert, die den Rückzug Einzelner oder ganzer Einheiten mit Waffengewalt zu verhindern hatten.

Damit erreichte Stalin sein Ziel jedoch nicht, sondern spielte den Deutschen in die Hände. Da der Weg zurück nun versperrt war, wählten die sowjetischen Soldaten bei diesem anfangs aussichtslosen Kampf gegen die überlegenen deutschen Truppen immer häufiger die menschlich verständliche Alternative, sich den Deutschen zu ergeben. Auf diese Weise hofften sie zu überleben.

Daraufhin erklärte Stalin am 16. August 1941 die Gefangenschaft zu Desertion und Verrat, und zwar unabhängig davon, *wie* die Gefangennahme erfolgte. Der berüchtigte Befehl Nr. 270 lautete: »Feiglinge und Deserteure müssen vernichtet werden. […] Kommandeure und politische Arbeiter, die während des Kampfes ihre Dienstgradabzeichen abreißen und in die Etappe fliehen oder sich dem Feinde ergeben, sind als üble Deserteure zu betrachten, deren Familien zu verhaften sind, als Angehörige von Deserteuren, die ihren Eid brachen und ihr Vaterland verrieten.

Alle Vorgesetzten, Kommandeure und Kommissare sind verpflichtet, derartige Deserteure, die dem Offizierskorps angehören, auf der Stelle zu erschießen.

Einheiten, die in eine feindliche Einkreisung geraten, haben mit Selbstaufopferung bis zur letzten Möglichkeit zu kämpfen, ihre Ausrüstung wie den eigenen Augapfel zu schonen und durch die feindliche Etappe zu den eigenen Kräften durchzustoßen, dabei den faschistischen Hunden Verluste beizubringen. […] Die Kommandeure und Kommissare der Division sind verpflichtet, Regiments- und Bataillons-Kommandeure, die sich während des Kampfes verkriechen und Angst haben, den Kampf an der Front zu leiten, auf der Stelle ihrer Posten zu entheben, zu degradieren, zu gewöhnlichen Schützen zu machen und nötigenfalls sofort zu erschießen; an ihre Stelle sind tapfere und kühne Männer aus den Reihen der Unterführer und bewährten Rotarmisten zu setzen.«[131]

Damit waren alle in Gefangenschaft geratenen sowjetischen Soldaten Verräter. Bei der Bestrafung dieser »Verräter« schreckte Stalin nicht einmal vor Sippenhaft zurück. Insbesondere die Familienangehörigen von in Gefangenschaft geratenen Offizieren wurden praktisch zu Geiseln gemacht. Selbst seine eigene Schwiegertochter, die Frau seines Sohnes Jakow, der im Juli 1941 in Gefangenschaft geraten war, wurde verhaftet und erst 1943, als die Nachricht von der Erschießung Jakows nach Moskau gelangte, wieder freigelassen.[132]

Die Deutschen behandelten die sowjetischen Kriegsgefangenen – trotz der anderslautenden Zusage in ihren Propagandaflugblättern – keineswegs wohlwollend. Am 8. September 1941 wurde eine »Anordnung für die Behandlung sowjetischer Kriegsgefangener« mit nachfolgendem Wortlaut erlassen: »Zum ersten Mal steht dem deutschen Soldaten ein nicht nur soldatisch, sondern auch politisch im Sinne des Völker zerstörenden Bolschewismus geschulter Gegner gegenüber. Der Kampf gegen den Nationalsozialismus ist ihm in Fleisch und Blut übergegangen. Er führt ihn mit jedem ihm zu Gebote stehenden Mittel: Sabotage, Zersetzungspropaganda, Brandstiftung, Mord.«[133]

Die Anordnung stellte noch einmal fest: »Dadurch hat der bolschewistische Soldat jeden Anspruch auf Behandlung als ehrenhafter Soldat und nach dem Genfer Abkommen verloren.«[134]

Bei der Behandlung von sowjetischen Kriegsgefangenen befand man sich demgemäß im rechtsfreien Raum. Dies galt laut OKW-Befehl auch hinsichtlich der Ernährung. Man sah sich im Oberkommando der Wehrmacht nicht dazu verpflichtet, den sowjetischen Kriegsgefangenen eine hinsichtlich Menge und Güte entsprechende Verpflegung zu gewähren Die Gefangenen, die oftmals schon einige Tage vor ihrer Gefangennahme keine Lebensmittel mehr besaßen, sollten mit dem kleinstmöglichen Maß an Nahrungsmitteln versorgt werden. In den Lagern auf deutschem Boden kamen in den ersten Wochen täglich kaum mehr als 1.000 Kalorien pro Person zur Verteilung.

In Lagern auf sowjetischem Territorium war es wohl noch viel schlimmer. Ein Ministerialrat berichtete am 10. Juli 1941 über die dortigen Zustände: »Das Gefangenenlager Minsk beherbergt auf einem Raum von etwa der Größe des Wilhelmplatzes ca. 100.000 Kriegsgefangene und 40.000 Zivilgefangene. Die Gefangenen, die auf diesem engen Raum zusammengepfercht sind, können sich kaum rühren und sind dazu gezwungen, ihre Notdurft auf dem Platz zu verrichten, wo sie gerade stehen. Bewacht wird das Lager von einem Kommando aktiver Soldaten in Kompaniestärke. Die Bewachung des Lagers ist bei der geringen Stärke des Wachkommandos nur möglich unter Anwendung brutalster Gewalt.

Die Kriegsgefangenen, bei denen das Verpflegungsproblem kaum zu lösen ist, sind teilweise sechs bis acht Tage ohne Nahrung und kennen in einer durch den Hunger hervorgerufenen tierischen Apathie nur noch eine Sucht: zu etwas Essbarem zu gelangen. Die Zivilgefangenen bestehen aus den 15- bis 50-jährigen Männern aus Minsk und Umgebung.

Die Verpflegung dieser Zivilgefangenen erfolgt, soweit es sich um Minsker handelt, durch deren Angehörige. Es werden allerdings auch nur diejenigen verpflegt, die Angehörige besitzen, die in endlosen Reihen von früh bis spät, mit Essvorräten beladen, in das Gefangenenlager pilgern. In der Nacht fallen die hungernden Zivilisten über die Versorgten her und schlagen sich gegenseitig tot, um zu einem Stück Brot zu gelangen. Die einzig mögliche Sprache des schwachen Wachkommandos, das ohne Ablösung Tag und Nacht seinen Dienst versieht, ist die Schusswaffe, von der rücksichtslos Gebrauch gemacht wird.«[135]

Ab 6. August 1941 wurde die Verpflegung einheitlich geregelt. Es gab 2.040 Kalorien pro Person und Tag. Gefangene im Arbeitseinsatz sollten 2.200 Kalorien erhalten. Alle anderen sollten darben. Der Generalquartiermeister des Heeres, Eduard Wagner, meinte auf einer Konferenz sogar ganz radikal: »Nichtarbeitende Kriegsgefangene in den Lagern haben zu verhungern.«[136]

So wurde auch teilweise verfahren. Es war Kalkül, Gefangene verhungern zu lassen. Umso weniger Überlebende. desto besser, dachte man. Von Hitler über Goebbels bis zu Jodl und Rosenberg, alle wussten davon und wollten das auch.[137]

Ob die vorgeschriebene Kalorienzahl für arbeitende Kriegsgefangene in der Praxis überhaupt erreicht wurde, bleibt zweifelhaft. Man versuchte aber trotzdem, die Arbeitskraft der Zwangsarbeiter zu erhalten. Verpflegt werden sollten die Arbeiter jedoch mit möglichst geringwertigen Mitteln.

Ein russischer Gefangener erinnert sich an seine erste Schöpfkelle »Balanda«, nach elf Tagen des Fastens: »Am neunten Tag meiner Gefangenschaft fand ein wichtiges Ereignis statt: Zum ersten Mal wurde eine warme Mahlzeit verteilt, die in einem großen Kessel gekocht worden war. Diese Speise nannten wir *Balanda*, ein schwer zu übersetzendes Wort. In der deutschen Sprache könnte man es als *Brühe* oder *Trank* bezeichnen. Meine vollständige Fastenzeit nahm ein Ende – sie dauerte elf Tage. [...] Vom Tag der ersten Speiseaufnahme an begann die Empfindung des Hungers. Der Hunger nahm zu, und das Essen wurde bald zum einzigen Streben meines Wesens.«[138]

Aber nicht mal diese eine Schöpfkelle gab es für alle Gefangenen. Wer keinen Napf hatte, hatte Probleme. Zwar konnte derjenige, der noch einen Helm besaß, diesen benutzen. Aber wer überhaupt kein Gefäß hatte, war zum Hungertod verurteilt. Nach Erinnerungen des Gefangenen spielte sich die Essensausgabe folgendermaßen ab: »Aber immer gab es einige Leute, die überhaupt nichts bei sich hatten. Am Küchenkessel angelangt, waren sie gezwungen, ihre alten und schmutzigen Feldmützen zu benutzen. Die flüssige Brühe drang durch den Stoff und tropfte schon nach wenigen Sekunden zu Boden. Selbst wenn die Gefangenen einen Löffel besaßen, hatten sie keine Zeit, ihn zu benutzen. Sie mussten schleunigst den Inhalt der Feldmütze austrinken. Dabei konnten sie sich auch verbrühen. Wer so ein Schauspiel nicht beobachtet hat, der kann es sich nicht vorstellen!«[139]

Der ehemalige Gefangene berichtet weiter: »Die kleinen persönlichen Feldkessel wurden also zu einem unschätzbaren Eigentum und mussten sorgsam verwahrt werden. Ein Gefangener versuchte sogar, meinen zu rauben, was ihm nicht gelang. Seitdem trug ich mein Essgeschirr nur im Rucksack verborgen. Nachts band ich ihn um. Wir bekamen zwei Schöpfkellen *Balanda* täglich, aber Brot gab es nicht. Statt Brot bekamen wir Ölkuchen aus gepressten Sonnenblumenkernen. Zum Futter der Haustiere sind solche Ölkuchen ein wertvoller Zusatz. Leider ist der menschliche Magen nicht für sie

Entkräftete sowjetische Kriegsgefangene unter freiem Himmel

geschaffen. Ohne Schaden konnte man nur einige kleine Stücke täglich davon essen – und das auch nur, wenn man die harten, dunkelbraunen Fladen sorgfältig zerkaute. Die schlechte Wasserqualität, die Ölkuchen und der in unserer Lage unvermeidliche Schmutz griffen rasch unseren ohnehin geschwächten Körper an: Darmerkrankungen waren die Folge. Ungefähr ein Drittel der Gefangenen war davon betroffen. Viele hatten schmerzhafte Krämpfe und blutigen Stuhlgang. Die Deutschen gerieten in Unruhe, da sie Typhus befürchteten, der auch auf ihre Wachleute und Soldaten übergreifen konnte. Die erschöpften Gefangenen verloren ihre letzten Kräfte und konnten sich nicht mehr selbständig bewegen.«[140]

Der Tagebucheintrag eines deutschen Hauptmanns vom September 1941, der in Rowno in der Ukraine stationiert war, lautete wie folgt: »Der freie Nachmittag […] beschied uns ein schönes Ausgangswetter. Bücherl, Strauß und ich suchten vorerst die Hinrichtungsstätte auf […]. Der SD hatte dort Juden und Bolschewisten erschossen und verscharren lassen. Die Ränder der drei Massengräber hoben sich im Boden deutlich ab, da das Erdreich unter Regeneinwirkung leicht abgesunken. Von der Hinrichtungsstätte kletterten wir bergauf zum Lager der russischen Kriegsgefangenen.

[...] Zerlumpt und ausgehungert irren hinter Stacheldraht die Gestalten, ein Rassengemisch aus zwei Kontinenten, schweigend durcheinander. Die Latrinen, nur grabenartige Vertiefungen, sind ständig besetzt, was durchaus erklärlich ist, denn der Hunger treibt die Gefangenen dazu, sogar Gras zu essen.«[141]

Eine Szene prägte sich ihm besonders ein: »Das unvergessliche Bild von menschlicher Hilflosigkeit und einem trostlosen Gefangenenelend bietet der Baum in der Lagerecke, denn er ist bis in die höchsten Zweige völlig entrindet und nackt; in seiner Krone versuchen zwei Gefangene, die letzten Rindereste zu erreichen, um sich damit den Hunger zu stillen.«[142]

Die Lage in den Kriegsgefangenenlagern, insbesondere 1941/42, war katastrophal, und die Unter- bzw. Nichternährung forderte massenweise Opfer. Das weit verbreitete Vorgehen, den Gefangenen bei »25 bis 30° C keine Unterkunft zu gewähren, kann durchaus als bewusster Massenmord gewertet werden«.[143]

Ein überlebender Zeitzeuge beschreibt es so: »Im Lager entstand also eine wahre Hungersnot. Die Kriegsgefangenen haben den Lagerboden um ca. 40 cm tief durchgewühlt und alle Wurzeln und Würmer verspeist. Schließlich fingen sie an, die Rinde von den Bäumen zu entfernen und zu essen. Auch die Nadeln an den Zweigen wurden nicht verschont. Es war so, dass nichts mehr blieb, weder oben auf den Bäumen, noch unten am Boden, noch im Boden. Am Anfang schossen die Soldaten auf diejenigen, die in die Bäume kletterten, aber als ca. 200 Menschen erschossen waren und die Kriegsgefangenen trotzdem nicht aufhörten, in die Bäume zu kriechen, um die grünen Zweige zu holen, wurde das Schießen eingestellt, da es auch dem Wachpersonal zu viel wurde.«[144]

Bis zum Frühjahr 1942 waren schon etwa zwei Millionen Kriegsgefangene verhungert oder ermordet.[145]

Die Gemeinde Blizin in Polen erstellte einen Bericht zum örtlichen Stalag 380 und protokollierte die Aussage einer Bürgerin: »Während der ersten Tage der Ankunft der Kriegsgefangenen gab es überhaupt keine Küche. Ich habe gesehen, wie die Kriegsgefangenen Baumrinde und Gras aßen. Auch nachdem das Lager organisiert war, gab es nur sehr schlechte Verpflegung. [...]

Infolge der schlechten Lebensverhältnisse im Lager brach eine Typhus- und Ruhr-Epidemie aus. Die Kriegsgefangenen im Lager starben Hungers und infolge der Krankheiten, die Sterblichkeit war sehr groß. Ich habe gesehen, dass die Kriegsgefangenen so geschwächt waren, dass sie von Baracke zu Baracke nicht gehen, sondern nur kriechen konnten.«[146]

Es ist nachzuvollziehen, dass sich die Gefangenen zum Teil um die wenigen Lebensmittel schlugen. Dies ist auch in einigen Berichten dokumentiert. Bestätigt werden durch Wehrmachtsakten auch Erschießungen größeren Ausmaßes bei derartigen Tumulten. Berichtet wurde beispielsweise die Erschießung von 30 Gefangenen im Lager Gomel. Vom Wachturm aus wurde geschossen, um die Unruhe im Keim zu ersticken, die entstanden war, als sich die hungergeplagten Gefangenen um die herangekarrten Lebensmittel balgten.[147]

Die erbärmliche Situation in den Lagern führte sogar zu Kannibalismus. Ein Arzt aus dem Kriegsgefangenenlager Schepetowak meldete, »dass Fälle von Kannibalismus vorkommen, weil Gefangene ihre Kameraden überwältigen, um in den Genuss von Menschenfleisch zu kommen, dass innerhalb des Lagers Menschenkot ein begehrter Leckerbissen geworden sei«.[148] Zum Beweis schickte er an seine Vorgesetzten Bilder von Toten, denen das Oberschenkelfleisch fehlt. Anderen Opfern wurden die Bauchhöhlen geöffnet, weil die Täter auf diesem Wege an die inneren Organe herankamen, um sie zu verspeisen. Aus »humanitären Gesichtspunkten« bat der Bericht erstattende Arzt darum, »die Hungernden durch Erschießen von ihrem Leiden zu befreien«.[149]

Opfer von Kannibalismus mit den angeblichen Tätern

Erschießung der vermeintlichen »Kannibalen« auf dem »Friedhof« des Stalags 305 in Adabasch

Berichte über Kannibalismus in den Lagern gibt es zahlreiche. Bilddokumente sind eher selten. Bei einem Kriegsgefangenen wurde das Herz herausgeschnitten und von anderen Kriegsgefangenen gegessen.

Die Tatsache, dass es häufiger zu Kannibalismus kam, war den deutschen Behörden bekannt. So berichtete beispielsweise die Gauleitung Oberschlesien am 18. September 1941: »Ein weiterer in der Öffentlichkeit bekannt gewordener Vorfall im Stalag Lamsdorf hat ebenfalls erhebliche Unruhe ausgelöst. Es war bereits bekannt, dass die Sowjet-Russen wie Tiere Gras, Blumen und rohe Kartoffeln fraßen. Vor kurzem bemerkten Posten, dass die Sowjets an Lagerfeuern Fleisch brieten. Die Untersuchung durch die Gestapo ergab, dass sich sieben Gefangene im Besitz von rohem Menschenfleisch befanden. Es wurde auch eine verscharrte Leiche eines Sowjet-Kriegsgefangenen geborgen. An ihr waren Fleischausschnitte an den Schenkeln und auf der Brust zu erkennen. Die Sowjets haben einem eigenen Genossen mit einem geschärften Nagel die Kehle durchstoßen, ihn ausbluten lassen und dann Fleischportionen gebraten und gegessen.«[150]

Warum es offensichtlich öfters zur »Menschenfresserei« kam, wurde nicht lange diskutiert. Nach Ansicht der meisten »Herrenmenschen« war wohl nicht die fehlende Nahrung Ursache für derartige Auswüchse, sondern das »Untermenschentum« der gefangenen »Bestien«.

Ein Bezirkskommandant, der sich auf seine Offiziere und einen gefangenen russischen Arzt berief, unterstellte im November 1941 den kannibalistischen Gefangenen sogar Propagandamotive. Seines Erachtens aßen sich die Gefangenen nur deswegen gegenseitig auf, um die Deutschen in schlechtem Licht darzustellen. Beweise dafür habe er allerdings »noch« nicht. Er berichtete: »Es sind wieder Menschenfresserei bezw. Ausschlachtungen von Verstorbenen oder Erschossenen festgestellt worden, wobei ausdrücklich erklärt werden muss, dass es sich […] nicht um die Triebfeder des Hungers handeln kann, da die Leute normal zu essen bekommen […].

Der russische Arzt glaubt, dass es sich hier vielmehr um eine politische Triebfeder handelt, um darzutun, dass die Kgf. sehr schlecht behandelt würden, so dass sie ihre eigenen Kameraden auffressen müssten Er habe hierfür noch keine Beweise, aber er ist überzeugt, dass dieses Ausschlachten von Toten organisiert wird und von Hintermännern angeregt worden ist.

Tatsache ist, dass die Ausschlächter das Fleisch nicht selbst gegessen haben, sondern verhandelt. Sechs dieser Kannibalen wurden gestern auf frischer Tat festgestellt und erschossen. Fünf weitere wurden heute festgestellt und werden morgen umgelegt.«[151]

Im Bericht des Bezirkskommandanten kam auch zum Ausdruck, dass offensichtlich der deutsche Landser selbst für Nahrungsnachschub bei den Gefangenen sorgte. »Hptm. Weiße versichert, dass er vorgestern einen Kgf. erschießen ließ, als dieser trotz schärfster Warnung Fenster und Fensterstöcke an der Unterkunft zerstörte. Am nächsten Tag war der durch Kopfschuss Getötete in der Nacht von Russen völlig ausgeschlachtet.«[152]

Die Ansicht, dass es sich beim Kannibalismus um eine politische Straftat handelte, wurde selbst noch nach dem Krieg im OKW-Prozess vertreten. »Die Täter waren Asiaten. Sie handelten teils aus Rassenhass gegen europäische Rassen, teils aus politischen Gründen, teils um sich selbst zusätzliche Verpflegung zu verschaffen, teils um das Fleisch als Tauschartikel gegen Zigaretten und Genussmittel auf dem Schwarzen Markt des Lagers zu verkaufen.«[153]

Einzelne Zeugen der Verteidigung waren auch zu diesem Zeitpunkt noch der Meinung, dass die Versorgung der Gefangenen »vorzüglich« und »bestens« gewesen sei.[154]

Im November 1941 – aufgeschreckt von den Berichten über Kannibalismus – wurde eine Besichtigungsfahrt durch mehrere

Lager im Bereich des rückwärtigen Heeresgebietes angeordnet. Von den Eindrücken der Besichtigung wurde folgender Bericht abgefasst.»Nach den bisherigen Bestimmungen haben die Gefangenen kalorienmäßig täglich 1.039 Kalorien an Verpflegung erhalten. Die Vorratslage ist gegenwärtig so, dass nach den neuesten Bestimmungen an die arbeitenden Gefangenen täglich 2.000 Kalorien, an die nichtarbeitenden Gefangenen 1.200 Kalorien Verpflegung ausgegeben werden kann.

Hptm. Heinrich bittet, die Ukrainer, denen durch Flugblätter Entlassung versprochen worden ist, zu entlassen. Die Weißrussen sind in dieser Hinsicht besser daran, da diese Arbeitsurlaub erhalten.«[155]

Bei dieser Besichtungsfahrt kam heraus, dass bei einem angeblichen Ausbruchsversuch im Dulag 131 in Bobruisk massenhaft Kriegsgefangene erschossen worden waren. Der später abgefasste Bericht über diesen Vorfall zeigt, wie rücksichtslos von der Schusswaffe Gebrauch gemacht worden war. »Zunächst wird das abgebrannte Lager II besichtigt. [...] Der Brand ist an zwei verschiedenen Stellen von Terroristen angelegt worden. Um den geplanten Ausbruchsversuch zu verhindern, wurde die ganze Nacht mit MG Sperrfeuer geschossen, wobei von den insgesamt im Lager II befindlichen 17.000 Gefangenen 1.700 am Morgen des 10.10.41 tot auf dem Platze lagen.«[156]

Laut einer später kolportierten Version soll dieser »Ausbruchsversuch« nicht von »Terroristen«, sondern von der deutschen Lagerkommandantur selbst initiiert worden sein, um »unnütze Esser« zu liquidieren. Es sollen dabei sogar bis zu 4.000 Gefangene umgekommen sein.[157]

Es wurde jedenfalls damals wahllos gemordet, auch wenn man die arbeitsfähigen Gefangenen durchaus noch »nutzen« wollte. »Die Besichtigung des Lagers II ergibt, dass die Baracken viel zu wenig durchlüftet werden. Beim Eintritt in die Hallen schlägt einem ein warmer, stinkender Brodem entgegen. In der vorhergehenden Nacht waren 430 Gefangene gestorben. Bez.Kdt. J verlangt, dass die noch arbeitsfähigen Gefangenen in gesonderte Baracken gelegt werden, damit sie wieder lebensmutig werden.«[158]

Dennoch ging das Sterben auch bei den arbeitsfähigen Gefangenen weiter. Ein Oberarzt brachte die Lage auf den Punkt. »Oberarzt Dr. Behrens erklärt: Die Gefangenen müssen bei der bisherigen Nahrung nach und nach sterben, selbst wenn sie 3.000 Kalorien täglich Nahrung bekommen. Die Gef. sind im völlig erschöpften Zustand hier angekommen, nachdem sie schon vorher bei den Russen eine Woche keine Truppenverpflegung gehabt haben.«[159]

Selbst der Reichsminister der besetzten Ostgebiete, Alfred Rosenberg, bezeichnet dies in einem Beschwerdebrief an OKW-Chef Wilhelm Keitel vom Februar 1942 als »eine Tragödie größten Ausmaßes«, die alle deutschen Propagandaanstrengungen zur Auflösung der Roten Armee zunichte mache. Er schrieb: »Das Schicksal der sowjetischen Kriegsgefangenen in Deutschland ist im Gegenteil eine Tragödie größten Ausmaßes. Von den 3,6 Millionen Kriegsgefangenen sind heute nur noch einige Hunderttausend voll arbeitsfähig. Ein großer Teil von ihnen ist verhungert oder durch die Unbilden der Witterung umgekommen. Tausende sind auch dem Fleckfieber erlegen.«[160]

Und beklagte die Uneinsichtigkeit einiger Lagerkommandanten: »Es versteht sich von selbst, dass die Ernährung derartiger Massen von Kriegsgefangenen auf Schwierigkeiten stieß. Immerhin hätte bei einem gewissen Verständnis für die von der deutschen Politik angestrebten Ziele ein Sterben und Verkommen in dem geschilderten Ausmaß vermieden werden können.

Innerhalb der Sowjet-Union war z. B. nach vorliegenden Nachrichten die einheimische Bevölkerung durchaus gewillt, den Kriegsgefangenen Lebensmittel zur Verfügung zu stellen. Einige einsichtige Lagerkommandanten haben diesen Weg auch mit Erfolg beschritten. In der Mehrzahl der Fälle haben jedoch die Lagerkommandanten es der Zivilbevölkerung untersagt, den Kriegsgefangenen Lebensmittel zur Verfügung zu stellen und sie lieber dem Hungertode ausgeliefert. Auch auf dem Marsch in die Lager wurde es der Zivilbevölkerung nicht erlaubt, den Kriegsgefangenen Lebensmittel darzureichen. Ja, in vielen Fällen, in denen Kriegsgefangene auf dem Marsch vor Hunger und Erschöpfung nicht mehr mitkommen konnten, wurden sie vor den Augen der entsetzten Zivilbevölkerung erschossen und die Leichen liegen gelassen.

In zahlreichen Lagern wurde für eine Unterkunft der Kriegsgefangenen überhaupt nicht gesorgt. Bei Regen und Schnee lagen sie unter freien Himmel. Ja, es wurde ihnen nicht mal Gerät zur Verfügung gestellt, um sich Erdlöcher oder Höhlen zu graben.«[161]

Rosenberg konnte sich jedoch nicht durchsetzen.

In einem weiteren Disput über die Vorgehensweise in der Ukraine zwischen Reichsminister Rosenberg, der die Bevölkerung ins Deutsche Reich integrieren wollte, und dem Reichskommissar der Ukraine, Erich Koch, der eher eine Versklavung bevorzugte, griff Hitler zugunsten harter Maßnahmen ein. Er befürwortete die Erschießungen von Zivilisten und begründete dies mit den zivilen Verlusten durch Luftangriffe im Reichsgebiet. »Auge um Auge« war sein Motto.

In einem Bericht über die Besprechung der drei am 19. Mai 1943 wurden folgende Aussagen protokolliert: »Wir unterliegen dem harten Gesetz des Krieges, dieses Gesetz verlangt, dass wir uns aus der Ukraine Lebensmittel und Arbeitskräfte herausholen. Nur schwächliche Generale können glauben, dass wir durch irgendwelche schönen Redensarten Arbeitskräfte gewinnen könnten. [...] Das ukrainische Pferd muss unter dem harten Gesetz des Krieges aufgezäumt werden; die Meinung, durch Güte gewinnen zu können, ist falsch, denn wir brauchen die Lebensmittel, wir müssen den Anbau erzwingen, wir müssen die Arbeitskräfte herausholen!«[162]

Deutsche Soldaten beobachten amüsiert eine Prügelszene im Stalag 305 in Adabasch

Hitler gebrauchte zur Untermauerung seiner Thesen sein offensichtlich in manchen Dingen relativ einfaches Weltbild: »Man vergleiche einmal das Aussehen der Ukrainerinnen mit dem Aussehen der deutschen Frauen! Darnach seien doch ganz offensichtlich die Ukrainerinnen viel besser ernährt als unsere deutschen Frauen.«[163]

Die sowjetischen Kriegsgefangenen starben jedoch nicht nur an Hunger und Seuchen.

Laut Anordnung für die Behandlung sowjetischer Kriegsgefangener war auf flüchtende Kriegsgefangene »sofort ohne vorherigen Haltruf« zu schießen. Außerdem waren in der Wehrmacht Befehle erteilt worden, welche die Hinrichtung politischer Kommissare anordneten, selbst wenn sie in Uniform auf dem Schlachtfeld gefangen genommen wurden. Grund war die Befürchtung, dass Politoffiziere der Roten Armee auch in den Gefangenenlagern Propaganda betreiben würden.

Schon wenige Wochen nach Kriegsbeginn wurden somit bestimmte Gefangenengruppen, die rassisch oder politisch untragbar erschienen, ermordet. Eigentlich sollten die Exekutionen schon an der Front geschehen. Allerdings versuchten einige Truppenteile, die Order zu umgehen oder verboten die Durchführung des Befehls.

So kamen viele Personen in die Gefangenenlager, die möglicherweise schon vorher hätten exekutiert werden sollen.

Mit den Einsatzbefehlen Nr. 8 und 9 des OKW versuchte man daher, die sowjetischen Gefangenenlager nachträglich zu »säubern«. Befehl Nr. 8 vom 17. Juli 1941 lautete folgendermaßen:

»Vor allem gilt es ausfindig zu machen: alle bedeutenden Funktionäre des Staates und der Partei, insbesondere

Berufsrevolutionäre, die Funktionäre der Komintern. Alle maßgebenden Parteifunktionäre der KPdSU, und ihrer Nebenorganisationen in den Zentralkomitees, den Gau- und Gebietskomitees,

alle Volkskommissare und ihre Stellvertreter,

alle ehemaligen Polit-Kommissare in der Roten Armee,

die leitenden Persönlichkeiten der Zentral- und Mittelinstanzen bei den staatlichen Behörden, die führenden Persönlichkeiten des Wirtschaftslebens,

die sowjetrussischen Intelligenzler,

alle Juden,

alle Personen, die als Aufwiegler oder fanatische Kommunisten festgestellt werden.«[164]

Die Gefangenen wurden also überprüft und »untragbare Elemente« »ausgesondert«. Nach Definition des Reichssicherheitshauptamtes zählten dazu Funktionäre, Polit-Kommissare, »Intelligenzler«[165], Juden und alle fanatischen Kommunisten. Also all diejenigen, die in der Sicht der deutschen Führung aufgrund ihrer Religion, »Rasse«, Ideologie oder ihrer Intelligenz eine potenzielle Gefährdung der deutschen Herrschaft darstellten.

So kam es zu solch prägnanten Einsatzmeldungen: »Durch das Bau-Bataillon 9 in Minsk wurde dem Einsatzkommando 8 ein ukrainischer Kriegsgefangener überstellt, der aus seiner kommunistischen Überzeugung kein Hehl machte. Noch bei seiner Vernehmung versuchte er, für die kommunistische Idee und insbesondere für das Kollektivsystem einzutreten. Er wurde liquidiert.«[166]

Exekutionen durften normalerweise nicht im Lager oder in unmittelbarer Umgebung des Lagers durchgeführt werden. Die ausgesonderten »Urheber barbarisch-asiatischer Kampfmethoden« sollten aus der Kriegsgefangenschaft entlassen, der SS übergeben und im nächsten KZ oder auch im freien Gelände ermordet werden.

Bei den »Sonderbehandlungen« galten weibliche Kriegsgefangene, sogenannte »Flintenweiber«, generell als überzeugte, fanatische Kommunistinnen und wurden nach einem OKW-Befehl grundsätzlich in das nächste KZ überstellt und in der Regel hingerichtet.[167]

Im Kriegsgefangenenlager Zeithain begannen die Verhöre Anfang Oktober 1941. Es fanden 20 bis 30 Verhöre am Tag statt. Hatte man 40 bis 50 Kommissare oder Juden beisammen, transportierte man sie in das nächste KZ.[168]

Mit dem Wagner-Heydrich-Abkommen war bereits im April 1941 die Zusammenarbeit von Wehrmacht und SS geregelt worden.[169] Bei der Aussonderung der politisch unerwünschten Kriegsgefangenen waren seitens der Wehrmacht durchweg die jeweiligen Abwehroffiziere dabei. Sie wurden im militärischen Sprachgebrauch als Ic-Offiziere bezeichnet. Der Ic-Offizier war der militärische Kontaktmann zwischen Heer und Einsatzgruppen.

Nach Berichten stand bei Ankunft eines Gefangenentransports immer ein SS-Mann am Lagereingang und ging nach bloßem

Augenschein vor. Bestimmte Gesichtszüge reichten oft schon als Todesurteil aus.

Gefangene jüdischen Aussehens wurden vor ihrer Exekution gefoltert, um weitere Juden und andere »verdächtige Elemente« herauszupressen. Exekutiert wurden auch muslimische Gefangene, weil sie beschnitten und somit verdächtig waren. Ein Brillenträger konnte schon alleine dadurch als »Intelligenzler« ausgesondert werden. Etwas längere Haare konnten ausreichen, um als Kommissar »überführt« zu sein. Oft sollen die Aussonderungen sogar völlig zufällig geschehen sein, um eine offensichtlich vorgegebeneZahl zu erreichen.[170] Ungefähr 10 bis 15 Prozent der Gefangenen wurden üblicherweise als untragbar eingestuft.

Ein Augenzeuge berichtet: »Ich hatte den Eindruck, dass es weitgehend planlos geschah und dass die Herren des Überprüfungskommandos das Bestreben hatten, eine möglichst hohe Zahl ausgesonderter Gefangener nach oben zu berichten, da sie erfahren hatten, dass von den Überprüfungskommandos der benachbarten Wehrkreise etwa fünfzehn bis zwanzig Prozent der Kriegsgefangenen ausgesondert waren.«[171]

Man wollte auf keinen Fall als zu weich gelten.

Zum Teil wurden sogar harmlose Zivilisten umgebracht, die aus ungeklärten Gründen gefangen genommen wurden. Beispielsweise wird das Schicksal eines Zivilisten beschrieben, der der deutschen Kommandantur den Einschlag eines Blindgängers melden wollte. Er wurde auf dem Weg zur Kommandantur festgenommen, deportiert und wahrscheinlich später exekutiert.

Dasselbe entsetzliche Schicksal erlitt ein Bauer, der sein Vieh bei einer deutschen Behörde abliefern sollte. Man fragte also häufig nicht lange nach. Es galt, die Quote zu erfüllen.[172]

Die Vernichtung erfolgte nach allen »Regeln der Kunst«. Man dachte sich die perfidesten Tötungsarten aus und experimentierte mit Genickschussanlagen und Vergasungen. Bereits im Rahmen der »Euthanasie« wurden Anfang 1940 erste »Probevergasungen« bei psychisch kranken Menschen im Zuchthaus Brandenburg getestet[173], und im September 1941 wurde die Vergasung mit Zyklon B erstmals an 900 sowjetischen Kriegsgefangenen erprobt.[174]

Historiker beschreiben »wissenschaftliche Experimente« – wie Munitionstests oder »Trockenfrierversuche« –, die an den Ausgesonderten durchgeführt wurden. Bei dem von offensichtlich perversen »Wissenschaftlern« ausgedachten »Trockenfrierversuch« wurde die Versuchsperson nachts bei Frostwetter nackt ins Freie gestellt und jede Stunde mit kaltem Wasser übergossen. Man wollte damit simulieren, wie sich Unterkühlung auf die Piloten auswirkt, die mit ihrem Flugzeug ins Meer gestürzt waren.[175]

Ein Arzt, der mit einer Arbeit über Tuberkulose habilitieren wollte, infizierte sowjetische Kriegsgefangene, um sie nach Ausbruch der Krankheit aufhängen und eine Autopsie durchführen zu lassen.[176]

Abgesehen von derartigen Vorkommnissen wurden die Gefangenen von sadistisch veranlagten Wachmannschaften oder SS-Kommandos mitunter erheblich gequält und schikaniert.

Es ist anzunehmen, dass die Behandlung der sowjetischen Gefangenen außerhalb des Deutschen Reiches in der Ukraine, in »Ostland« und in Polen um einiges schlechter war. Die viel höheren Zahlen der Gefangenenerschießungen außerhalb des Reichsgebietes deuten dies zumindest an.

»Sonderbehandlungen« erfolgten jedenfalls in fast allen ukrainischen Kriegsgefangenenlagern. Sie geschahen auch im Stalag 329, in dem Ernst Reuß tätig war. Auch dort wurden regelmäßig Menschen ausgesondert und erschossen.

Vermutlich »ausgesonderte« jüdische Kriegsgefangene im Stalag 305 kurz vor ihrer Ermordung

Anfangs hatten diese Aussonderungen wohl noch zu Kompetenzstreitigkeiten zwischen Wehrmacht und SS geführt, was den Kommandanten des Lagers in Winniza noch im November 1941 dazu bewog, gegen seinen Stellvertreter, der 362 jüdische Gefangene an die Einsatzgruppe herausgegeben hatte, ein kriegsgerichtliches Verfahren einzuleiten.[177]

Wegen solcher Aussonderungen führte die Staatsanwaltschaft der Zentralstelle gegen Naziverbrechen 1969 ein Vorermittlungsverfahren gegen ehemalige Angehörige des Stalags 329 durch.[178]

Ernst Reuß war während der Zeit in Winniza als Unteroffizier in der Schreibstube der Kommandantur tätig und wurde im Laufe des Jahres 1942 zum Feldwebel befördert. Sein Vorgesetzter stritt im Ermittlungsverfahren jegliche Beteiligung an den »Sonderbehandlungen« ab. Er hatte von den Exekutionen – wie fast alle Befragten – angeblich weder etwas gesehen noch etwas gehört. Die Vernehmungsbeamten stießen auf eine breite Mauer des Schweigens.

Nur einige wenige der Befragten gaben zu, etwas davon gewusst zu haben. So ein anderes Mitglied der Kommandantur, das mit Ernst befreundet war.

Obwohl ihr Dienstort – die Schreibstube – angeblich 15 Kilometer vom Hauptlager entfernt war, wusste er von den Aussonderungen und häufigen Erschießungen. Etwas anderes wäre auch kaum glaubhaft gewesen, denn all jene, die täglich mit dem Lager zu tun hatten, waren damit konfrontiert.

Feldwebel Ernst Reuß war zum Zeitpunkt der staatsanwaltschaftlichen Ermittlungen schon verstorben und konnte nicht mehr befragt werden. Seiner Familie verschwieg er diesen Teil der Erlebnisse in Winniza. Vielleicht erzählte er seiner Frau davon, aber auch sie nahm ihr mögliches Mitwissen mit ins Grab.

Die Verwaltung des Lagers hatte zwar nicht direkt mit den Erschießungen und den Selektionen zu tun, erleichterte das Verbrechen jedoch erheblich durch ihre Mitarbeit. Der Oberzahlmeister des Stalags beschrieb 1969 in seiner Vernehmung detailliert die Selektionen im Kriegsgefangenenlager Nr. 329: »Innerhalb des Lagers befand sich ein Häuschen, in dem sich der Vernehmungsoffizier befand. Mit Hilfe eines Dolmetschers wurden die vorgeführten Soldaten vernommen […].

Aus den Lagerinsassen wurden immer wieder Personen herausgegriffen, die durch falsche Angaben zu den Soldaten gerechnet werden wollten. Es handelte sich aber um Funktionäre, Politkommissare, Juden u. a.«[179]

Wie Tiere mussten die »Ausgesonderten« dann in einem Käfig auf ihre Exekution warten. »Diese Personen mussten dann in einem Maschendrahtkäfig neben dem Vernehmungshaus warten, bis sie dem SD übergeben wurden. »Es ist wiederholt vorgekommen, dass der Maschendrahtkäfig von ca. 5 bis 10 Personen belegt war und diese Personen dann vom SD abgeholt wurden und zu der Erschießungsstätte geführt wurden, die außerhalb des Lagers war. Das SD-Kommando befand sich nicht im Lager, sondern kam immer aus der Stadt Winniza, wo sie ihre Dienststelle mit Gefängnisräumen hatten. In diesem sog. Massengrab wurden nicht nur die vom SD liquidierten Personen aufgenommen, sondern auch die Personen, die innerhalb des Lagers täglich verstorben sind.«[180]

Auch hier achtete man besonders auf die Verwertung aller brauchbaren Sachen, weshalb sich die zum Tode Verurteilten vor der Exekution ausziehen mussten. »Bei bekannten Erschießungen wurden von der Lagerleitung jeweils einige Mann bestimmt, die mit einem Karren die Bekleidung holen mussten, denn vor der Erschießung mussten sich die Personen entkleiden. Diese eingezogene Bekleidung wurde [...] für die Kriegsgefangenen wieder verwendet.«[181]

Insgeheim mag mancher Soldat des Stalags vom Verhalten gegenüber den Kriegsgefangenen erschüttert gewesen sein. Aber mit den Gedanken »Es ist ja Krieg!« und »Befehl ist Befehl!« wurden aufkommende Gewissensbisse wohl meist wirksam bekämpft. Außerdem erledigten ja die anderen – SS oder SD – zumeist die Schmutzarbeit. Für die meisten normalen Soldaten, die im Privatleben ganz normale Männer waren, reichte dies wohl, um ihre Hände in Unschuld zu waschen.

Ein weiterer Soldat des Stalags 329 beantwortete die Fragen nach den Exekutionen in Winniza wie folgt: »Es wurden ungefähr 1.000 Kriegsgefangene erschossen. Ich möchte mich hier berichtigen, dass ich nicht mit Bestimmtheit angeben kann, ob es sich bei diesen Personen um richtige Kriegsgefangene handelte. Jedoch kann ich mit Bestimmtheit sagen, dass es Zivilpersonen jüdischer Abstammung waren. Wo die Exekutionen ausgeführt wurden, habe ich nicht Dienst verrichtet. Ich hatte einmal dienstfrei und habe mir somit den Exekutionsplatz angesehen, d. h. ich wollte einmal eine solche

Hinrichtung sehen. Mir war bekannt, dass mehrere Juden in einer Baracke eingesperrt waren. Es waren dies etwa sechs Personen. Diese gefangenen Juden mussten selbst in ihr Grab steigen. Ein SS-Feldwebel gab ihnen einen Genickschuss. Dieser Feldwebel gehörte nicht zu unserer Kompanie. […]

Ansonsten wurden die gefangenen Juden – hauptsächlich Zivilpersonen – immer mit etwa 20 Lkw herbeigefahren, erschossen und vergraben. Ich habe wohl mit eigenen Augen gesehen, als manchmal die Juden mit den Lkw herbeigefahren wurden.

Den Erschießungen habe ich nicht beigewohnt.

Ich habe mir nur unauffällig die Judengräber angesehen. Wie ich bereits schon angab, habe ich nur persönlich die Erschießung von den sechs Juden gesehen.«[182]

Es fällt bei den Vernehmungen der Mitglieder des Stalags sehr auf, dass sie meistens gerade »zufällig« auf Urlaub waren oder dienstfrei hatten, wenn Erschießungen anstanden. Nur wenige gaben ihre Anwesenheit bei solchen Aktionen zu, und kaum einer gestand die direkte Teilnahme an Erschießungen.

Ein dritter Angehöriger des Stalags berichtete: »Die Erschießungen der russischen Kriegsgefangenen einschließlich Partisanen wurden von Sonderkommandos ca. 300 m hinter dem Lager in der Nähe der Massengräber durchgeführt. Unsere Aufgabe bestand darin, die Toten in den Gräbern mit Chlorkalk zu überstreuen u. mit Boden abzudecken. […]

Während der Erschießungen durfte außer den Angehörigen der Sonderkommandos niemand anderes anwesend sein.«[183]

Das Ermittlungsverfahren gegen den Hauptbeschuldigten Max R., den Ic- beziehungsweise SD-Offizier im Stalag 329, der die Auswahl durchgeführt hatte, wurde eingestellt. (*Ic* war die für Feindlage und Abwehr zuständige Stabsabteilung.) In der staatsanwaltschaftlichen Einstellungsverfügung vom 3. Juli 1970 hieß es: »Der Zeuge M. hat den damaligen Ic, Hauptmann R., selbst beim Aussondern von Kriegsgefangenen beobachtet. Auch H. hat bekundet, er wisse, dass R. jüdische Gefangene, Kommissare und andere Funktionäre ausgesondert und in gesonderten Baracken habe unterbringen lassen. Exekutionskommandos des SD hätten dann die Ausgesonderten abgeholt und außerhalb des Lagers erschossen. R. und der Lagerkommandant von R. (?) seien dabei zugegen gewesen.

Der Beschuldigte R. ist dazu gehört worden. Er hat seine Teilnahme an Aussonderungen bestritten. Ob er durch die Zeugenaussagen überführt werden könnte, mag dahinstehen, weil R. krebskrank und nicht verhandlungsfähig ist. Das Verfahren kann daher gegen ihn nicht fortgeführt werden. Mit einer Besserung des Zustandes ist insbesondere im Hinblick auf sein Alter (fast 78 Jahre) nicht zu rechnen [...]. Weitere Ermittlungen gegen andere Personen versprechen keine Aussicht auf Erfolg.«[184]

Der inzwischen krebskranke Beschuldigte hatte zuvor in einer einmaligen Vernehmung am 9. Oktober 1968 Folgendes zu Protokoll gegeben: »Ich bin schwer krebskrank. Deswegen wurde ich bereits operiert. Ich habe bereits ca. 25 kg abgenommen. Die Ärzte sagen mir nicht genau die Wahrheit, wie krank ich bin. Ich kann nur gepolstert sitzen und nicht mehr verreisen. Lediglich in Suderburg kann ich noch zur Polizei.

Ich war im Lager der Schutzengel der Gefangenen. Ich habe vielen Kriegsgefangenen das Leben gerettet. Ich sollte eigentlich im Lager Postoffizier sein. Ich kann mit Rücksicht auf meine Krankheit keinen langen Vernehmungen folgen. Ich will mir überlegen, ob ich einen Verteidiger zurate ziehe, kann aber jetzt schon sagen, dass an Aussonderungsaktionen nicht beteiligt war. Heute will ich insbesondere mit Rücksicht auf meinen Gesundheitszustand keine weiteren Erklärungen abgeben. Ich halte längere Vernehmungen nicht aus.«[185]

Der deutschen Armee war die Tätigkeit des selbst ernannten »Schutzengels der Gefangenen« jedenfalls einen Orden wert. Da während des Ersten Weltkrieges eine militärische Auszeichnung fehlte, mit der Verdienste in der Heimat oder hinter der Front gewürdigt werden konnten, hatte man das Kriegsverdienstkreuz geschaffen. Mit Schwertern wurde das Kriegsverdienstkreuz dann verliehen, wenn ein Einsatz unter feindlicher Waffenwirkung vorlag.

Den Teilnehmern an »Sonderbehandlungen« wurde ab Ende 1941 das Kriegsverdienstkreuz mit Schwertern verliehen. Da »Sonderbehandlungen« geheim waren, wurde schon vorher in einem Schreiben klargestellt: »Unter Begründung (ist) einzutragen: Durchführung von kriegswichtigen Sonderaufgaben. Das Wort Exekution darf auf keinen Fall erwähnt werden.«[186] So geschah es dann auch. Auch Ernst Reuß bekam am 20. April 1942 das »Kriegsverdienstkreuz 2. Klasse mit Schwertern« verliehen.

Feldwebel Ernst Reuß, Großvater des Autors, mit dem »Kriegsverdienstkreuz 2. Klasse mit Schwertern« in Winniza. War er an den Sonderbehandlungen beteiligt?

Ohne schriftliche Begründung. War er etwa auch an Exekutionen beteiligt? Versuchte man, dies mit der fehlenden Begründung zu verschleiern? Höchstwahrscheinlich nicht, denn diese Auszeichnung wurde sehr häufig verliehen, und die Begründung erfolgte oftmals nur mündlich vor der angetretenen Kompanie.

Bis zum Ende des Krieges sind mehr als an die drei Millionen deutsche Soldaten mit dieser »Verdienstmedaille« gewürdigt worden.

Angesichts dessen und aufgrund der Tatsache, dass »Schreibstubenhengste« wie Ernst Reuß normalerweise nicht mit derartigen Aufgaben betraut wurden, ist es eher unwahrscheinlich, dass er dieses »Verdienstkreuz« wegen einer Teilnahme an Exekutionen erhielt. Für die Soldaten eines Stalags, insbesondere für die in der Schreibstube, war es, da sie nicht in Kampfhandlungen verwickelt waren, fast unmöglich, das Eiserne Kreuz für besondere Tapferkeit vor dem Feind zu bekommen. Daher erhielten solche Soldaten häufig das Kriegsdienstverdienstkreuz, wenn sie sich auf ihrem Posten besonders engagierten. Ernst Reuß tat dies anscheinend.

Das Urteil im Nürnberger Prozess stellte fest, dass »die Behandlung von Sowjetkriegsgefangenen [...] durch ganz besondere Unmenschlichkeit charakterisiert« gewesen sei. Wie schon erwähnt, wurden gerade in der Anfangszeit des Feldzuges viele sich ergebende oder verwundete sowjetische Soldaten an Ort und Stelle einfach erschossen. Zahlreiche Soldaten der Roten Armee wurden allerdings auch erst nach ihrer Gefangennahme erschossen, als sie begannen lästig zu werden. War der Gefangene bereits registriert, hieß es üblicherweise dann in den Akten: »auf der Flucht erschossen«.

Otto Bräutigam, ein damaliger Russland-Experte im Ostministerium, schrieb nach dem Krieg dazu: »Angesichts der Aufhetzung der Soldaten durch scharfmacherische Befehle war es kein Wunder, dass besonders dann, wenn nur einige gefangene Rotarmisten abzutransportieren waren, die Begleitmannschaft schon nach kurzer Zeit zurückkehrte und meldete, die Gefangenen seien auf der Flucht erschossen worden. Warum sollte man auch wegen ein paar gefangenen Rotarmisten kilometerweit durch das unwegsame Land bis zum nächsten Dulag laufen!«[187]

Dies bestätigte auch der Lagerkommandant des Durchgangslagers 240 in Smolensk, der am 25. Oktober 1941 dem Bezirkskommandanten von der »übertriebenen Härte« der Wachmannschaften berichtete: »Verschiedentlich ist es vorgekommen, dass Kr.Gef. von Begleitmannschaften mit übertriebener Härte behandelt wurden. So wurden in der Nacht vom 19. zum 20. ds. Mts. etwa 30.000 Kgf., die im Lager Nord keine Aufnahme mehr findet konnten, nach der Stadt weitergeleitet.

Am Morgen des 20. wurden allein auf der Strecke vom Bahnhof bis zum Lager Nord 125 tote Kgf. gezählt. Die meisten von ihnen lagen knapp an der Marschstraße und wiesen Kopfschüsse auf. In den meisten Fällen kann es sich also weder um Fluchtversuche noch um tätliche Widersetzlichkeiten, die allein einen Waffengebrauch rechtfertigen könnten, gehandelt haben.«[188]

Schon Generalfeldmarschall von Bock, der am 20. Oktober eine schärfere Bewachung anordnete, führte diesbezüglich aus: »Grauenvoll ist der Eindruck der Zehntausenden von russischen Kriegsgefangenen, die kaum bewacht, im Marsch auf Smolensk sind. Todesmatt und halb verhungert, wanken diese Unglücksmenschen dahin. Zahlreiche Tote und Erschöpfte sind am Wege zusammengebrochen.«[189]

Sein Adjutant sagte dazu nach dem Krieg: »Marschkolonnen von mehreren Kilometern Länge wurden bewacht von 10 bis 20 Landesschützen, die am Ende marschierten und jeden mit der Maschinenpistole niederschossen, der nicht mitkam.«[190]

Bei den Nürnberger Prozessen wurden mehrere Befehlshaber wegen der grausamen Behandlung von Kriegsgefangenen angeklagt. Der für das Kriegsgefangenenwesen zuständige General Hermann Reinecke wurde zu lebenslanger Haft verurteilt und 1954 begnadigt. Dabei ging es nicht nur um Verbrechen wie die Erschießung der Politischen Kommissare der Roten Armee. Es ging auch um die absolut ungenügende Ernährung und Unterbringung der Gefangenen, die Hauptursache dafür war, dass von den 5,7 Millionen sowjetischen Kriegsgefangenen mehr als die Hälfte in den Lagern umkamen.[191]

3,3 Millionen Tote sollen es gewesen sein, wobei bei den Zahlen zu berücksichtigen ist, dass normalerweise Juden oder des Judentums verdächtige Personen schon gar nicht erst registriert wurden. Sie wurden meistens gleich »ohne irgendwelche Formalitäten« erschossen, wie General von Roques während des Nürnberger Prozesses aussagte.

Er beschrieb eine Selektion im Dulag 160 vom Mai 1942: »Im Lager war eine Liste angelegt, auf der sämtliche, die keine Juden waren, aber verdächtig waren, standen, denn Juden brauchten nicht notiert zu werden, die waren ja genauso wie Zivilisten ohne irgendwelche Formalitäten zu erschießen. Der SD-Sturmführer hat dann etwa 200 bis 300 verdächtige Personen an sich vorbeipassieren lassen und hat auf der Liste hinter jedem Namen ein *F* gemacht, das hieß *Frei*, oder ein *E*, das hieß *Erschießen*. Alle Leute, die ein *E* bekamen, wurden zu den Juden geschickt und am 15. Mai zusammen mit den Juden erschossen.«[192]

Zur Verdeutlichung der Dimension der Ungleichbehandlung von sowjetischen und anderen Kriegsgefangenen in deutschen Kriegsgefangenenlagern gilt als Vergleichswert die Mortalitätsrate unter den amerikanischen und britischen Gefangenen in Deutschland, die lediglich vier Prozent betrug.

Im Ersten Weltkrieg hatte die Sterblichkeitsrate bei den 1,4 Millionen russischen Kriegsgefangenen 5,4 Prozent betragen. Diesmal war die Sterblichkeitsrate mehr als zehnmal so hoch.[193]

Das Massensterben der sowjetischen Kriegsgefangenen basierte auf Hunger, einer völlig unzureichenden Unterbringung, dem unmenschlichen Transport und der schlechten Behandlung der Gefangenen sowie der systematischen Ermordung bestimmter Gefangenengruppen.

Insbesondere der Hunger aufgrund der unzureichenden Ernährung war Todesfaktor Nummer eins. Der Hunger war nicht alleine Ausdruck einer überforderten Organisation bei den Massen von Gefangenen, sondern zumindest auch eine grundsätzlich gewollte Politik. Für die sowjetischen Gefangenen war eine gänzlich andere Behandlung vorgesehen als zum Beispiel für französische Gefangene während des Frankreichfeldzuges.

Verhungerte oder an Seuchen verstorbene sowjetische Kriegsgefangene

Das »Glück« vieler sowjetischer Überlebender war, dass sie als Zwangsarbeiter gebraucht wurden, also ein grundsätzliches Interesse an ihrer Arbeitskraft bestand. So kann man zumindest die Zahlen interpretieren, dass 875.000 der 1.053.000 vom OKW im Jahre 1944 registrierten Überlebenden als Arbeiter eingesetzt waren.[194]

Nicht humanitäre, sondern rein volkswirtschaftliche Motive ermöglichten also das Überleben einiger der Gequälten.

Die vollständige Ausrottung blieb als Option für die Zeit nach dem »Endsieg« erhalten. Hitler hatte mehrfach geäußert, dass der Tod der sowjetischen Gefangenen ein Weg zur erwünschten Dezimierung der »slawischen Massen« sei.

Das Massensterben in deutschem Gewahrsam entzog allerdings der deutschen Propaganda in den besetzten Ostgebieten innerhalb weniger Monate die Grundlage. Bräutigam – Onkel von Staatssekretär Hans-Otto Bräutigam – wies bereits im August 1941 in seiner Denkschrift darauf hin. »Bei der außerordentlich großen Zahl von Kriegsgefangenen der Roten Armee ist die Frage der Behandlung dieser Gefangenen von großer politischer Bedeutung, umsomehr, als wir beabsichtigen, große Teile der Sowjetunion in das Deutsche Reich einzubeziehen bzw. uns später politisch eng anzugliedern. Da die Verwaltung der Riesengebiete bei unserem Menschenmangel nach Übereinstimmung aller Sachkenner nur dann möglich ist, wenn die Bevölkerung willig mit uns geht, ist es wünschenswert, auch schon die Kriegsgefangenen propagandistisch zu erfassen.«[195]

Er zweifelte – wohl zu Recht – daran, dass die Kriegsgefangenen unter diesen schrecklichen Umständen als bekehrte Bewunderer deutscher Kultur in ihre Heimat zurückkehren würden. »Sie müssen, soweit sie nach Deutschland gebracht werden, als Bewunderer Deutschlands, seiner Kultur, seiner Organisation usw. in ihre Heimat zurückkehren, um dort die Bevölkerung in gleicher Weise zu beeinflussen. Der Kriegsgefangene wird es selbstverständlich finden, dass er in Deutschland oder in den besetzten Gebieten, schwer arbeiten muss. Was er erwartet, ist lediglich eine angemessene Behandlung und ausreichende Ernährung, zumal wir ihm dies in unseren Flugblättern zusichern.

Zu der Ernährung ist zu bemerken, dass das Brot, wenn auch von geringer Güte, für ihn ausschlaggebende Bedeutung hat, während er auf Fleisch leichter verzichten kann.

In jedem Kriegsgefangenen noch nachträglich einen Bolschewiken sehen zu wollen und ihn entsprechend zu behandeln, ist völlig abwegig. Schikanöse Maßnahmen sind auf jeden Fall zu unterlassen.«[196]

Seine Zweifel entsprachen jedoch nicht dem damaligen Zeitgeist und fanden kein Gehör bei den wirklich Mächtigen im Naziregime.

Dafür, dass sich im Osten nichts Grundlegendes änderte, spricht auch die Berufung des Generalfeldmarschalls von Reichenau zum Kommandeur der Heeresgruppe Süd, nachdem andere Wehrmachtgeneräle nach vorsichtiger Kritik an den Befehlen Hitlers Ende 1941 abgesetzt worden waren.

Von Reichenau zeichnete sich durch besondere Hitler-Treue und Rücksichtslosigkeit aus. In seiner Weihnachtsansprache verkündete er: »Ihr habt den Russen lang genug als willenloses Werkzeug seiner Kommissare kennengelernt. Er ist imstande, jede Gemeinheit zu begehen. Ich fühle mich verpflichtet, euch diese Tatsache mitzuteilen, damit ihr genau wisst, was ihr von der roten Bestie zu erwarten habt. Denkt in jedem Kampf daran, und wenn es hart auf hart geht, so verkauft euer Leben so teuer als möglich. Bis zur letzten Patrone. Lebt dieser Geist in euch weiter, dann wird auch künftig jeder Angriff des roten Gesindels blutig vor unseren Linien enden.«[197]

In von Reichenaus Befehl über das »Verhalten der Truppe im Ostraum« erklärte er das Verpflegen von Kriegsgefangenen als eine »missverstandene Menschlichkeit«. Er erklärte darin: »Immer noch werden heimtückische, grausame Partisanen und entartete Weiber zu Kriegsgefangenen gemacht, immer noch werden halb uniformierte oder in Zivil gekleidete Heckenschützen und Herumtreiber wie anständige Soldaten behandelt und in die Gefangenenlager abgeführt. Ja, die gefangenen russischen Offiziere erzählen hohnlächelnd, dass die Agenten der Sowjets sich unbehelligt auf den Straßen bewegen und häufig an den deutschen Feldküchen mitessen. Ein solches Verhalten ist nur noch durch völlige Gedankenlosigkeit zu erklären.«[198]

Es waren somit nicht die offensichtlich furchtbaren Zustände in den Gefangenenlagern oder wieder entdeckte humanitäre Ideale, die dazu führten, dass bei den Mächtigen im Naziregime ein Umdenken einsetzte. Der Grund für das Umdenken der nationalsozialistischen Führer war der gescheiterte Blitzkrieg. Nur wegen des Scheiterns der Planungen überdachte das OKW die Ernährungssituation der Gefangenen, denn die deutschen Soldaten würden anscheinend viel länger als vorgesehen von Zuhause wegbleiben. Dies erforderte eine neue Politik bezüglich der Behandlung von sowjetischen Kriegsgefangenen.

Man brauchte dringend Arbeiter in Deutschland!

Das neue Konzept ab 1942 sah die Verbesserung der Lebensbedingungen sowjetischer Gefangener wie auch der Ostarbeiter in Deutschland vor. Außerdem schuf man einen besonderen Überläuferstatus, der eine bevorzugte Behandlung garantierte und dehnte die Überläuferwerbung auch auf die Kommissare und Politarbeiter der Roten Armee aus. Allerdings erging jetzt, aufgrund der Angst vor Partisanen, mit dem »Kommandobefehl« die Weisung, Sabotagetrupps« unverzüglich zu töten oder zu übergeben. Mit dem dann 1944 befohlenen »Kugel-Erlass« wurden aus deutschen Kriegsgefangenenlagern entwichene Offiziere erschossen. Aufgrund der Tatsache, dass hauptsächlich Angehörige der Roten Armee diesem Erlass zum Opfer fielen, hatte er eine ähnliche Wirkung wie der Kommissarbefehl. Beide Befehle waren natürlich elementare Verstöße gegen die Genfer- beziehungsweise Haager Vereinbarungen. Vorerst aber war der Kommissar vom Hauptfeind zum umworbenen Adressaten der deutschen Propaganda geworden. Eine Entwicklung, die offiziell zur Aufhebung des Kommissarbefehls führte. Hitler beschloss am 6. Mai 1942, den Kommissaren »zunächst versuchsweise« die »Erhaltung ihres Lebens« zuzusichern, »um die Neigung zum Überlaufen und zur Kapitulation eingeschlossener sowjetischer Truppen zu steigern«.

In den Anfang Juni erlassenen Ausführungsbestimmungen hieß es: »Um jede Verzögerung im Abtransport der neu anfallenden Kriegsgefangenen ins Reich zu verhindern, wird künftig die Aussonderung der Kommissare und Politruks durch Einsatzkommandos der Sicherheitspolizei nur noch im Generalgouvernement vorgenommen [...]. Sonderbehandlungen wie bisher finden nicht mehr statt; es sei denn, dass es sich um Leute handelt, denen eine strafbare Handlung, wie Mord, Menschenfresserei und dgl. nachgewiesen ist.«[199]

Im Zeichen dieser Neuorientierung erzielte die deutsche Frontpropaganda zwischen Frühjahr und Herbst 1942 mit etwa 80.000 amtlich registrierten Überläufern – neben einigen hunderttausend

Gefangenen – nochmals einen beachtlichen Erfolg. Allerdings reichten die Gefangennahmen bei weitem nicht mehr an die Dimensionen des Vorjahres heran.[200]

Bei einer Besprechung im Propagandaministerium, bei der auch Goebbels anwesend war, wurde schon im November 1941 protokolliert: »Die Durchschnittsleistung eines russischen Arbeiters, so wie er jetzt vom Bolschewismus unter Druck gesetzt worden ist, sei wesentlich höher als die eines deutschen Akkordarbeiters und dies sogar noch bei ziemlich schlechtem Essen. Die in den Lagern befindlichen bolschewistischen Gefangenen sollen daher wieder so weit aufgefüttert werden, dass sie zum Arbeitseinsatz gelangen können.«[201]

Die Kriegsgefangenen, die man zuvor verhungern lassen wollte, wurden jetzt auf einmal gebraucht.

Der Chef des Oberkommandos der Wehrmacht, Generalfeldmarschall Keitel, gab folgenden Befehl Hitlers schon zu Weihnachten 1941 weiter: »Durch die Notwendigkeit, aus der Kriegswirtschaft eine erhebliche Zahl bisher dort als unabkömmlich beschäftigter Soldaten für die Front freizumachen, hat der Arbeitseinsatz von Kr. Gef. noch erheblicher an Bedeutung gewonnen [...]. Die Zuführung der sowjet. Kr. Gef. in die Rüstungs- und Kriegswirtschaft ist für die Aufrechterhaltung der Rüstungskapazität und für die Leistungsfähigkeit unserer Kriegswirtschaft nunmehr entscheidendes Problem geworden. Es kommt darauf an, dass alle an der Bereitstellung der sowjet. Kr. Gef. als einsatzfähige Arbeiter beteiligten Dienststellen und Behörden ihr Äußerstes dransetzen, die Einsatzfähigkeit der Kr. Gef. zu erweitern und vor allem zu beschleunigen.«[202]

Nur die nach nationalsozialistischer Doktrin »rassisch besonders minderwertigen« Asiaten wollte man dann aber doch lieber nicht im »arischen Reich«. »Die Asiaten sollen aussortiert und im Operationsgebiet zum Einsatz kommen und zwar einmal als landwirtschaftliche Arbeiter, ferner für Fabriken und Straßenbau und Absuchen von Minenfeldern.«[203]

Wahrscheinlich hatte man Angst vor einer »Rassenvermischung«.

Noch etwas später – im März 1942 – diskutierte man in einer Sitzung des Propagandaministeriums den Umstand, dass die sowjetischen Gefangenen nun nach dem Befehl Hitlers besser behandelt werden müssten, und stellte fest: »Die Formulierung – der Russe sei eine Bestie, er müsse verrecken – müsse daher verschwinden.«[204]

Die Anweisung zur »Behandlung der sowj. Kr. Gef. im Allgemeinen« lautete nun so: »Die Notwendigkeit vermehrten Arbeitseinsatzes sowj. Kr. Gef. macht eine neue Regelung ihrer Behandlung erforderlich. [...] Der Bolschewismus ist der Todfeind des nationalsozialistischen Deutschlands. Der sowjetische Soldat hat grundsätzlich als Träger des Bolschewismus zu gelten. Es entspricht daher politischer Notwendigkeit und dem Ansehen und der Würde der deutschen Wehrmacht, dass jeder deutsche Soldat dem sowjetischen Kr. Gef. gegenüber weiten Abstand hält.«[205]

Man tötete nicht mehr sofort, sondern hielt Abstand. Außerdem wurde versucht, die Arbeitsleistung der sowjetischen Kriegsgefangenen zu steigern, indem man sie besser behandelte, was offensichtlich bitter notwendig war: »Mit kühler und korrekter Behandlung, Unterlassung von Gewalttätigkeiten und Beleidigungen und Schutz vor öffentlicher Neugier wird die Arbeitsleistung der sowj. Kr. Gef. gehoben werden können. Vergeltungsmaßnahmen ihnen gegenüber sind verboten.«[206]

Während zuvor eine sorgfältige Vorbereitung zur Unterbringung und Versorgung der vielen Kriegsgefangenen unterblieben war, bemühte man sich jetzt etwas mehr um ihr »Wohl«.

Jedoch blieben die Zustände insgesamt weiterhin katastrophal.

Erst nach Stalingrad, nachdem viele Deutsche in sowjetische Kriegsgefangenschaft kamen, wurde das OKW noch etwas vorsichtiger im Umgang mit den Kriegsgefangenen der Roten Armee. Keitel stellte am 30. Mai 1943 fest, dass der Einsatz der Kriegsgefangenen von höchster Bedeutung für die Deckung des Arbeitskräftebedarfs sei. Ihre Arbeitskraft sei zu erhalten, um sie an richtiger Stelle einzusetzen.[207] Außerdem könne sich die Behandlung der in deutschem Gewahrsam befindlichen feindlichen Kriegsgefangenen auf die in feindlicher Hand befindlichen deutschen Kriegsgefangenen auswirken.

Selbst an höchster Stelle machte man sich demzufolge langsam Sorgen darum, dass das schändliche eigene Verhalten auch den in Gefangenschaft geratenen deutschen Soldaten an der Ostfront blühen könne. Es ist anzunehmen, dass keine Humanitätsgedanken im Vordergrund standen. Man hatte wohl einfach Angst um die Moral der Truppe.

Der Kommandant des rückwärtigen Armeegebiets 582 äußerte sich schon zuvor am 7. Mai 1943 ähnlich: »Der totale Krieg erfordert den totalen Einsatz aller Arbeitskräfte und die restlose Erfassung allen kriegswichtigen Materials. Jeder arbeitsfähige Kgr. und Zivilist bedeutet eine Arbeitskraft, jede erbeutete Waffe Einsparung an Rohmaterial und Arbeitsleistung. Die Zuführung von Arbeitskräften in die Heimatgebiete ist daher von entscheidender Bedeutung. Der Wert der Kgf. und die Erhaltung ihrer Arbeitskraft sowie die Notwendigkeit einer vollständigen Beuteerfassung sind von diesen Gesichtspunkten aus anzusehen und jedem Soldaten klarzumachen.«[208]

Er befahl: »Der deutsche Soldat behandelt den kriegsgefangenen feindlichen Soldaten mit soldatischem Anstand.«[209]

Allerdings bedeuteten die Vorschriften zur besseren Behandlung von Kriegsgefangenen nicht, dass es ihnen von nun an gut ging.

Trotz der neuen Ausführungsbestimmungen kam es auch in der Folgezeit häufig zu mitunter bestialischen »Sonderbehandlungen« auch im »Reich«. Dokumentiert sind schreckliche Grausamkeiten wie das Verbrennen einer russischen Majorin im Krematorium des KZ Stutthoff. Die sich heftig Wehrende wurde lebend in den Verbrennungsofen geschoben.[210]

Auch am Schicksal der Kommissare änderte sich recht wenig. Hitlers Befehl sollte wohl lediglich die Teile der Wehrmacht beruhigen, die das Vorgehen gegen Kommissare »unsoldatisch« fanden, denn das Murren in der Wehrmacht war unüberhörbar.

Bräutigam schrieb nach dem Krieg dazu: »In der Ablehnung der im Osten begangenen Gräueltaten – das konnte ich im OKH einwandfrei feststellen – waren sich die meisten Wehrmachtsstellen und alle anständigen Offiziere einig, aber es blieb in der Regel beim Kritisieren und Schimpfen.«[211]

Dafür, dass der Befehl die Truppe beruhigen sollte, spricht auch die Tatsache, dass der für die Aussonderung zuständige Sicherheitsdienst, im Ostland und in der Ukraine, nur noch die Lager aufsuchte, wo von den Offizieren des Kriegsgefangenenlagers kein Widerstand zu erwarten war.

Es gab durchaus einige Kommandanten, die sich weigerten, an Sonderbehandlungen mitzuwirken, was keine negativen Auswirkungen für sie hatte. Das zeugt davon, dass es möglich war, Befehle zur Aussonderung Kriegsgefangener zu umgehen oder zu verweigern. Zuvor wurde ja schon über die Weigerung des Kommandanten von Stalag 329 in Winniza berichtet.[212]

Als ein weiteres Beispiel unter mehreren ist der Fall des Abwehroffiziers des späteren Stalags 397 zu erwähnen, der sich weigerte, bereits ausgesonderte Gefangene dem SD herauszugeben. Er untersagte zudem weitere Überprüfungen und gab den SD-Vertrauensleuten unter den Kriegsgefangenen den Befehl, das Spitzeln im Lager einzustellen. Schon dieses an sich geringe Widerstreben führte dazu, dass der SD hieraufhin seine Bemühungen um die Herausgabe der ausgesonderten Gefangenen aufgab und auch auf weitere Aussonderungen verzichtete.

Als Abwehroffizier des Stalags 398 wandte er sich später erneut erfolgreich gegen die Überstellung sowjetischer Gefangener in ein Konzentrationslager und erreichte es, dass die bereits in das KZ überführten Kriegsgefangen in das Stalag zurückgebracht wurden.[213]

Allerdings gab es auch Kommandanten mit weniger Skrupel. Sie ließen die Verbrechen ohne weiteres von der eigenen Truppe erledigen, wie das Kriegstagebuch der 403. Sicherungsdivision vom März 1942 aussagt: »Militärische politische Kommissare: von der Truppe erledigt: 36, in den Dulags: 236, zivile Kommissare 368, an den SD abgegebene zivile politische Kommissare: 29: Insgesamt: 669.«[214]

Bereits im Vorfeld des Krieges hatte die deutsche Regierung sich die ersten sogenannten Fremdarbeiter aus Italien, Kroatien, Ungarn und Holland geholt. Mit Kriegsbeginn kam es dann verstärkt zur Anwerbung von Arbeitern, vor allem aus dem Osten. Später machte man sich diese Mühe nicht mehr und zwangsverpflichtete einfach Teile der Bevölkerung aus den Ostgebieten. Eine »überlegene Rasse« hielt sich ihre Arbeitssklaven.

1944, zur Zeit des absehbaren Endes der Nazi-Herrlichkeit, hielten über sieben Millionen ausländische Arbeiter das öffentliche Leben in Deutschland mühsam aufrecht.

Schon im Jahre 1941, dem Beginn des »Unternehmens Barbarossa«, waren 2,1 Millionen zivile und 1,2 Millionen Kriegsgefangene als Arbeiter im Deutschen Reich beschäftigt.[215]

Trotzdem hatten ab Herbst 1941 verschiedene Konzerne und Wirtschaftsdienststellen verstärkte Forderungen auch für einen Arbeitseinsatz sowjetischer Kriegsgefangener erhoben. Zum

Arbeitskräftemangel in der Heimat äußerte sich im Februar 1942 der zuständige Ministerialbeamte Mansfeld: »Die gegenwärtigen Schwierigkeiten im Arbeitseinsatz wären nicht entstanden, wenn man sich rechtzeitig zu einem großzügigen Einsatz russischer Kriegsgefangener entschlossen hätte. Es standen 3,9 Millionen Russen zur Verfügung, davon sind noch 1,1 Millionen übrig. Allein vom November '41 bis Januar '42 sind 500.000 Russen gestorben.«[216]

Rein wirtschaftlich gesehen war es widersinnig, die vorhandene Arbeitskraft nicht zu nutzen. Der deutschen Wirtschaft fehlten mittlerweile fast zwei Millionen Arbeitskräfte. Man brauchte die sowjetischen Kriegsgefangenen.

Zwischen August 1941 und Oktober 1942 gab es erhebliche Erhöhungen der Verpflegungssätze. So gab es für Kriegsgefangene ohne beziehungsweise ohne nennenswerte Arbeit im August 1941 eine Ration von 100 Gramm Fleisch und 1.500 Gramm Brot, die im Oktober 1942 bereits auf 250 Gramm Fleisch und 2.600 Gramm Brot angehoben wurden. Für Schwerarbeiter gab es außerdem weitere Zulagen an Fleisch, Brot und Fett. Die Rationen waren jeweils für eine Woche gedacht.[217]

Dennoch, die sowjetischen Kriegsgefangenen waren im Vergleich zu allen anderen Gefangenen stets am schlechtesten gestellt. Selbst Lebensmittelpakete des Roten Kreuzes bekamen sie nicht. Diese Organisation durfte nichts für die Gefangenen aus der Roten Armee tun, denn auch dem Internationalen Roten Kreuz war die sowjetische Regierung nicht beigetreten. In Görings »Richtlinien über den Einsatz sowjetischer Kriegsgefangener in der deutschen Kriegswirtschaft« vom 7. November 1941 hieß es unter dem Punkt Verpflegung: »Der Russe ist genügsam, daher leicht und ohne schwerwiegenden Einbruch in unsere Ernährungsbilanz zu ernähren. Er soll nicht verwöhnt oder an deutsche Kost gewöhnt, muss aber gesättigt und in seiner dem Einsatz entsprechenden Leistungsfähigkeit erhalten werden.«[218]

Mit solchen Aussagen versuchte man – angesichts der erbarmungswürdigen Zustände in den Lagern – auch möglicherweise aufkommende Bedenken der Zivilbevölkerung im Keim zu ersticken. Oftmals boten die sowjetischen Gefangenen, die um einiges schlechter ernährt wurden als die westlichen Kriegsgefangenen, ein mitleiderregendes Bild.

Das führte mitunter dazu, dass andere Insassen der Lager – soweit es sich um gemischte Gefangenenlager handelte – ihren sowjetischen Kameraden etwas von ihrer Nahrung abgaben. Trotzdem waren die sowjetischen Gefangenen häufig gezwungen, in den Mülltonnen etwas Nahrhaftes zu suchen. Aber auch das war natürlich verboten!

Ein Mitgefangener des Stalags Hemer erzählt: »Ich hatte im Block 6 zu tun, plötzlich fiel ein Schuss. Ein sowjetrussischer Gefangener, der sich an den Mülltonnen des Franzosenlagers zu schaffen machte, brach tot zusammen. Der Wachposten am Tor zum Vorlager hatte diesen Menschen kaltblütig erschossen. Im nachhinein schleppten zwei Russen, die zur Hilfe geeilt waren, diesen Toten weg.«[219]

Da derartige Übergriffe häufiger vorkamen, sah man sich schließlich gezwungen, die Wachmannschaften zu ermahnen, um die »Arbeitseffizienz« von sowjetischen Kriegsgefangenen zu erhöhen. In einem Flugblatt hieß es: »Die Arbeitsleistung der sowjetischen Kriegsgefangenen ist wesentlich abhängig von der Behandlung, die ihnen zuteil wird. Diese darf nicht von sentimentalen Beweggründen, sondern muss in erster Linie durch Gründe der Zweckmäßigkeit im Hinblick auf die Auswirkung für die Arbeitsleistung bestimmt werden. Oberster Grundsatz der Behandlung muss sein: den sowjetischen Kriegsgefangenen so leistungsfähig und arbeitswillig wie möglich zu machen und zu erhalten.«[220]

Für die Betriebe, die sowjetische Kriegsgefangene einstellten, war es auf jeden Fall ein lukratives Geschäft, denn sowjetische Kriegsgefangene waren noch billiger als KZ-Häftlinge. Schon kurz nach Eintreffen der ersten Transporte aus dem gesamten Reichsgebiet gab es Meldungen, wonach die Ernährungslage der Ostarbeiter und der russischen Kriegsgefangenen als katastrophal eingeschätzt wurde. Zahlreiche Betriebe beschwerten sich bei den zuständigen zivilen und militärischen Behörden darüber, dass eine effektive Arbeitsleistung von den sowjetischen Arbeitern angesichts ihres Ernährungszustandes nicht mehr zu erwarten sei.

Die Essener Firma Krupp berichtete im April 1942: »Bei den zivilen russischen Arbeitern, die – mit wenigen Ausnahmen – in einem ausgezeichneten Gesundheitszustand hier ankamen, machen sich bereits ebenfalls die typischen Hungerödeme bemerkbar. Nach Ansicht unserer Betriebsärzte ist der körperliche

Verfall ausschließlich auf die ungenügende Verpflegung zurückzuführen, wobei wir noch besonders darauf hinweisen, dass unsere Verpflegungssätze den amtlichen Vorschriften entsprechen. Von unseren russischen Kriegsgefangenen sind bereits über 30 % infolge ungenügender Ernährung arbeitsunfähig und 12 schon im Lager gestorben.«[221]

Rassistisches Herrenmenschentum zeigt sich in der oftmals vertretenen Ansicht, dass die russischen Kriegsgefangenen zu höheren und qualifizierteren Leistungen gar nicht in der Lage wären, weil »der Russe rassisch wertlos« sei.

Ihre Ernährung wurde also nur als Belastung für die Versorgung der deutschen Bevölkerung angesehen. Ein Vertreter der DAF in Essen erklärte gegenüber einem Betriebsleiter von Krupp, der darauf hingewiesen hatte, dass die ihm zugeteilten sowjetischen Arbeitskräfte dem Verhungern nahe und zur Arbeit gar nicht in der Lage seien: »Wenn der eine nicht taugt, taugt der andere. Die Bolschewisten sind seelenlose Menschen, wenn hunderttausende eingingen, kämen weitere Hunderttausend dran.«[222]

Ein Dortmunder Bergrevierbeamter berichtete über die mangelnde Ernährung der Kriegsgefangenen: »Es kommt z. B. oft vor, dass russische Kriegsgefangene in der Grube nach kurzer Zeit zusammenbrechen und dass sie untertage völlig apathisch und mit der Bahre oder auf sonstige Art übertage gebracht werden müssen.«[223]

Wer von den sowjetischen Kriegsgefangenen nicht arbeitsfähig war, wurde nach einiger Zeit in das Stalag zurückgeschickt, wo viele von ihnen starben. Manche Zechen – wie etwa der Zechenverband Hibernia – weigerten sich in der Folgezeit sogar, die ihnen zugewiesenen Gefangenen dorthin zurückzuschicken, weil »dort nur ein kleiner Teil der Leute wieder zurückkommt«.[224]

Betrachtet man Görings Einsatzrichtlinien für sowjetische Kriegsgefangene kommt man zum Schluss, dass weiterhin eine geradezu hysterische Angst vor dem »bolschewistischen Virus« herrschte. Die Arbeiter durften nur in geschlossenen Kolonnen zur Arbeit gehen. Gearbeitet wurde in abgeschotteten Betriebsteilen – sogenannten »Russenbetrieben«. Offiziere und Kommissare, soweit sie noch nicht liquidiert waren, wurden – als Träger des »Virus« – von dieser Arbeit ausgeschlossen. Der deutschen Sprache mächtige Kriegsgefangene sollten schon überhaupt nicht ins Deutsche Reich zur Arbeit gelangen.[225] Trotzdem brauchte man sowjetische Arbeiter, denn verstärkte Frauenarbeit war nicht vorgesehen im nationalsozialistischen Weltbild.

Aber die Angst, dass die deutschen Arbeiter sich zu gut mit den Zwangsarbeitern verstehen könnten, blieb vorherrschend. Bereits im November 1941 hatte man sich im Propagandaministerium darüber Gedanken gemacht: »Die russischen Arbeiter sollen nicht mit deutschen Arbeitern gemischt werden, sondern auf Gruben geschlossen unter der Leitung deutscher Vorarbeiter und Meister zum Einsatz kommen. Die Vorarbeiter und Meister übernehmen hierbei gewissermaßen zu gleicher Zeit die Rolle des Hilfspolizisten. Ihre Bezahlung besteht in ihrer Ernährung, wobei sie bei besonders guter Leistung Sonderzulagen in Schnaps, Zigaretten usw. erhalten können. Die Ernährung selbst besteht nicht aus Kartoffeln, sondern aus Steck- und Futterrüben, bezw. anderen Nahrungsmitteln, durch die die Ernährung des deutschen Volkes nicht eingeschränkt zu werden braucht. U. a. wird ein sogenanntes *Russen-Brot* hergestellt.«[226]

Die Arbeits- und Lebensbedingungen der sowjetischen Zivilarbeiter und Kriegsgefangenen waren durch die »Ostarbeitererlasse« und entsprechende Vorschriften der Arbeits- und Ernährungsbehörden bis ins Einzelne reglementiert. Erst 1943 gab es erste Lockerungen und weitere Anhebungen der Essensrationen. Im Merkblatt für die Bewachung sowjetischer Kriegsgefangener hieß es: »Die Verpflegung ist besonders in der kalten Jahreszeit möglichst in warmer Form und möglichst oft am Tage auszugeben. Die Unternehmer sind anzuhalten, die warme Kost nicht nur nach Beendigung der Arbeitszeit, sondern auch in Arbeitspausen zu verabreichen.«[227]

Die Schuld für den schlechten Zustand der sowjetischen Kriegsgefangenen suchte man nicht bei den Verhältnissen in den Kriegsgefangenenlagern, aus denen sie kamen, sondern in der angeblich »jahrelangen Unterernährung in der sowjetischen Armee.«

Auch der Ernährungsminister Backe, der eine rigorose Ausbeutungspolitik vorantrieb und in einer Besprechung mit den Staatssekretären schon im Mai 1941 meinte, dass der Hungertod von »zig Millionen Menschen« in Kauf genommen werden müsse, um das für das Deutsche Reich Notwendige aus dem Land herauszuholen, hatte seine krause Meinung dazu: »Armut, Hunger und Genügsamkeit erträgt der russische Mensch schon seit Jahrhunderten. Sein Magen ist dehnbar, daher kein falsches Mitleid.«[228]

Aufgrund solcher Meinungsführerschaft muss man sich nicht wundern, dass es auch zu abstrusen, medizinisch nicht haltbaren Meldungen an das Propagandaministerium kam, die dort auf offene Ohren trafen: »Es ist interessant und vielleicht politisch später von Bedeutung: Im Stalag II, Neubrandenburg, sind verstorbene Bolschewisten seziert worden. Es hat sich herausgestellt, dass die Magenwände zusammengewachsen sind. Das spricht einwandfrei dafür, dass diese Leute schon jahrelang gehungert haben und dass ihre Unterernährung und ihr dadurch bedingtes Ableben nicht etwa erst in der Zeit der Kriegsgefangenschaft in Deutschland eintrat.«[229]

Das schlechte Gewissen – soweit vorhanden – war beruhigt. Man konnte sich einreden, dass es den Gefangenen in den deutschen Lagern besser erging als zuvor in der Roten Armee. So starben weiterhin viele sowjetische Kriegsgefangene in den Lagern in Deutschland. Oftmals wurden Nahrungsmittel unterschlagen. Oder es gab verschimmelte, verdorbene Lebensmittel.

Zwar war die Ernährungsversorgung nur halbherzig und unzureichend organisiert, aber ansonsten waren der deutschen Regelungswut keine Grenzen gesetzt. Sogar drohende ausufernde Gesangseinlagen der Gefangenen waren geregelt. Vom Inspekteur für das Kriegsgefangenenwesen wurde auch der Rahmen für das Liederträllern in einem Befehl ordentlich normiert: »Den Kr. Gef. ist zu verbieten, außerhalb ihrer Unterkunftsräume zu singen. Innerhalb der Räume hat sich der Gesang in einer den Verhältnissen angepassten Form zu halten, so dass die Nachbarschaft dadurch weder belästigt noch provoziert wird. Lieder politischen oder anstoßerregenden Inhalts sind verboten. Auf die Überwachung des Gesangs durch [...] Dolmetscher ist besonders zu achten.«[230]

Auch zur Religionsausübung hatte das OKW bereits 1939 bei den ersten – polnischen – Kriegsgefangenen grundsätzlich Stellung genommen. Gottesdienste waren erlaubt: »Der Drang zum Gottesdienst ist bei den polnischen katholischen Kriegsgefangenen ein sehr großer. Seitens der Kriegsgefangenenlager wird dem auch – soweit es die Umstände bisher gestattet haben – Rechnung getragen unter Berücksichtigung der Einhaltung notwendiger Sicherheitsmaßnahmen.«[231] Die Beichte jedoch war verboten. »Zur Ausübung der Religion gehört auch die Ablegung der Beichte; sie kann jedoch aus Sicherheitsgründen während der gesamten Dauer der Kriegsgefangenschaft nicht gestattet werden. Die Erfahrungen des Weltkrieges haben nachdrücklichst erwiesen, dass nichtdeutsche oder politisch nicht zuverlässige Geistliche, die mit Kriegsgefangenen in Berührung gekommen waren, für den feindlichen Nachrichtendienst wertvollste Träger und Übermittler von Geheimnachrichten waren, die sie nicht nur in das Ausland gelangen ließen, sondern auch von Lager zu Lager weitergaben. Die nicht zu überwachende Ohrenbeichte stellte und stellt heute noch in dieser Beziehung eine große Gefahrenquelle dar.«[232]

Man hatte Angst vor Spionen im Priesterrock. Selbst für den Fall des Todes von Kriegsgefangenen war – mit deutscher Akribie – in einem Merkblatt für die Bewachung sowjetischer Kriegsgefangener alles genauestens geregelt. Zumindest die Beerdigung sollte dann einigermaßen würdevoll sein. Das war man sich dann doch schuldig. Zumindest wenn es Beerdigungen im Deutschen Reich betraf:

»1) Die Beisetzungen sind unauffällig und in schlichter Form vorzunehmen. Die Behandlung in Rundfunk, Presse und Film ist verboten.

2) Eine deutsche militärische Abordnung wird nicht gestellt. Teilnahme von Kameraden des Verstorbenen, die dem gleichen Kriegsgefangenenlager angehören, ist gestattet.

3) Trauersalut wird nicht geschossen.

4) Kränze der sowj. Kr. Gef. dürfen, wenn überhaupt, nur mit weißer oder schwarzer Schleife versehen sein; von deutscher Seite wird kein Kranz niedergelegt.

5) Geistliche oder geistliche Helfer dürfen, soweit sie dem Lager selbst angehören, beteiligt werden; bei Mohammedanern sind, wenn ohne besonderen Aufwand möglich, Religionsdiener heranzuziehen.

6) Särge sind nicht vorgeschrieben; jedoch ist jede Leiche (ohne Bekleidungsstücke, sofern diese noch anderweitig verwendbar sind) mit starkem Papier oder sonst geeignetem Material vollständig einzuhüllen. In Gemeinschaftsgräbern sind die Leichen nebeneinander in der ortsüblichen Grabestiefe zu betten und wie stets mit einer Erkennungsmarke zu versehen, so dass späterhin anhand der Kartothek, die alle Personalien enthält, festgestellt werden kann, um welche Leiche es sich handelt.

7) Auf Friedhöfen soll die Begräbnisstelle abseits oder in gebührendem Abstand von anderen Grabstätten liegen; auf Lager-

friedhöfen darf die Gräberfolge der sonstigen Kr. Gef. nicht gestört werden.«[233]

Erstaunlicherweise nahm man dabei sogar auf religiöse Werte Rücksicht: »8) Wenn ohne besonderen Aufwand möglich, ist eine Einäscherung gestattet; auch hier sind von dem Lager Listen anzulegen. Leichen von Mohammedanern sind jedoch unbedingt zu beerdigen, und zwar mit dem Kopf nach Osten, Gesicht nach Süden gekehrt.«[234] »Mohammedaner« waren schließlich keine Juden!

Vielleicht waren derartige Rücksichtnahmen auch solchen Briefen geschuldet: »Seine Hoheit Herrn Hitler!

Gestatten Sie uns, Ihnen unseren herzlichen Gruß und unseren großen Dank für die Befreiung unserer Krimschen Tataren (Mohamedaner) anzusprechen, welche unter der blutgierigen jüdisch-kommunistischen Herrschaft verschmachteten. [...] Wir Tataren der Krim sind bereit, auf Ihren Ruf gemeinsam mit dem deutschen Volksheer an jeder beliebigen Front zu kämpfen. Gegenwärtig befinden sich Partisanen in den Wäldern der Krim, jüdische Kommissare, Kommunisten und Kommandeure, welche es versäumt haben, aus der Krim zu flüchten.

Zwecks beschleunigter Vernichtung der Partisanengruppen in der Krim bitten wir sie ergebenst, uns, als gute Kenner der Wege und Pfade der Krimschen Wälder zu gestatten, aus früheren Kulaken, die 20 Jahre lang unter dem Joch der jüdisch-kommunistischen Herrschaft stöhnten, unter deutschem Kommando stehende bewaffnete Abteilungen zu gründen. Wir versichern Sie, dass alsdann in allerkürzester Frist die Partisanen in den Wäldern der Krim bis auf den letzten Mann vernichtet sein werden.«[235]

In Winniza – wo Ernst Reuß seine »vaterländische Pflicht« erfüllte – gab es drei Lager.[236]

Es gab ein Ghetto für jüdische Zivilbevölkerung, das von Juli bis September 1941 bestand. Es hatte ungefähr 7.000 Bewohner und mindestens 2.000 Tote durch Erschießungen zu beklagen. Das Ghetto stand unter Zivilverwaltung.

Als zweites Lager wurde in Winniza ein Zwangsarbeitslager für männliche Juden eingerichtet. Laut Bericht des Reichssicherheitshauptamts vom 17. September 1941 wollte man auf die jüdischen Arbeitskräfte nicht ganz verzichten, da sonst »ein wirtschaftlicher Aufbau der ukrainischen Industrie sowie der Ausbau der städtischen

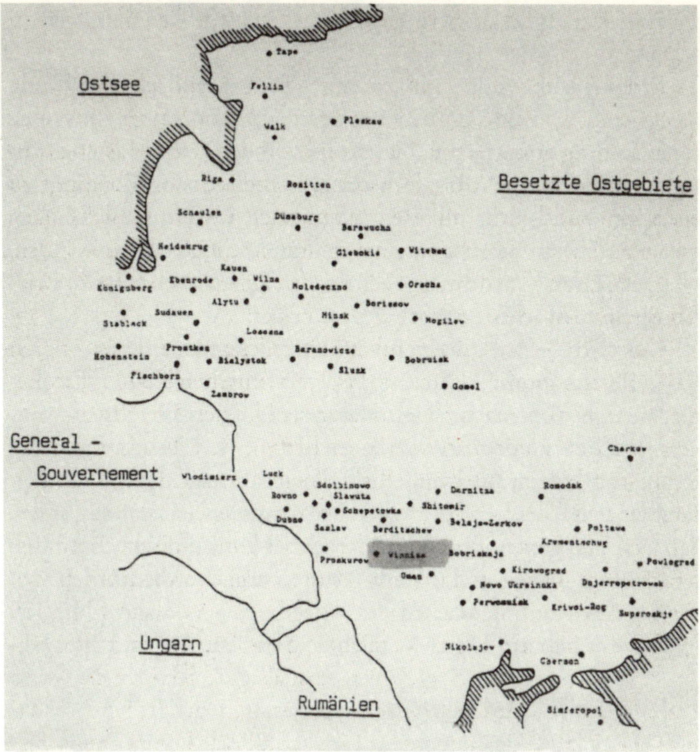

Die Stalags in der besetzten Sowjetunion mit Winniza

Verwaltungszentren fast unmöglich« sei. Der Verzicht wäre also kontraproduktiv gewesen, zumal – laut eines Lageberichtes des rückwärtigen Heeresgebietes vom Juli 1941 – die jüdische Bevölkerung nach zahlreichen Erschießungen eingeschüchtert und willig bei der Arbeit war. Im Reichssicherheitshauptamt plädierte man daher für eine »Lösung der Judenfrage durch umfassenden Arbeitseinsatz der Juden. Das würde eine allmähliche Liquidierung des Judentums zur Folge haben = eine Entwicklung, die den wirtschaftlichen Gegebenheiten des Landes entspricht.«[237]

Die jüdischen Mitglieder des Zwangsarbeitslagers wurden zu Gleisbauarbeiten herangezogen. Dieses Lager bestand von Dezember 1941 bis April 1944 und wurde von der SS verwaltet. Als die Arbeiter nicht mehr gebraucht wurden, sollen auch sie erschossen worden sein. Diesbezügliche Ermittlungen der Staatsanwaltschaft führten jedoch zu keinem Ergebnis. Trotzdem ist es eher wahrscheinlich, dass dem so war.

Wie folgender Ausschnitt aus einem Brief eines deutschen Frontarbeiters in Belorussland beweist, waren auch ganz normale Arbeiter in solche Verbrechen involviert: »Auch wurde eine Wasserleitung gegraben da kamen wir durch ein jüdisches Massengrab, welches zirka ein halbes Jahr alt war. Juden mussten dann die Leichen umbetten, wenn sie fertig waren, fanden sie dann auch den Tod im gleichen Grab. Von dieser Sache schweigen, denn ich war vom Kommando Wachhabender.«[238]

Das dritte Lager, das eigentliche Kriegsgefangenenlager – Stalag 329 – bestand vom 2. Oktober 1941 bis September 1943. Zuständig war die Wehrmacht. Laut Statistik des Chefs des Kriegsgefangenenwesens wurden dort höchstens 19.379 sowjetische Soldaten gefangen gehalten. Auch außerhalb dieser drei Lager kam es im September 1941 und im Frühjahr 1942 zu Massenerschießungen. Schätzungen gehen davon aus, dass dabei jeweils zwischen 15.000 und 30.000 Bürger in der Stadt Winniza umgebracht wurden.[239]

Bei den Kommandanten des Kriegsgefangenenlagers Nr. 329 handelte es sich um Offiziere, die bereits in den 20er und 30er Jah-

Sowjetische Kriegsgefangene in Winniza

ren verabschiedet worden waren. Sie hatten auf Anweisung des Chefs des Kriegsgefangenenwesens monatliche Zählappelle durchzuführen. In den erhalten gebliebenen Statistiken wurden erstmals am 1. September 1941 13.491 Kriegsgefangene im Stalag 329 erwähnt.

Anfangs wurden nichtrussische Kriegsgefangene, insbesondere Ukrainer, noch entlassen, soweit sie in Gebieten unter deutscher Besatzung zu Hause waren und nutzbringend im deutschen Interesse eingesetzt werden konnten. Laut Schreiben an den Leiter der Reichskanzlei Martin Bormann waren über 75.117 Ukrainer unter Aushändigung eines Entlassungsausweises nach Hause geschickt worden.[240] Diese Politik hatte aber schon im November 1941 ein jähes Ende gefunden, als Göring ankündigte, dass Ukrainer keine Sonderbehandlung mehr genössen. Grund dafür war die Angst vor einem Anwachsen der Partisanenbewegung.[241]

In den fortlaufenden Monatsberichten schwankte die Zahl zwischen 12.497 und 15.941 Gefangenen. Ein Jahr nach Beginn der Zählung – am 1. Oktober 1942 – waren es 19.379 Kriegsgefangene, von denen lediglich 4.877 im Arbeitseinsatz waren. Das spricht nicht unbedingt dafür, dass es den Gefangenen körperlich gut ging. 14.500 Gefangene blieben also in ihrem Lager zurück, während die anderen zur Arbeit gingen.[242]

Einen Monat zuvor waren aber von 13.812 Gefangenen noch 11.347 im Arbeitseinsatz gewesen. Was war geschehen? Waren sie plötzlich alle krank geworden, oder gab es auf einmal keine Arbeit mehr? Wiederum einen Monat später – am 1. November 1942 wurden nur noch 7.403 Gefangene in Stalag 329 gezählt. Knapp 12.000 Gefangene waren also plötzlich aus dem Lager verschwunden. Waren sie innerhalb eines Monats an Hunger und Seuchen gestorben, einfach getötet oder etwa entlassen worden?

Entlassungen konnten es normalerweise nicht sein, denn soche fanden zu dieser Zeit nur noch in Ausnahmefällen statt. Himmler, der Reichsführer SS, stellte in einem Schreiben an Keitel, den Chef des OKW, noch im September 1942 fest, dass »die Entlassung von sowj. Kriegsgefangenen, auch von nicht mehr dienstfähigen, dazu geführt, dass diese bettelnd durch die besetzten Ostgebiete ziehen, dadurch eine zunehmende Gefahr für die Gebiete bilden und in vielen Fällen den Werbern von Banden in die Hände fallen. Diese benutzen die von deutschen Dienststellen ausgestellten Ausweise der entlassenen Kriegsgefangenen als Ausweise für Spitzel und Erkunder sowie für Agenten- und Sabotagetätigkeit.«[243]

Er ordnete an: »Sowj. Kriegsgef., die als nicht mehr arbeitsfähig nach den bisherigen Bestimmungen zur Entlassung kommen würden, sind den territorial zuständigen Höheren SS- und Polizei-Führern zu übergeben. Diese werden nach Anweisung des Reichsführers-SS und Chefs der Deutschen Polizei für Weiterleitung bezw. Beschäftigung sorgen.«[244]

Keitel antwortete zwei Wochen später. »Von dem Inhalt Ihres Schreibens [...] habe ich Kenntnis genommen und bemerke dazu, dass die Entlassung von Kriegsgefangenen im Allgemeinen schon seit längerem eingestellt worden ist. Auf Wunsch des Reichsministers für die besetzten Ostgebiete wurden jedoch im April-Mai noch Kriegsgefangene weißruthenischer Volkstumsangehörigkeit, soweit sie als Invaliden in der Wirtschaft nicht voll einsatzfähig waren, für die Landwirtschaft in Weißruthenien entlassen. Diese Entlassungen wurden in unmittelbarem Einvernehmen mit dem Reichsminister für die besetzten Ostgebiete durchgeführt. Um den von Ihnen festgestellten Missbräuchen vorzubeugen, habe ich nunmehr die Entlassung von Kriegsgefangenen ganz verboten. Die nicht arbeitsfähigen Kriegsgefangenen sollen Ihrem Vorschlag entsprechend den örtlich zuständigen SS- und Polizeiführern übergeben werden.«[245]

Wurden die 12.000 Kriegsgefangenen also an Himmlers SS zur »Weiterleitung« übergeben? Bedeutete das »Sonderbehandlung«, also Liquidation?

Da von größeren Erschießungsaktionen in jener Zeit keine Spuren zu finden sind, ist es eher wahrscheinlich, dass die Gefangenen zur Zwangsarbeit nach Deutschland deportiert wurden. Dort wurden Arbeiter schließlich dringend gebraucht. Zumindest fand Ende September 1942 eine umfangreiche Versetzung sowjetischer Offiziere von Stalag 329 zunächst nach Stalag 365 Tschenstochau statt. Diese wurden am 29. September vor allem in den Wehrkreis XI Hannover in das Stalag XI B Fallingbostel weitertransportiert, von dort aus in verschiedenen Arbeitskommandos zur Arbeit eingesetzt. Die meisten haben offenbar das Kriegsende erlebt.[246]

Auch im März und September gab es offensichtlich noch Transporte nach Deutschland, wie man aus Berichten Überlebender weiß.[247] Was die Gefangen dabei zu erleiden hatten, lässt sich anhand eines Berichtes eines überlebenden sowjetischen Kriegsgefangenen ersehen. »Im Januar 1943 […] verlegte man uns […]. Zu essen gab man uns das, was man den Dorfbewohnern nahm – Körner der Vogelhirse, der Speisehirse, von Hafer und Gerste und Sonnenblumenkerne sowie ein Gefäß, in das etwa 400 ml Wasser hineingingen. Das musste für den ganzen Tag reichen. Statt Wasser nutzten wir den Schnee unter unseren Füßen.

(Dann) kamen wir […] in Güterwaggons, wie die Heringe wurden wir da reingestopft. Fünf Tage lang gab es nichts zu essen, danach gab man uns alle möglichen fauligen Überreste von Gemüse, Kartoffeln und Möhren. Ich konnte mich nur noch auf allen Vieren halten. Nach fünf Tagen nahm der Zug die Richtung Ukraine. Am 10. Tag gab es einen Becher mit angeschimmelten Sonnenblumenkernen, am 15. Tag einen Becher Weizen, auch faulig. Am 18. Tag erreichten wir Winniza (Ukraine), wo wir bis Herbstbeginn im September blieben.

Dann ging es weiter nach Polen, in das Lager Cholmy. Dort gab es ein Stückchen Brot, das bestand hauptsächlich aus Sägespänen, ca. 150 g. Statt Wasser bekamen wir Tee aus Eichelaufguss. Wasser gab es nicht. Eine Woche blieben wir dort, dann wurden wir wieder in Waggons verladen, fuhren durch ganz Deutschland bis nach Lothringen in Frankreich. Dort setzte man uns zur Arbeit in den Kohlegruben ein […]. Am 19. März 1945 befreiten uns die Amerikaner.«[248]

Die Gefangenenzahl im Stalag 329[249] war also höchstwahrscheinlich durch die Deportierung nach Deutschland mehr als halbiert. Obwohl später auch noch das Zweiglager Gaissin, das aus dem am 16. Juli 1943 aufgelösten Stalag 348 hervorging, zu Stalag 329 hinzukam, und – wegen des Rückzugs der deutschen Soldaten – am 19. Oktober 1943 auch noch das ehemalige Stalag 358 dem Stalag 329 angegliedert wurde, gab es immer weniger Gefangene im Stalag 329.

Im März 1943 waren es immerhin noch 9.533 Gefangene. Die letzte Zählung am 1. Oktober 1943 erfasste nur noch 1.959 gefangene Soldaten, wobei da noch nicht die hinzugekommenen Gefangenen aus Stalag 358 mitgezählt waren.

Feldwebel Ernst Reuß hatte mit diesen Vorkommnissen im Lager nur noch begrenzt zu tun. Er war Weihnachten 1942 auf Heimatbesuch und erkrankte auf der bitterkalten Zugfahrt zurück nach

Winniza schwer. Ab 6. Januar 1943 lag er mit einer linksseitigen Lungenentzündung und einer Embolie im Lazarett. Im März 1943 erlitt er einen Rückfall und wurde in die Heimat, ins Militärkrankenhaus Schweinfurt verlegt. Trotz eines inzwischen chronischen Herzleidens musste er noch einmal zurück in die Ukraine und erlebte das Ende von Stalag 329 mit.

Das Lager in Winniza wurde im November 1943, kurz vor der endgültigen Vertreibung der Deutschen aus der Ukraine, in die Nähe von Gumbinnen in Ostpreußen verlegt. Was beim Abzug aus Winniza mit den letzten Insassen geschah, bleibt im Dunklen. Nimmt man das Verhalten der deutschen Truppe zuvor zum Maßstab, kann man nur das Schlimmste befürchten. Weder für die »Sonderbehandlungen« noch für sonstige Todesfälle im Stalag 329 wurde ein deutscher Soldat je belangt.

Der erste Kommandant von Stalag 329 war 1874 geboren. Er war bis Ende Mai 1942 in Winniza tätig. Sein Nachfolger für die nächsten elf Monate war Jahrgang 1880. Beide sollen nach 1945 im Osten gelebt haben. Von Ermittlungen oder Gerichtsurteilen gegen sie durch Gerichte der Länder des sowjetischen Einflussbereiches ist mir nichts bekannt.[250] Das Verfahren gegen den letzten Kommandanten, geboren 1885 in Graz, wurde eingestellt, da die möglichen Verbrechen nach österreichischem Recht verjährt waren.

Der erste Abwehroffizier, der im Lager tätig war, wurde 1888 geboren und starb 1965, vor Beginn der Ermittlungen gegen Angehörige des Stalags. Der bereits erwähnte andere Abwehroffizier Max R. mit Geburtsjahr 1892 war nach dem Krieg – wie schon berichtet – aufgrund seiner Krebskrankheit nicht mehr vernehmungsfähig. Ende 1943 wurde Stalag 329 noch weiter zurück in die Lüneburger Heide verlegt. Am 21. Februar 1944 wurde das Lager in Oflag 83 umbenannt.

Ernst Reuß war danach bis 1945 im kroatischen Istrien im Stabe des Grenadierregiments 1047 tätig. Er war diensttuender Hauptfeldwebel.

Am 1. Dezember 1944 erhielt er das Kriegsverdienstkreuz 1. Klasse mit Schwertern, da er sich bei den Feldzügen im Osten besonders bewährt hatte. »Er […] hat sich als Schreiber 1 des Rgts.-Stabes bei der Aufstellung des Stabes durch große Umsicht und Fürsorge, durch unermüdlichen Fleiß und stete Einsatzbereitschaft über seine Pflicht hinaus besonders ausgezeichnet. Seit dem Einsatz in Pula hat er als 1. Schreiber beim Stab des Kampfkommandanten die gestellten Aufgaben, die erheblich größer waren als die eines Rgts. Schreibers, mit besonderer Gewissenhaftigkeit, Zuverlässigkeit und Geschick in unermüdlicher Arbeit bewältigt. Die anfänglich auftretenden Schwierigkeiten, die in Mangel an ausgebildetem Personal bestanden, hat er stets vorbildlich gelöst und sich zu einem wertvollen Mitarbeiter des Adjutanten gemacht. Durch seinen Diensteifer ist er ein leuchtendes und anspornendes Vorbild für seine Kameraden.«[251]

Wie stolz der schon sterbenskranke Ernst Reuß auf diese Auszeichnung am Ende des Krieges war, lässt sich nicht mehr ermitteln. Obwohl ein gewisser Stolz zu vermuten ist, denn unter den wenigen Gegenständen, die er nach dem Krieg aufbewahrte, befand sich diese Auszeichnung.

Die 237. Infanterie-Division, zu der die Stabskompanie 1047 zählte, war von August 1944 bis März 1945 zum Küstenschutz und zur Partisanenbekämpfung in Istrien eingesetzt. Das Grenadierregiment 1047 hatte im März 1945 verlustreiche Kämpfe zu bestreiten. Außerdem folgten starke Abwehrkämpfe der Division zum Schutz der Südflanke der Heeresgruppe Südost. Von April bis Mai 1945 erfolgten Rückzugskämpfe und schließlich die Kapitulation bei Villa del Nevoso. Es folgte für die meisten Angehörigen des Regiments eine Kriegsgefangenschaft in Jugoslawien.

Ernst Reuß hatte bereits im Februar 1945 erneut einen Rückfall erlitten und wurde ins Lazarett Pula in Kroatien eingeliefert. Beim Rückzug der deutschen Truppen wurde der schwer Herzkranke nach Triest, dann nach Udine, nach Tarvis und schließlich ins Hospital Lienz eingeliefert. Dort geriet er in englische Gefangenschaft.

Erst am 28. Dezember 1945, nach einem Jahr ohne Nachricht, erhielt seine Familie endlich das erste Lebenszeichen von ihm. Es war vom 19. November 1945. Ernst Reuß schrieb kurz aus dem inzwischen englischen Militärkrankenhaus. »Liebe Frau, liebe Kinder! Bin seit 11 Monaten ohne Nachricht. Mir geht es gut. Euch allen, herzliche Grüße. Auf ein baldiges Wiedersehen. In Liebe, Euer Papa.«[252] Das erste Lebenszeichen nach dem Krieg.

Schon bald danach, am 6. Januar 1946 wurde Ernst Reuß aus englischer Kriegsgefangenschaft entlassen.

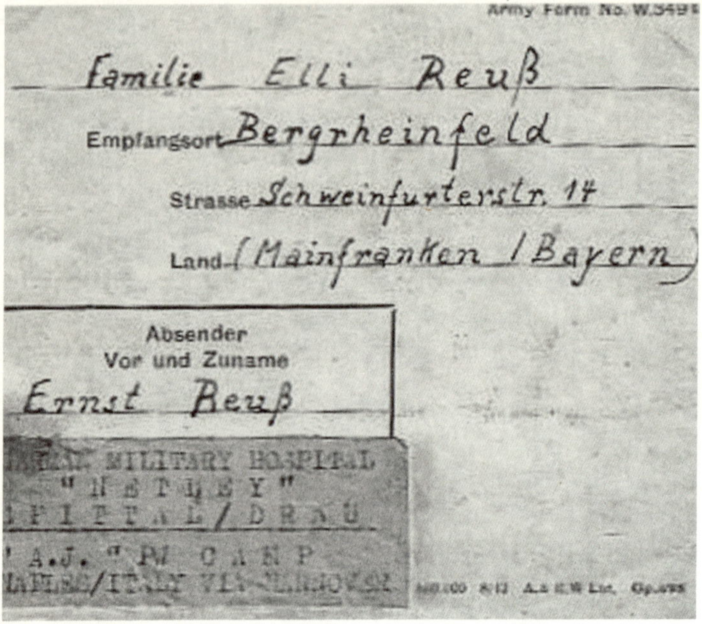

Erstes Lebenszeichen aus britischer Kriegsgefangenschaft

Er hatte jedoch in den folgenden Jahren aufgrund seiner schweren Krankheit nicht mehr all zu viel von der neu gewonnenen Freiheit. Im März 1946 wurde er erneut wegen seines Herzleidens in das Krankenhaus Schweinfurt eingeliefert. Ein Jahr später erlitt er eine linksseitige Lähmung und eine Gehirnembolie.

Körperlich ging es ihm schlecht. Ernst Reuß, das ehemalige Sportass aus Vorkriegszeiten, konnte fortan nur noch kurze Strecken gehen und musste sich dabei auf einen Stock stützen. Nachts musste jemand in seiner Nähe bleiben, um ihm dabei zu helfen sich aufzurichten, wenn er keine Luft bekam.

Am 12. April 1948 wurde er als Mitläufer gegen eine Geldbuße von 50 Reichsmark entnazifiziert.

Ernst Reuß versuchte immer wieder, als Buchhalter zu arbeiten, auch wenn selbst nichtkörperliche Arbeiten ihm schwer fielen und er unter Rückfällen zu leiden hatte.

Im August 1948 erfolgte die Einlieferung in das Versehrtenkrankenhaus Bad Kissingen. Im Juli 1949 erlitt er erneut eine Hirnembolie, wobei einige Organe in Mitleidenschaft gezogen

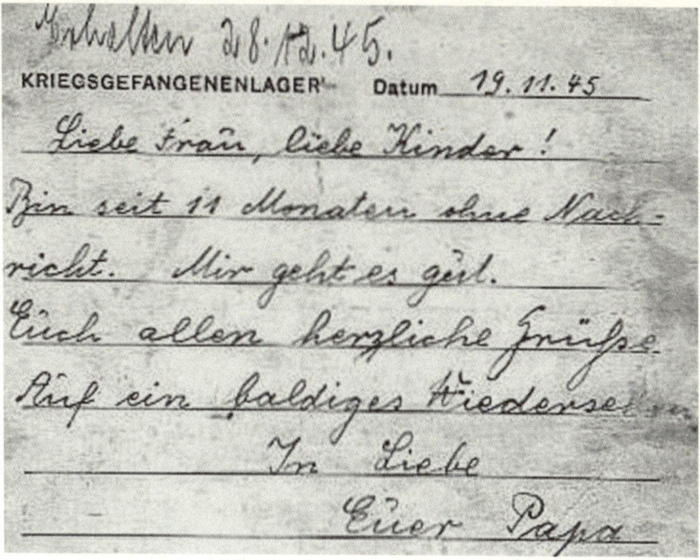

Erhalten 28.12.45.

KRIEGSGEFANGENENLAGER Datum 19.11.45

Liebe Frau, liebe Kinder!

Bin seit 11 Monaten ohne Nachricht. Mir geht es gut.

Euch allen herzliche Grüße.

Auf ein baldiges Wiedersehen.

In Liebe

Euer Papa

wurden. Am 13. April 1950 verstarb Ernst Reuß, mein Großvater, an der Herzkrankheit, die er sich während des Krieges zugezogen

Die Witwe Reuß mit den Söhnen Herbert, Harald und Dieter

hatte. Es bedurfte erst einer Klage, dass die Krankheit als Kriegsfolge anerkannt und seiner Witwe eine Rente ausgezahlt wurde, die das Überleben der nunmehr nur noch vierköpfigen Familie in der Nachkriegszeit sicherte.

Anmerkungen

97 Götz Aly, Endlösung, Frankfurt am Main 1995, S. 139 ff.
98 Christian Gerlach, Kalkulierte Morde, Hamburg 1999, S. 46ff. und 1128ff.
99 a. a. O., S. 1129.
100 BArch-Berlin, NS 18/537, Bl. 45.
101 Zitiert nach Niedersächsische Landeszentrale für politische Bildung, Sowjetische Kriegsgefangene, 1991, S. 14.
102 BArch-Berlin, NS 18/108, Bl. 123.
103 Ebenda.
104 Niedersächsische Landeszentrale für politische Bildung, Sowjetische Kriegsgefangene, 1991, S. 18.
105 RGBl., S. 2319: Verordnung zur Ergänzung der Strafvorschriften zum Schutze der Wehrkraft des Deutschen Volkes vom 25. November 1939.
106 Siehe u. a. die Beispiele in BArch-Berlin, R 3001 IV g 12 285/43, R 3001 IV g 12 75/43, R 3001 IV g 12 878/43, R 3001 IV g 13 6809/43 oder in Broszat-Fröhlich, Alltag und Widerstand, 1987, S. 569ff.
107 BArch-Berlin, NS 18/108, Bl. 70 f.
108 BArch-Berlin, R 3001 IV g 13 2189/42.
109 Ebenda.
110 BArch-Berlin, R 3001 III g 20, 15324/41.
111 Vgl. Streim, Die Behandlung sowjetischer Kriegsgefangener, 1981, S. 156ff.
112 Reichsgericht vom 28. Juni 1940 Az: 4 D 350/40, abgedruckt in Deutsche Justiz 1940, S. 875.
113 Siehe Wrobel, Strafjustiz Band 1, 1991, S. 136f.
114 Hans-Hermann Stopsack/Eberhard Thomas, Stalag VI A Hemer, Hemer 1995, S. 88ff.
115 Ebenda.
116 Ebenda.
117 Ebenda.
118 Ebenda.
119 Zitiert nach Stopsack/Thomas, Stalag VI A Hemer, 1995, S. 92.
120 Vgl. Streim, Die Behandlung sowjetischer Kriegsgefangener, 1981, S. 27 und Polian, Deportiert nach Hause, 2001, S. 27ff. Overmans, Die Kriegsgefangenenpolitik, 2005, S. 800, spricht von brüsker Ablehnung.
121 Vgl. Overmans, Die Kriegsgefangenenpolitik, 2005, S. 805f.
122 BArch-Berlin R 3901/20172, S. 131.

123 »Richtlinien für die Behandlung politischer Kommissare« vom 6. Juni 1941, zitiert nach Overmans, Soldaten hinter Stacheldraht, 2000, S. 21. Abgedruckt auch in Streim, Die Behandlung sowjetischer Kriegsgefangener, 1981, S. 356f.

124 Ernst Klee/Willi Dreßen, Gott mit uns, Frankfurt am Main 1989, S. 148.

125 Zitiert nach Haus der Geschichte, Kriegsgefangene, 1995, S. 40f.

126 Joe J. Heydecker/Johannes Leeb, Der Nürnberger Prozess, Köln 1979., S. 367f.

127 Guido Knopp, Der verdammte Krieg, 1991, S. 75.

128 a. a. O., S. 133.

129 Zitiert nach Aleander Dallin, Deutsche Herrschaft in Russland, Düsseldorf 1981, S. 435. Vgl. Streit, Keine Kameraden, 1978, S. 128ff.

130 Zitiert aus Niedersächsische Landeszentrale für politische Bildung, Sowjetische Kriegsgefangene, 1991, S. 17.

131 Auszug aus dem Befehl Nr. 270 des Oberkommandos der Roten Armee vom 16.8.1941, zitiert nach Haus der Geschichte, Kriegsgefangene, 1995, S. 138.

132 Haus der Geschichte, Kriegsgefangene, 1995, S. 136 ff.

133 In Rürup, Der Krieg gegen die Sowjetunion, 1991, S. 110. Vgl. Auch »Merkblatt für die Bewachung sowj. Kriegsgefangener«, ebd. Auch in: Streim, Die Behandlung sowjetischer Kriegsgefangener, 1981, S. 368ff.

134 Ebenda.

135 Zitiert nach Kohl, »Ich wundere mich, dass ich noch lebe«, 1990, S. 220 und Klee/Dreßen, Gott mit uns, 1989, S. 138.

136 Siehe Pohl, Die Herrschaft der Wehrmacht, 2008, S. 219 und Arnold, Besatzungpolitik, 2005, S. 395.

137 So Gerlach, Kalkulierte Morde, 1999, S. 800f.

138 Zitiert nach Haus der Geschichte, Kriegsgefangene, 1995, S. 163f.

139 Ebenda.

140 Ebenda.

141 Klee/Dreßen, Gott mit uns, 1989, S. 141f.

142 Ebenda.

143 Gerlach, Kalkulierte Morde, 1999, S. 811.

144 Michal Dorniak, zitiert nach Overmans, Die Kriegsgefangenenpolitik, 2005, S. 808.

145 Stiftung Sächsischer Gedenkstätten, Für die Lebenden, 2003, S. 51.

146 BArch-Ludwigsburg 302 AR-Z 597/67 Bl. 454.

147 BArch-MA Freiburg, MSg/200 517.

148 Klee/Dreßen, Gott mit uns, 1989, S. 141 f.

149 Ebenda.

150 BArch-Berlin, NS 18/537, Bl. 34.

151 Bericht vom 14. November 1941 von der Besichtigung des Dulags 142 in Brjansk, BArch-MA Freiburg, RH 22, 251, Bl. 48.

152 Ebenda.

153 Gerlach, Kalkulierte Morde, 1999, S. 808.
154 Ebenda.
155 BArch-MA Freiburg, RH 22/ 251, Bl. 44.
156 BArch-MA Freiburg, RH 22/ 251, Bl. 44.
157 So Gerlach, Kalkulierte Morde, 1999, S. 854f.
158 BArch-MA Freiburg, RH 22/ 251, Bl. 44.
159 Ebenda.
160 BArch-MA Freiburg, RW 6/ v. 276, Bl. 21.
161 Ebenda.
162 BArch-Berlin, R 58/1005, Bl. 6f.
163 Ebenda.
164 Zitiert nach Rürup, Der Krieg gegen die Sowjetunion, 1991, S. 109f.
165 Vgl. dazu auch beispielsweise Angrick, Besatzungspolitik und Massenmord, 2003, S. 160 unten.
166 EM 73 v. 4.9.1941, zitiert nach Krausnick, Hitlers Einsatzgruppen, 1985, S. 136.
167 Osterloh, Sowjetische Kriegsgefangene, 1995, S. 60.
168 BArch-Ludwigsburg 302 AR-Z 27/65 Band IV, Bl. 1126.
169 Vgl. Arnold, Besatzungspolitik, 2005, S. 130ff.
170 Siehe Hans-Adolf Jacobsen, Kommissarbefehl und Massenexekution sowjetischer Kriegsgefangener, in: Anatomie des SS-Staates, Band 2, 1965, S. 194; Bräutigam, So hat es sich zugetragen, 1968, S. 391, und Pohl, Die Herrschaft der Wehrmacht, 2008, S. 204ff.
171 Streim, Die Behandlung sowjetischer Kriegsgefangener, 1981, S. 63.
172 a. a. O., S. 137ff.
173 Angrick, Besatzungspolitik und Massenmord, 2003, S. 367.
174 Vgl. Ausschnitt aus der Autobiografie des Kommandanten von Auschwitz Rudolf Höss, in: Rürup, Der Krieg gegen die Sowjetunion, 1991, S. 115.
175 Vgl. Streim, Die Behandlung sowjetischer Kriegsgefangener, 1981, S. 98ff., und Datner, Crime against POWs, 1964, S. 322ff.
176 Schwarberg, Der SS-Arzt und die Kinder vom Bullenhuser Damm, Göttingen 1988, S. 33ff.
177 Ereignismeldung UdSSR Nr. 128 des Chefs der Sicherheitspolizei und des SD. Vgl. auch Müller, Okkupationspolitik, Berlin 1991; Streit, Keine Kameraden, Stuttgart 1978, S. 101.
178 BArch-Ludwigsburg 302 AR-Z 13/69.
179 BArch-Ludwigsburg 302 AR-Z 13/69 Bl. 142.
180 Ebenda.
181 Ebenda.
182 BArch-Ludwigsburg AR-Z 13/69, Bl. 42f.
183 BArch-Ludwigsburg AR-Z 13/69 Bl. 46f.
184 BArch-Ludwigsburg AR-Z 13/69 Abgabebericht Bl. 119f. bzw. LG Lüneburg Az: 2 a Js 221/69.
185 BArch-Ludwigsburg 302 AR-Z 597/67 Bl. 203.

186 Vgl. Streim, Die Behandlung sowjetischer Kriegsgefangener, 1981, S. 154f.
187 Otto Bräutigam, So hat es sich zugetragen, Würzburg 1968, S. 372.
188 Bericht vom 25. Oktober 1941 (Auszug); abgedruckt in Kohl, »Ich wundere mich, dass ich noch lebe«, 1990, S. 248.
189 Arnold, Besatzungspolitik, 2005, S. 355f.
190 Ebenda.
191 Zum Zustandekommen der Zahlen: Pohl, Die Herrschaft der Wehrmacht, 2008, S. 201.
192 Aus den Prozessakten zum OKW-Prozess; zitiert nach Friedrich, Gesetz des Krieges, 1993, S. 944. Roques beschreibt eine Selektion im Dulag 160 vom Mai 1942.
193 Vgl. Streit, Keine Kameraden, 1978, S. 10, 20, sowie 244ff.
194 Siehe Dallin, Deutsche Herrschaft in Russland, 1981, S. 440, und BArch-MA Freiburg, RW 6/ v. 452 und 453.
195 BArch-MA Freiburg, RW 6/ v. 276, Bl. 1.
196 Ebenda.
197 Zitiert nach Knopp, Der verdammte Krieg, 1991, S. 246f.
198 Befehl des Armee Oberkommandos 6 vom 10. Oktober 1941.
199 BArch-MA Freiburg, E A P 97/19; zitiert nach Streim, Die Behandlung sowjetischer Kriegsgefangener, 1981, S. 140 f.
200 Haus der Geschichte, Kriegsgefangene, 1995, S. 40f.
201 BArch-Berlin NS 18/537, Bl. 8f.
202 OKW-Befehl vom 24. Dezember 1941, BArch-MA Freiburg, RW 6/ v. 276, Bl. 9.
203 BArch-Berlin NS 18/537, Bl. 8f.
204 Protokoll vom 27. März 1942, BArch-Berlin NS 18/108, Bl. 171.
205 OKW vom 24. März 1942 BArch MA Freiburg, RW 6/278.
206 Ebenda
207 BArch-MA Freiburg RW 48/12, Bl. 203.
208 BArch-MA Freiburg, RH/23 261, Bl. 93.
209 Ebenda.
210 Streim, Die Behandlung sowjetischer Kriegsgefangener, 1981, S. 153.
211 Bräutigam, So hat es sich zugetragen, 1968, S. 372.
212 Vergleiche Seite 93, FN 177
213 Streim, Sowjetische Gefangene in Hitlers Vernichtungskrieg, 1982, S. 192ff.
214 Arnold, Besatzungspolitik, 2005, S. 213.
215 Siehe Herbert, Fremdarbeiter, 1985.
216 Zitiert nach Friedrich, Gesetz des Krieges, 1993, S. 368. Vgl auch Herbert, Geschichte der Ausländerpolitik, 2001, S. 138.
217 Streim, Die Behandlung sowjetischer Kriegsgefangener, 1981, S. 182.
218 Erlass abgedruckt in: Haus der Geschichte, Kriegsgefangene, 1995, S. 142.
219 Stopsack/Thomas, Stalag VI A Hemer, 1995, S. 87.
220 Zitiert nach Mai, Kriegsgefangen in Brandenburg, 1999, S. 111f.
221 Zitiert nach Herbert, Geschichte der Ausländerpolitik, 2001, S. 150.

222 a. a. O., S. 151.
223 a. a. O., S. 150ff.
224 Ebenda.
225 Vgl. Haus der Geschichte, Kriegsgefangene, 1995, S. 142ff.
226 BArch-Berlin, NS 18/537, Bl. 8f.
227 Abgedruckt in Stopsack/Thomas, Stalag VI A Hemer, 1995, S. 56ff.
228 Arnold, Besatzungspolitik, 2005, S. 100.
229 Vorlage für den Minister vom 21. November 1942, BArch-Berlin, NS 18/537.
230 BArch-MA Freiburg, RW 6/270, Bl. 233.
231 BArch-Berlin, R 5101/23088, Bl. 192.
232 Ebenda.
233 Merkblatt für die Bewachung sowjetischer Kriegsgefangener; in: Stopsack/Thomas, Stalag VI A Hemer, 1995, S. 61.
234 Ebenda.
235 Ein Sprecher der Krimtataren im Dezember 1941, aus: Angrick, Besatzungspolitik und Massenmord, 2003, S. 466f.
236 Laut Auskunft des Deutsch-Russischen Museums Berlin-Karlshorst.
237 Ereignismeldung Nr. 86 vom 17. September 1941, BArch-Berlin, R 58/217
238 Brief eines Frontarbeiters vom 9. Juli 1942, im Privatbesitz der Familie Weigand aus Euerbach/Bayern.
239 U. a. in BArch-Ludwigsburg, 202 AR-Z 907/60, Band 3, Bl. 407ff.
240 BArch-Berlin, NS 19/3 Bl 4.
241 Dallin, Deutsche Herrschaft in Russland, 1981, S. 427.
242 Vgl. BArch-MA Freiburg, RW 6/ v. 450, Bl. 32, 48, 59, 70, 82, 93, 101, 108, 119 und RW 6/ v. 451, Bl. 7, 17, 26, 35, 44, 52, 62, 71, 85, 94, 106.
243 BArch-Berlin, NS 19/3516 Bl. 53.
244 Ebenda.
245 BArch-Berlin, NS 19/3 Bl 6.
246 Auskunft von Herrn Dr. Reinhard Otto, Dokumentationszentrum Stalag 326 Senne.
247 13. und 76. Freitagsbrief, veröffentlicht auf der Homepage des Berliner Vereins: *www.kontakte-kontakty.de/deutsch/ns-opfer/freitagsbriefe/index.php*. Eine Auswahl liegt inzwischen auch gedruckt vor.
248 Ebenda.
249 Gefangenenzahlen in BArch-MA Freiburg, RW 6/ v. 450, Bl. 32, 48, 59, 70, 82, 93, 101, 108, 119 und RW 6/ v. 451, Bl. 7, 17, 26, 35, 44, 52, 62, 71, 85, 94, 106.
250 Vgl. BArch-Ludwigsburg AR-Z 13/69.
251 Verleihungsurkunde Kriegsverdienstkreuz 1. Klasse mit Schwertern, im Privatbesitz.
252 Erster Brief aus dem englischen Militärhospital vom 19. November 1945, im Privatbesitz.

Ein anderer normaler Soldat

Mein anderer Großvater, Lorenz Gerhard, Vater meiner Mutter, kam aus ärmlichen Verhältnissen. Er wurde als letztes von zehn Kindern am 5. August 1913 in Rottendorf bei Würzburg geboren.

Seine Eltern Barbara und Leo Gerhard hatten einen kleinen Bauernhof. Da die Landwirtschaft nicht allzu viel abwarf, versuchte Leo Gerhard nebenbei als Schmied die Existenz der vielköpfigen Familie zu sichern.

Lorenz Gerhard, der auf dem Hof auch hart mit anpacken musste, wurde in Würzburg zum Friseur ausgebildet. Nach der Lehre verdiente er seinen Lebensunterhalt als Akkordarbeiter in einer Fabrik in Schweinfurt. Die 40 Kilometer dorthin legte er täglich mit seinem Moped oder mit dem Zug zurück.

Bereits 1929 war in Rottendorf die erste NSDAP-Ortsgruppe des Landkreises Würzburg entstanden. Während 1928 lediglich zwölf Ortsbewohner die NSDAP wählten, waren es 1933 schon 215 der ungefähr 900 abgegebenen Stimmen. Obwohl Gewerkschafts- und Parteifunktionäre der linken Parteien schon heftigen Bedrohungen ausgesetzt waren, hatten KPD und SPD zusammen trotzdem ungefähr genauso viele Stimmen wie die Nationalsozialisten. Allerdings entschieden sich immer noch mehr als 50 Prozent der Wähler für die Bayerische Volkspartei.

Schon im September 1933 – nachdem die Nazis keine Partei mehr neben sich duldeten und alle anderen Parteien verboten hatten oder auflösen ließen – wurde das Gesuch eines Gemeinderatsmitgliedes, das darum bat, dass sich das Gremium für seinen im Konzentrationslager Dachau internierten Neffen einsetzen solle, abschlägig beschieden. Grund dafür war die angebliche Tatsache, dass dieser sich – trotz wiederholter Warnung – sich »im kommunistischen Sinn betätigt« habe. Das war nun – nur ein halbes Jahr nach der letzten freien Wahl, bei der noch 90 Ortsbewohner die KPD gewählt hatten – nicht mehr denkbar. Die mittlerweile agierenden Gemeinderatsmitglieder waren zum Teil ehemalige Angehörige der Bayerischen Volkspartei, die sich inzwischen der

NSDAP angeschlossen hatten. Auch in Rottendorf passte man sich den herrschenden Gegebenheiten anscheinend unverzüglich an.

Lorenz Gerhard war ein unpolitischer Mensch und wollte nichts mit der NSDAP und deren Organisationen zu tun haben. Er hielt nicht sonderlich viel von den braunen Machthabern und schimpfte öfters über die neuen »Führer«. Die Mahnung »Wenn du so weitermachst, kommst du noch ins KZ« bekam er häufig zu hören in seiner unmittelbaren Umgebung.

Am 20. Februar 1939 heiratete der inzwischen 25-Jährige die gleichaltrige Haushälterin Anna. Als Klassenkameraden kannten sie sich seit der Schulzeit. Schon sechs Monate später wurde ihre Tochter Gertrud geboren. Kurz nach ihrer Geburt begann der Zweite Weltkrieg.

Lorenz Gerhard hielt überhaupt nichts von einem Krieg und wollte auch kein Soldat werden. Das nützte ihm jedoch gar nichts.

Am 28. Januar 1942 wurde der Fabrikarbeiter Lorenz Gerhard zur 1. Kompanie des Infanterieersatzbataillons 41 nach Amberg einberufen. Diese Soldaten waren als frische Kräfte für die Ostfront vorgesehen. Nach kurzer Ausbildung wurde Gerhard schließlich in die 9. Kompanie des Infanterieregiments 170 nach Bad Mergentheim versetzt. Alles nicht sonderlich weit von seiner Heimat.

Jedoch unterstand seine Einheit der 73. Infanteriedivision, und die wurde 1942 am Kuban in Südrussland eingesetzt. Das war unvorstellbar weit weg für jemanden, der noch nie weiter als 50 Kilometer von seinem Heimatort entfernt war. Im Kubangebiet zwischen Rostow und Saratow sollte nach dem Willen der deutschen Besatzer eine Art Kosakenstaat aufgebaut werden, um als Puffer zwischen der Ukraine und dem Kaukasus zu dienen.

Die Kosaken waren Nachkommen russischer und ukrainischer Soldaten. Sie waren Abenteurer oder Bauern und bildeten eine soziale, kulturelle Einheit, ohne eine besondere Volksgruppe zu sein. Im Gegensatz zu den sonstigen Bewohnern des Gebietes wurden die Kosaken, die in Deutschland eine gewisse Lobby hatten, vom Status des »Untermenschen« ausgenommen. Das wiederum hatten Rassegutachter zu verantworten. Bei einer einflussreichen Minderheit von Rassentheoretikern galten die Kosaken nämlich als eine »nordisch-dinarische Rassenmischung mit starkem Blutsbande zur deutschen Ursprungsheimat«. Hitler persönlich erlaubte daher die Bewaffnung der Kosaken, die zur Partisanenbekämpfung und an der Front eingesetzt wurden. Ende 1943 sollen mehr als 20.000 Kosaken auf deutscher Seite gekämpft haben.[253] Allerdings kam es nie zur Errichtung eines Kosakenstaates, da sich die die Nazi-Truppen schon im Januar 1943 in vollem Rückzug befanden.

Die 73. Infanteriedivision beziehungsweise das 170. Regiment, in dem Lorenz diente, griff im Kubangebiet an und war danach in harte Abwehr- und Stellungskämpfe im Raum Krasnodar verwickelt. Zuvor – noch ohne Lorenz Gerhard – war das 170. Infanterieregiment am 31. August 1939 nach Polen aufgebrochen, nahm aber nicht mehr an Kampfhandlungen teil, da der »Blitzkrieg« bei Eintreffen schon so gut wie beendet war. Man machte kehrt und marchierte nach Frankreich.

Der erste Tote des Regiments wurde am 10. Oktober 1939 beklagt.

Nach dem Waffenstillstand mit Frankreich im Juni 1940 und einer kurzen Kampfpause wurde das Regiment am 20. Februar 1941 nach Rumänien verlegt, wo es am 10. März eintraf.

Der Kommandeur der 73. Infanteriedivision beschrieb das so: »Unsere damalige Aufgabe führte uns, aus Frankreich kommend, in den Balkan. In wochenlangen täglichen Märschen, zuerst in Schnee und Eis, dann in den Regengüssen des Frühjahrs, über Gebirgspässe, Flüsse und Ströme, auf Wegen, die sich in Morast verwandelten, beinahe ausschließlich in Biwaks auf freiem Felde, so zog die Division im ersten Teil ihres Marsches durch Rumänien und Bulgarien zur jugoslawischen Ostgrenze. Dann kam der Kampf.«[254]

Der Kampf in Jugoslawien dauerte nicht lange, und schon am 28. Juli 1941 begann für das 170. Infanteriebataillon der Einsatz in Russland. Auch dort ging es anfangs recht schnell. Schon drei Monate später begann der Vormarsch auf die Krim.

Von nun an gab es allerdings heftige Gegenwehr von sowjetischer Seite und Anfang Dezember auch eine Gegenoffensive der Roten Armee.

Die sowjetische Offensive verlor jedoch bis Ende Februar 1942 ihren Schwung. Mit der Ende März eintretenden Schlammperiode trat an der langen, blutigen Front eine Zeit verhältnismäßiger Ruhe ein. Nach Ende der Winterkämpfe betrugen die deutschen Gesamtverluste bereits fast 1,2 Millionen Mann.

Von den 162 deutschen Kampfdivisionen an der Ostfront standen nur noch acht für Offensivaufgaben zur Verfügung. Während sich die Truppen erholten, neu ausgerüstet und verstärkt wurden, plante Hitler, nunmehr auch Oberbefehlshaber des Heeres, die nächsten großen deutschen Offensiven – es sollten die letzten des deutschen Krieges sein. Die kämpfende Truppe verstärkte sich unter anderen mit dem Infanterieersatzbataillon 41 aus Amberg, dem Lorenz angehörte, sowie 27 rumänischen, 13 ungarischen, neun italienischen, zwei slowakischen und einer spanischen Division.

Die wirtschaftliche Ausbeutung des Kuban-Gebiets, der Bodenschätze des Kaukasus und der Ölquellen am Kaspischen Meer waren unabdingbare Voraussetzung für die Weiterführung des Krieges. Man zog deshalb alle verfügbaren Kräfte im Süden zusammen, um die Ölfelder am Kaukasus, das industriereiche Donezbecken und das Weizengebiet am Kuban zu erobern. Man wollte der Sowjetunion das Öl abgraben sowie die landwirtschaftlichen und industriellen Erzeugnisse in Beschlag nehmen. Deutschland brauchte nach Meinung der Naziführer die Ressourcen des Ostens. Außerdem sollte Stalingrad – heute Wolgograd – eingenommen werden. Das hatte auch symbolische Gründe. Diese Stadt, deren Namensgeber sein großer Gegenspieler war, wollte Hitler unbedingt besetzt sehen.

Mit dem Ende der Schlammperiode begann der Kampf im Osten erneut äußerst heftig. Im Mai 1942 scheiterte eine Offensive der sowjetischen Armee bei Charkow, bei der 250.000 sowjetische Soldaten in Gefangenschaft gerieten. Daraufhin begann die anfangs erfolgreiche deutsche Sommeroffensive, die sich jedoch auf den Südabschnitt beschränkte. Ende Juni 1942 wurde durch die deutschen Soldaten die gesamte Krim erobert. Diese Offensive Richtung Wolga und der kaukasischen Ölfelder stürzte die Sowjetunion in eine erhebliche Krise. Im August standen deutsche Truppen auf den Kaukasus-Höhen, konnten allerdings die Sowjets nicht entscheidend schlagen. Diese Angriffe führten bis weit in den Kaukasus und bei Stalingrad bis an den Unterlauf der Wolga.

Lorenz Gerhard, der Ende Januar 1942 eingezogen worden war, wurde bereits im März mit seiner neuen Einheit an der Front in Kämpfe verwickelt. Er gehörte als einfacher Gefreiter der 9. Kompanie des 170. Infanterieregiments an. »Kanonenfutter« nannte man diese kurz ausgebildeten Soldaten an der Ostfront: Da sie keinerlei Kampferfahrung hatten, war ihre Lebenserwartung an der Front nicht sonderlich hoch.

Bis Mitte 1942 waren die Verluste der 73. Division, der das 170. Infanterieregiment unterstellt war, relativ gering. Laut Kriegstagebuch waren im ersten Halbjahr »lediglich« 180 Soldaten im Kampf gefallen.

Liest man den Tätigkeitsbericht der Sanitätsabteilung, dann wurden andere Probleme vorrangiger behandelt: »Anfangs war das Auftreten von Geschlechtskrankheiten selten, in den letzten Monaten wurden verschiedentlich Trippererkrankungen gemeldet, deren Ansteckungsquellen in Taganrog zum großen Teil ermittelt und ausgeschaltet werden konnten. Ein Zunehmen der Geschlechtskrankheiten wurde auffallenderweise einige Zeit nach Einrücken rumänischer Truppen in Taganrog festgestellt.«[255]

Wie die »Ausschaltung« der Ansteckungsquellen aussah, kann man sich vorstellen. In mehreren Fällen ist die Erschießung von bis zu 50 geschlechtskranken Frauen dokumentiert.[256]

Offensichtlich gelang es in diesem Fall jedoch nicht gänzlich die Ansteckungsquellen »auszuschalten«, denn es gab später immer wieder eine relativ große Anzahl von Trippererkrankungen bei der kämpfenden Truppe.

Ursache dafür war möglicherweise auch das schlechte Beispiel von SS-Angehörigen. Das Einsatzkommando 10a hatte in Taganrog eine »Theatergruppe« gegründet, der vor allem hübsche russische Frauen und Mädchen angehörten, die sich nach der Vorstellung mit den SS-Angehörigen meist einig wurden und so ihre Lebensmittelration aufbesserten. Die Kommandoführung hatte für diesen Zweck außerhalb der Stadt geheime Treffpunkte in beschlagnahmten Häusern eingerichtet und eigene »Hausmeister« angestellt.[257] Derartige Ausschweifungen »der Truppe« konnten jedoch nicht darüber hinwegtäuschen, dass die Zahl der Verluste der Division kräftig anstieg, als Rostow angegriffen wurde. Am 22. Juli 1942 begann die Schlacht um den Kuban. Allein im August zählte die Division mehr als 200 tote Soldaten und ungefähr 1.000 Verwundete. Im September und im Oktober waren es 413 Gefallene sowie mehr als 2 000 Verwundete.

Über Rostow führte der verlustreiche Kampf bei hochsommerlichen Temperaturen von teilweise über 40 Grad und schwieriger Versorgungslage weiter bis ins Kubangebiet. Es ging Richtung Krasnodar und Noworossisk. Die Rote Armee zog sich zurück, doch ihre Artillerie- und Luftbombardements kosteten vielen deutschen Soldaten das Leben. Die 9. Kompanie, in der Lorenz seinen Dienst ableisten musste, hatte am 3. August 1942 nur noch drei Unteroffiziere und 25 Mann.[258]

Normalerweise bestand eine Kompanie aus mindestens 100 Soldaten. Nur jeder vierte Soldat der 9. Kompanie hatte den Marsch Richtung Krasnodar also überlebt. Es war sehr viel Glück im Spiel, dass der frontunerfahrene Lorenz Gerhard die ersten Schlachten überlebte.

Ein Zufall war es auch, dass er dort in der Ferne einen seiner besten Freunde aus dem Heimatdorf traf. Man hatte sich das Wiedersehen ganz anders vorgestellt, aber es half sehr, einen Freund in der Nähe zu wissen. Die Männer versuchten gemeinsam, die immer erbarmungsloser werdenden Gefechte zu überstehen, und sollten dies auch schaffen.

Im Wehrmachtsbericht vom Montag, den 10. August 1942, hieß es: »Wie durch Sondermeldung am 9. August 1942 bekanntgegeben, durchbrachen deutsche Infanteriedivisionen, hervorragend unterstützt durch Verbände der Luftwaffe, nach außergewöhnlichen Marschleistungen und in harten Kämpfen bei tropischer Hitze stark ausgebaute Stellungen nördlich des Kuban und nahmen die für die

Deutsche und rumänische Soldaten beim Überqueren des Kuban

feindliche Rüstungsindustrie wichtige Hauptstadt des Kubangebietes, Krasnodar.«[259]

Krasnodar war eingenommen. Im nachfolgenden Straßenkampf wurde die Stadt von den sowjetischen Soldaten »gesäubert«. Kein »Feind« wurde geschont.

Mit diesem Schwung ging es sofort weiter. Schon in der Nacht zum 15. August 1942 fuhr das 170. Infanterieregiment im Divisionsverband auf Sturmbooten über den Kuban. Noworossisk war das nahe liegende Ziel. Innerhalb von 16 Tagen hatte die Division bei glühender Hitze – heftig kämpfend – über 300 Kilometer zurückgelegt. Lorenz und andere Teile der geschundenen Truppe durften sich daraufhin erst einmal kurz in der Heimat erholen, bevor es zurück an die Front ging. Frisch ausgeruht wurden danach weitere Vorwärtskämpfe in Richtung Noworossisk unternommen. Es galt, Gegenstöße von zwei russischen Bataillons blutig abzuwehren.

Am 3. September trat die 73. Infanteriedivision zum geschlossenen Angriff auf Noworossisk an. In blutigem Häuserkampf wurde der wichtige Marinestützpunkt Noworossisk eingenommen. Zuvor hatte der Stab noch folgende Order bekannt gegeben: »Das Betreten der Stadt Noworossijsk ist ab sofort für alle Zivilisten (auch in Verbindung mit deutschen oder rumänischen Kommandos) verboten. Jeder Zivilist, der in Noworossijsk angetroffen wird, wird erschossen.«[260] So geschah es denn auch. Es wurde ziemlich gründlich »gearbeitet«. Die Zerstörung von Noworossisk war nur noch mit der von Stalingrad zu vergleichen. Überdies wurden nahezu alle Bewohner der Stadt, denen die Flucht nicht gelungen war, umgebracht oder zur Zwangsarbeit verschleppt. Letztendlich überlebte in der Stadt nur eine Handvoll Menschen.

Der Wehrmachtbericht vom Montag, den 7. September 1942, klang da sehr viel heroischer: »Wie durch Sondermeldungen bekanntgegeben, ist die Land- und Seefestung Noworossisk, der letzte Kriegshafen von Bedeutung, der nach dem Fall von Sewastopol der sowjetischen Schwarzmeerflotte noch verblieben war, gefallen. Württembergische, badische, fränkische und hessische Divisionen unter Mitwirkung rumänischer Kavallerieverbände haben in tagelangen harten Festungskämpfen unter schwierigsten Geländeverhältnissen diesen stolzen Waffenerfolg errungen. Die Beute ist noch nicht abzusehen.«[261] Allerdings konnte der Hafen nicht benutzt werden, da sich auf der anderen Seite der Hafenbucht die sowjetischen Truppen hielten.

Am 14. September 1942 drang auch das 170. Infanterieregiment unter Gegenwehr in die Stadt Noworossisk ein. Zuvor war es in Kämpfe um die Berghöhen, welche die Stadt umschlossen, verwickelt. Nachher war das Regiment mit Stellungskämpfen in der Umgebung von Noworossisk beschäftigt. Immer wieder kam es zu Verlusten durch Infanteriebeschuss, Bomben oder Partisanenangriffe. Danach durfte Lorenz erneut zum Urlaub in die Heimat, denn bis Februar 1943 blieb es in den Wald- und Bergstellungen des Regimentes verhältnismäßig ruhig. Zu Hause angekommen äußerte Lorenz Gerhard sein Unbehagen gegenüber dem Wüten im Osten. Er mutmaßte im privaten Kreis: »Wenn wir das nicht noch büßen müssen, was wir denen antun.«

Zwischen 21. Juli 1942 und 31. März 1943 registrierte die 73. Division 1.299 Tote, 109 Vermisste und 5.907 Verwundete.[262]

In den Tätigkeitsberichten der einzelnen Abteilungen der Division wurde alles penibel aufgelistet: Die Sanitätsabteilungen meldeten vom 21. Juli 1942 bis zum 31. März 1943, dem Berichtszeitraum, 2.006 Abtransporte mit Flugzeugen, 11.009 Abtransporte mit dem Krankenwagen und 2.859 Abtransporte mit der Eisenbahn. Selbst der katholische Divisionspfarrer, Wehrmachtsoberpfarrer Prof. U., meldete in seinem Bericht kurz, was vorgefallen war. Er hatte 187 Gottesdienste abgehalten, an denen 21.482 Soldaten teilnahmen, und 18.994-mal die Kommunion ausgeteilt. Wie er zu diesen Zahlen kam, bleibt rätselhaft, denn bei der Anzahl der Beerdigungen nahm er es offensichtlich nicht so genau: »Alle Beerdigungen, die mir bekannt wurden, sind auch von mir vorgenommen worden.«[263] Seine Beförderungen und Verdienste nahm der Pfarrer dagegen anscheinend wiederum äußerst wichtig. »Im April 1942 wurde mir das […] Kriegsdienstverdienstkreuz 1. Klasse mit Schwertern überreicht. Am 15. 7. 42 erhielt ich die Medaille ›Winterschlacht im Osten 1941/42‹. Am 5.11.42 bekam ich das Krimschild. Am 1. 2. 43 wurde ich zum Wehrmachtsoberpfarrer ernannt.«[264]

Auch im Kubangebiet gab es zahlreiche Verbrechen. Vor allem hinter der Front wurde erbarmungslos »gesäubert«. Es gab dort willkürliche Erschießungen und sogar Vergasungen.

Dafür hatte man erstmals Vergasungswagen vorgesehen. Man hatte sich diese neue Mordmethode ausgedacht weil sich die Erschießungen für die braunen Machthaber als »zu wenig effektiv« herausgestellt hatten und die Nerven der an den Erschießungsaktionen beteiligten Mörder geschont werden sollten.[265]

Wegen solcher »Säuberungen« mittels eines Gaswagens wurde nach dem Krieg von der Zentralstelle in Ludwigsburg ermittelt. Eine unter vielen Zeugenaussagen belegt diese Verbrechen.

»Ich konnte [...] beobachten, wie der Gaswagen rückwärts an die hintere Tür des Hauses gefahren wurde. Es wurden dann Männer und Frauen, ich nehme an, dass es Juden waren, aus unserer Unterkunft geführt, und diese mussten in den Gaswagen einsteigen. Ich glaube, dass diese Leute vorher im Keller eingesperrt gewesen waren. Ich habe diesen Wagen mindestens an jenem Tag drei- oder viermal fahren sehen. [...] Er kam meiner Ansicht nach jeweils nach einer halben Stunde zurück.«[266]

Invalide Gefangene und solche, die nicht gehen konnten, wurden bei derartigen Gasaktionen in drei Schichten aufeinander geschichtet. Ein Offizier, der sich vor allem Sorgen um den Seelenzustand der deutschen Wehrmachtsangehörigen machte, berichtete: »Das Wimmern, Schreien und Flehen der verstümmelten und kranken Kriegsgefangenen sowie deren Anblick war für die deutschen Wehrmachtsangehörigen ein erschütterndes, unvergessliches Bild.«[267] Von solchen »Vergasungsaktionen« waren vor allem Juden, aber auch Geisteskranke und behinderte Kinder betroffen. Die Verantwortlichen priesen die »Humanität« dieser Tötungsart.

Offensichtlich glaubten sie selbst an ihre »humanitäre Mission«, was man sich nur mit der offensichtlich bestens funktionierenden Nazipropaganda erklären kann. Anscheinend war es wirkungsvoll gelungen, Juden, Geisteskranke und Behinderte vollkommen zu »entmenschen«. Die Propaganda fiel auch bei durchaus gebildeten Menschen auf mehr als fruchtbaren Boden. Der für die Vergasungen mitverantwortliche SS-Kommandoführer Dr. Kurt Christmann sagte nach dem Krieg bei der Staatsanwaltschaft aus: »In Krasnodar habe ich auch erstmals im Leben einen sogenannten Gaswagen gesehen. Es handelte sich um ein Fahrzeug, das in etwa so aussah wie ein geschlossener Kübelwagen. An der Rückseite des Wagens befand sich eine Doppeltür [...] Es mögen [...] so etwa 60 Personen in ihn hineingegangen sein, dann allerdings nur dichtgedrängt. [...] Meiner Schätzung nach kam dieses Fahrzeug alle 2-3 Wochen in den Einsatz [...]. Wie ich das erste Mal den Einsatz erlebte, erkundigte ich mich bei einem Führer über den Vorgang. Er sagte mir, dieser Wagen stellt die modernste Errungenschaft der Technik dar, um Todeskandidaten auf die humanste Weise schnell und schmerzlos zu töten.«[268]

Schuldbewusstsein hört sich anders an. Offensichtlich hatte der promovierte Jurist Dr. Christmann wenig Skrupel wegen der Vergasungen. Schließlich tötete man ja sauber, schnell und angeblich schmerzlos, also »human«.

Das grauenhafte Wüten der deutschen Herrenmenschen zeigt sich an ihm bestens. In der Zeugenvernehmung kam folgende schreckliche Episode über ihn ans Tageslicht. Sein ihm als Kommandoführer zur Seite gestellter Dolmetscher berichtete: »Unter der Leitung von Christmann habe ich an zwei größeren Aktionen teilgenommen. Anlass zur ersten Aktion war, dass etwa 2 Fahrstunden in nordwestlicher Richtung von Krasnodar entfernt mehrere Wehrmachtsangehörige aus dem Hinterhalt erschossen worden waren. Ein großer Teil des Kommandos rückte dorthin aus, und es wurden Verhöre durchgeführt. Am Ende dieser Verhöre waren etwa 16 Personen, worunter sich ca. 5 Frauen befanden, als Verdächtige festgestellt worden. Diese 16 Personen wurden auf einen Lkw geladen und mitgenommen. Es wurde schon dunkel, als Christmann, der in einem Pkw vorausfuhr, die Kolonne anhalten ließ. Es musste alles aussteigen. Die Gefangenen wurden rechtsseitig der Straße bis zu einem mindestens 200 Meter entfernten Fluss geführt. Die Gefangenen mussten sich dort an der steilen Böschung dieses Wasserlaufes aufstellen und wurden mit Maschinenpistolen erschossen. Es ist nicht so zu verstehen, dass sie alle gemeinsam erschossen worden sind. Ich hatte es den Gefangenen zu übersetzen, dass sie sich ausziehen sollten und danach an die Böschung des Flusses vorzugehen hatten. Wer jeweils fertig war, musste vortreten und wurde erschossen. Die Leichen fielen ins Wasser. Man hörte jedenfalls das Wasser platschen.«[269]

Es ist zu vermuten, dass Christmann glaubte, auch mit seiner weiteren Handlungsweise »humanitäre« Ideale zu verfolgen und »edelmütig« zu sein. »Zum Schluss war es so, dass noch eine Familie, man sah, dass diese Leute zusammengehörten, übrigblieb. Die beiden älteren Leute, es waren die Eltern, wie ich später erfahren sollte, hatten sich wohl schneller ausgezogen und waren schon zur Böschung gegangen. Ein junges hübsches Mädchen, etwa 18 Jahre alt, brauchte einige Zeit zum Ausziehen, und Christmann, der höchstens 5 Meter von ihm entfernt stand, sah ihm zu. [...] Das Mädchen jammerte in einem schreienden Weinen. Christmann sah ihm, wie gesagt, zu, und plötzlich rief er mir zu, ich solle dem Mädchen auf russisch sagen, dass es sich wieder anziehen solle. [...] Das Mädchen war angesichts dessen, dass man seine Eltern erschossen hatte, ganz weg. Es hatte vorher nicht darum gebeten, es am Leben zu lassen. Als ich ihm gesagt hatte, dass es sich anziehen sollte, hörte es sofort zu weinen auf, und ich habe noch geholfen die Kleider wieder zusammenzusuchen, denn es war inzwischen schon fast dunkel geworden.«[270]

Anderen Militärangehörigen war dies wohl zu viel »Menschlichkeit«. Dem Fahrer gefiel das Verhalten seines Vorgesetzten überhaupt nicht, wie man aus dem Bericht des Dolmetschers entnehmen kann. »Ich bin mit dem Mädchen dann zum Wagen von Christmann gegangen und habe dem Fahrer gesagt, dass Christmann befohlen habe, es solle sich in den Wagen setzen. Der Fahrer fing daraufhin zu toben an und schimpfte, dass ich ihm Wanzen und Läuse in den Wagen bringen würde.«[271]

Angeblich hatte die »Gerettete« danach ein Verhältnis mit ihrem »Retter« und durfte noch ein bisschen weiterleben, obwohl einige andere die potenzielle Zeugin der Tat lieber zum Schweigen gebracht hätten. »Von [...] dieser Zeit an war das Mädchen dann ständig beim Kommando. Sein Vorname war Olga, und es wurde bei uns auch immer so gerufen. Ich sah sie, wie sie die Zimmer aufräumte und vielfach auch servierte. In der Küche habe ich sie nicht gesehen. Es war beim Kommando ein offenes Geheimnis, dass Christmann etwas mit dem Mädchen hatte. Es getraute sich nur niemand etwas zu sagen. Die Hilfswilligen hatten schon bei der Exekution, bei der ihre Eltern erschossen wurden geschimpft, was da der Alte für einen Mist macht, die Eltern erschießt er, und das Mädchen lässt er laufen. Es hätte doch zu den Russen überlaufen und dort berichten können, was vorgefallen war. Olga [...] blieb von Krasnodar aus die ganze Zeit beim Kommando. [...] Christmann hatte sich seiner besonders angenommen. Auf dem Weg nach Temrjuk machte das Kommando [...] in Krymskaja für einige Tage

Station. Wir waren schon einen oder zwei Tage dort, als eines Morgens [...] L. zu mir kam und sagte, ich solle mitkommen, er wolle mir etwas zeigen. Die Ortschaft, in der wir lagen, grenzte an einem kleineren See. An die Böschung des Sees führte mich L. und sagte, ich solle da mal hinunterschauen. Ich sah eine bekleidete Frau etwa 20 Meter von der Böschung entfernt im Wasser schwimmen. Ich konnte das Gesicht allerdings nicht erkennen. L. fragte mich, ob ich diese Frau kenne. Ich habe da wohl etwas dumm geschaut, und L. klärte mich dann auf, indem er sagte: Das ist doch die Olga.

Auf meine Frage, welche Olga dies sei, sagte er: Na, Mensch, dem Alten seine Olga. Weiter sagte er: Weißt du das nicht, der Alte hat sich doch die Pfeife verbrannt und ist schon weg.

Christmann musste damals jemandem den Auftrag gegeben haben, die Olga wegzuräumen. Man hat es damals beim Kommando stark vermutet, und ich meine es heute auch noch, dass dies Christmanns Fahrer war, der die Olga erledigt hat. Dass Christmann es selbst gemacht hat, glaube ich nicht einmal.«[272]

Inwieweit es sich bei dieser Zeugenvernehmung um mehr als ein Gerücht handelt, bleibt letztlich im Dunkeln. Christmann wäre jedenfalls nicht der Einzige gewesen, der trotz der »Rassenschande« eine Jüdin mit dem Versprechen, sie zu retten, zu sexuellen Diensten genötigt und dann ermordet hätte.[273] Olga blieb allerdings von da an verschwunden. Die diesbezüglich 1966 durchgeführten Ermittlungen der Staatsanwaltschaft München führten, trotz der reichlich vorhandenen Verdachtsmomente, zu keiner Verurteilung.

Diese Episode kann daher durchaus als Beispiel für das grausame Verhalten der deutschen Besatzer herangezogen werden. Menschen, die vorher ein normales, bürgerliches Leben geführt hatten, konnten nun ihre Machtgelüste ausleben und sich als Herren über Leben und Tod fühlen.

Um ihre Schreckensherrschaft im Kubangebiet noch zu komplettieren, ließen die Deutschen – kurz bevor sie zum Rückzug blasen mussten – noch rasch einige Gefangene in den verschiedenen Stadtteilen von Krasnodar »zur Abschreckung« aufhängen. Nachdem schon alles in Auflösung war, wurde noch schnell ein Lkw aus dem »Fundus« der Gefangenen im Keller des Kompaniegebäudes vollgeladen und eilig jeweils ein Gefangener in den verschiedenen Stadtteilen aufgeknüpft.[274] In einer öffentlichen Verhandlung vom 12. bis 23. November 1947 wurden der Befehlshaber der 17. Armee, die im Kubangebiet und auf der Krim im Einsatz war, sowie elf weitere Wehrmachtsangehörige zu 20 bis 25 Jahren Haft verurteilt.

Gegenstand dieses Prozesses war unter anderem das Abbrennen eines Lastkahns mit verwundeten kriegsgefangenen Rotarmisten in Sewastopol; außerdem die Deportation der Bevölkerung und die Zerstörung von Betrieben im Kubangebiet sowie die Schaffung einer sogenannten »toten Zone« durch die vollständige Zerstörung von Ortschaften und Ermordung ihrer gesamten Bevölkerung in den Partisanengebieten der Krim.[275]

Am 8. August 1942 waren die Ölfelder von Maikop erobert worden. Zwei Wochen später hatten Verbände der deutschen 6. Armee die Wolga nördlich von Stalingrad erreicht. Im September begannen die Kämpfe um das heutige Wolgograd. Im Oktober war die Stadt zu 90 Prozent besetzt. Ein sowjetischer Brückenkopf am Westufer der Wolga unter General Tschuikow konnte jedoch nicht endgültig geschlagen werden.

Anfang November unternahm die Wehrmacht ihren letzten Angriffsversuch, um nach Grosny und Baku durchzubrechen. Die Truppen wurden jedoch endgültig zum Stehen gebracht.

Am 19. November 1942 begann die sowjetische Gegenoffensive, die mit dem Wintereinbruch zur Einkesselung der 6. Armee und rumänischer Verbände führte.

Viele Publikationen beschäftigen sich mit der Niederlage bei Stalingrad. Einige mit den persönlichen Schicksalen deutscher Soldaten vor Ort und mit deren Briefen an die Heimat. Exemplarisch beschreiben zwei Feldpostbriefe vom 17. Januar 1943 die ausweglose Lage kurz vor der Kapitulation. Erstaunlich, dass die Briefe überhaupt noch ihre Empfänger erreichten. »Am 16.1. haben wir 6 Mann 1 Brot bekommen, das muß natürlich 3 Tage langen, […] unser Mittagessen, das ist das blanke Wasser, das kann man gleich aus der Feldflasche trinken, also kräftig Kohldampf schieben. Liebe Mutti, […] ich bring meine Beine nicht mehr fort, auch anderen geht es so, also vor Hunger; bei uns ist da ein Kamerad gestorben, nichts mehr im Körper hat er einen Marsch gemacht, also unterwegs ist er vor Hunger zusammengebrochen u. vor Kälte gestorben, also die Kälte hat ihm den letzten Rest gegeben. Also, liebe Mutti, es muss bald anders werden, sonst geht es noch mehreren so. […] Liebe Mutti, zu rauchen gibt es auch sehr wenig, wir rauchen schon

Tee in der Pfeife, also es ist alles sehr traurig bei uns [...] Liebe Mutti, hoffentlich geht der Kessel bald auf, sonst müssen wir alle sterben vor Hunger, wir hoffen das Beste, und wenn uns der Liebe Gott beisteht, dann wird wohl alles wieder gut werden, nicht wahr. Es ist bloß gut, dass wir jetzt gerade etwas Ruhe haben, sonst wären wir längst kaputt.«[276]

Ein anderer Soldat schrieb: »Der Kampf ist hart, und ich denke, dass Du ne kleine Vorstellung Dir machen kannst, wenn ich Dir schreibe, dass wir noch 18 Mann mit Kranke und Verwundete sind. Solche schwere Tage hat noch keiner mitgemacht wie wir hier bei Hunger und Kälte, und dies nun schon volle 60 Tage, keine Post, 200 g Brot und eine dünne Suppe, die wir abends bekommen, auch manchmal ausblieb, ja liebe Edith, jetzt haben wir erfahren, wie Hunger weh tut, wir wollen aber aushalten bis zum Letzten, hier geht es nur noch auf Leben oder Sterben [...]. Habe Chefs verloren, jetzt haben wir nur noch unseren Spieß, das ist alles. Ja liebe Edith, wer hier mit heilen Knochen rauskommt, der hat Glück [...]

Der Russe hat seine Waffen richtig für den Winter gebaut, man kann sich ansehen was man will: die Artillerie, Granatwerfer, Stalinorgeln und Flieger. Das geht Tag und Nacht pausenlos nieder, und wir müssen mit jedem Schuss sparen, da es die Lage nicht erlaubt. Wie wir uns wünschen, wieder einmal richtig schießen zu können. Unser Weihnachtsgeschenk war ein halbes Brot, das war eine Freude. Ich glaube kaum, dass Dir das Weihnachtsgebäck so gut geschmeckt hat wie unser halbes Brot. Ja, liebe Edith, dieser Boden in Stalingrad hat schon manches gekostet. Ich würde mich freuen wie ein kleiner Junge, wenn es hier wegginge.

Jetzt hausen wir schon monatelang in Erdlöchern. Kein Haus, nichts wie elende Steppe, die schon so viel Leid über manche Familie gebracht hat. Man wird oft so gleichgültig, es blieb manch einer in seinem Loch liegen, dem es gleich war, ob früher oder später zu sterben, denn es wird einem ja so leicht gemacht hier. Aber wenn man an zu Hause denkt und an Deutschland, dann reißt man sich doch wieder hoch, hält wieder aus. Ja dieser Winter ist um das doppelte schlimmer wie der letzte, denn hungern brauchten wir ja doch nicht. Denke, liebe Edith, mir wurden so viele Weihnachtspäckchen geschickt und nun bekommen wir keines davon. Gerade jetzt, wo wir es so nötig hätten, aber leider ist Munition und Brennstoff viel wichtiger wie Post, das sehen wir ja auch ein.«[277]

Am 31. Januar 1943 gaben die eingeschlossenen Truppen – geschwächt, dezimiert und krank – auf. Von ehemals 260.000 Mann, die Stalingrad erstürmen sollten, gingen gerade einmal 91.000 Überlebende in Gefangenschaft. Es waren die Übriggebliebenen der Panzerdivisionen, der motorisierten Divisionen, der Jäger- und der Flakdivisionen sowie der Infanteriedivisionen. Die Überlebenden kamen aus Deutschland, Rumänien und Kroatien.

Nur ungefähr 6.000 der durch die langen Kämpfe vom Hunger geschwächten und oft schwerkranken Kriegsgefangenen sollten die Kriegsgefangenschaft beziehungsweise die Fußmärsche zu den Gefangenenlagern überleben. Viele Generäle – unter ihnen auch Generalfeldmarschall Paulus – gingen in Kriegsgefangenschaft. Er und andere Soldaten schlossen sich später dem Nationalkomitee »Freies Deutschland« (NKFD) und dem Bund der Offiziere (BdO) an. Viele gingen nach der Kriegsgefangenschaft in die DDR.

Die Belagerung von Stalingrad durch die Wehrmacht stellte ein Massaker größten Ausmaßes dar. Es kostete ungefähr 450.000 sowjetischen Soldaten das Leben. Aufgrund der monatelangen Belagerung gab es auch sehr große Verluste unter der Zivilbevölkerung. Wie viele Opfer es in der Stadt zu beklagen gab, lässt sich allerdings nicht mehr genau rekonstruieren.

Nach anfänglichen Erfolgen hatte das deutsche Heer also diesen größtmöglichen Misserfolg von Stalingrad zu verkraften. Diese dramatische Niederlage wie der Sieg der Briten bei el-Alamein in Ägypten über das deutsche Afrika-Korps im Herbst 1942 markierten den Wendepunkt des Krieges. Angloamerikanische Truppen landeten in Nordafrika, und Italien trat nach dem Sturz Mussolinis im Herbst 1943 aus dem Achsenbündnis aus. Aus Sicht Berlins war daher ein verstärktes Engagement in Südeuropa notwendig. Frische Truppen für die Ostfront blieben deshalb Wunschdenken der deutschen Heerführer in der Sowjetunion. Die Südfront in der Sowjetunion brach völlig zusammen und konnte nur noch mit Mühe vor dem Donezbecken wieder aufgebaut werden.

Das 170. Infanterieregiment, das inzwischen als Grenadierregiment firmierte, hatte sich in Noworossisk eingerichtet. In einem Erholungsheim, bei bester Verpflegung, konnten sich die Soldaten mit Musik und Tanz jeweils für acht Tage erholen. Im Februar 1943 versuchte die Rote Armee, mit Landungsbooten einige verlorene Stellungen bei Noworossisk zurückzugewinnen. Das Unternehmen scheiterte jedoch. Ebenso scheiterte im April 1943 der Versuch der Wehrmacht, die Rote Armee aus ihrem Brückenkopf im Hafen von Noworossisk zu vertreiben. Beide Seiten hielten ihre Stellungen.[278]

Im Laufe der Zeit wurden die Ziele der deutschen Armee immer mehr zurückgenommen. Inzwischen versuchte man mit der 73. Division nur noch, den sogenannten Kuban-Brückenkopf zu halten. Dorthin hatte sich die Heeresgruppe A zurückgezogen, nachdem ihr Vorstoß zum Kaukasus gescheitert war. Lorenz Gerhard und sein Regiment waren – wie die ganze 73. Division – von nun an in heftige Abwehrkämpfe im Raum Noworossisk verwickelt, die bis August 1943 dauern sollten.

Bei diesen Kämpfen wurde Lorenz Gerhard Anfang Juli 1943 – kurz vor der letzten deutschen Großoffensive bei Kursk – bei einem Granatenangriff schwer verletzt und in ein Luftwaffenlazarett verlegt. Insgesamt gab es im Juli 1943 bei der 73. Division 1.040 transportfähige Verwundete und 80 Gefallene. 119 Schwerverwundete waren nicht transportfähig. Lorenz Gerhard war transportfähig und wurde von der Luftwaffe ausgeflogen. Er schrieb am 18. Juli 1943 aus einem Luftwaffenlazarett auf der Krim-Halbinsel an seine Familie. »Liebe Anna! Will Dir heute wieder ein paar Zeilen schreiben, da es mir ja so gut geht. Nur viele Schmerzen muss ich ertragen, aber es geht alles vorüber.

Nun, lb. Frau, will ich Dir einiges von meiner Krankheit erzählen. Ich glaube, das wird Dich bestimmt mal ein wenig interessieren. Ich bin schwer verwundet mit dem Flugzeug von Noworossisk bis nach Simferopol geflogen. Ich habe an diesem Tag, es war gerade an Deinem Geburtstag am 2. Juli, 40 Fieber gehabt. Da gibt das Fliegen keinen Spaß. Jetzt bin ich gut in einem Luftwaffenlazarett untergebracht.

Meine Verwundung ist am Oberschenkel, Oberarm und an der linken Halsseite. Letztere drang bis zur Brustwarze, und der Splitter ist heute noch drin. Er hat den Nerv an meinem linken Arm getötet, so dass ich ihn gar nicht bewegen kann. Am Oberschenkel hatte ich mehrere Splitter, die aber schon entfernt sind.

Mein Oberschenkel ist seitlich offen, eine Wunde von 20 cm Länge, und sind Gummiröhrchen vorhanden, wo der Dreck rausgeht. Am Oberarm hatte ich auch wie Splitter, die sind auch schon herausgenommen. Heute Nacht habe ich zum ersten Male ein paar Stunden schlafen können.«[279]

Der verwundete Soldat Gerhard beklagte sich über seinen schlechten körperlichen Zustand. »Ich werde rumgefahren wie ein altes Männlein und kann auch schlecht liegen. In dieser Woche werde ich mit Lazarettzug weiter zurückkommen, ins Reich! Dann wird's noch eine Weile dauern, bis ich zu Euch auf Urlaub komme. Da wird aber nicht mehr so ein kräftiger Lorenz kommen wie sonst! Ich werde nur noch die Hälfte sein wie sonst. Liebe Anna, Du hast ja gesagt, wenn du nur wiederkommst. Jetzt bin ich halt nur noch ein halber Mensch. Der Splitter in der Brust wird beim Atmen noch viele Sorgen machen.«[280]

Außerdem erkundigte er sich bei seiner erneut schwangeren Frau: »Hat wohl der Storch schon Einzug gehalten?«[281]

Am Tag nach der Absendung dieses Briefes wurde sein zweites Kind, Karl-Robert, geboren. Lorenz Gerhard wusste davon nichts. Er hatte 17 Granatsplitter in seinem Körper und versuchte – im wahrsten Sinne des Wortes – wieder auf die Beine zu kommen.

Während er im Lazarett lag, erfuhr Deutschland zwei weitere entscheidende Niederlagen: Die U-Boot-Offensive im Atlantik erlahmte, und im Juli 1943 vertrieb die Rote Armee die deutschen Truppen aus dem Kursk-Bogen.

Mit der Schlacht bei Kursk – eine der größten Panzerschlachten bis zu dieser Zeit mit etwa 1,3 Millionen Soldaten, über 6.000 Panzern und fast 5.000 Jagdflugzeugen – ging die Initiative endgültig an die Alliierten über. Am 5. Juli 1943 hatte die deutsche Armee bei Kursk eine Großoffensive gestartet. Der Angriff wurde jedoch abgewehrt und die Okkupationstruppen bis an den Dnjepr zurückgedrängt. Umsonst wurde nun versucht, mit einem Stellungssystem, dem sogenannten »Ostwall«, den sowjetischen Vormarsch aufzuhalten.

Erst im September/Oktober 1943 wurde der Brückenkopf aufgegeben und noch etwa 300.000 Soldaten und Zivilisten überführt. Nach Räumung des Kuban-Brückenkopfes gab es bis Dezember Abwehr- und Stellungskämpfe auf der Krim.

Am 6. November 1943 wurde Kiew von der Roten Armee zurückerobert. Die Festung Sewastopol auf der Krim gab die Wehrmacht im Mai 1944 endgültig auf. Die 73. Infanteriedivision, in der Lorenz Gerhard bis zu seiner Verwundung gedient hatte, befand sich inzwischen auf dem Rückzug. Sie marschierte dorthin zurück, von wo sie mehr als drei Jahre zuvor aufgebrochen war.

Im September 1944 wurde die Division bei Warschau zu großen Teilen vernichtet.

Die Heeresgruppe Mitte beantragte am 18. September 1944 die Auflösung der 73. Infanteriedivision wegen »Versagens«, was jedoch abgelehnt wurde. 1945 – im Kampf um Danzig – wurden die kümmerlichen Reste der Division aufgerieben. Auch der zur Verwendung ins Reich abkommandierte Divisionsstab wurde vollkommen ausgelöscht. Die Stabsangehörigen ertranken am 16. April 1945, als ihr Schiff »Goya« auf der Ostsee versenkt wurde. Zwei Torpedos eines sowjetischen U-Bootes hatten das Schiff getroffen. Von den 7.200 Menschen an Bord konnten nur 172 gerettet werden.[282]

Das 170. Regiment, in dem Lorenz bis zu seiner Verwundung gekämpft hatte, flüchtete unter ständiger Bombardierung Richtung Westen und führte seine letzten Gefechte im Januar 1945 bei Warschau.

Lorenz Gerhard war daran nicht mehr beteiligt, er laborierte noch immer an seinen schweren Verletzungen. Sein ehemaliges Regiment, das inzwischen auf Kompaniestärke zusammengeschmolzen war, wurde Ende März 1945 aufgelöst und anderen Einheiten zugeteilt. Von der 7. Kompanie beispielsweise sollen nur zwei Soldaten übriggeblieben sein.[283]

Lorenz Gerhard hatte also Glück in seinem Unglück. Andererseits hatte er neben seiner Verletzung auch noch den Tod seines Sohnes zu verkraften, der am 22. Januar 1944 an Diphtherie gestorben war. Kurz zuvor – Weihnachten 1943, nach seiner Entlassung aus dem Militärhospital – hatte er das kranke Baby erstmals in die Arme schließen können.

Während seiner Genesung war Lorenz Gerhard im Reichsgebiet stationiert und inzwischen erneut zum Abmarsch bereit. Er schrieb am 31. August 1944 aus Bad Mergentheim: »Ich habe schon zwei Tage hier Wache, das kann der Teufel haben. Das ist bei diesen Ganoven schlimmer als ein Gefangener. Keine Bettwäsche, kein Handtuch, keinen Esstopf, so was habe ich noch nicht erlebt. Die Zimmer sehen aus wie Räuberhöhlen. Ich bin ganz weg und geschlagen. Die Stimmung passt auch noch dazu.«[284]

Inzwischen waren die sowjetischen Soldaten auf dem Weg zur deutschen Grenze. Man hatte Angst im Deutschen Reich vor der Rache. Fast ohnmächtig erkannte man plötzlich, dass die Rote Armee nicht mehr aufzuhalten war. Aussichtslos war die Lage, die man selbst verschuldet hatte. Trotzdem gab es Durchhalteparolen. Die allerletzten Kräfte zur Verteidigung des »1000-jährigen Reichs« wurden an der Oder aufgeboten. Auch Lorenz Gerhard sollte Nazi-Deutschland vor seiner endgültigen Niederlage retten.

An Weichsel und Oder gab es in der zweiten Hälfte des Januars 1945 keinen geschlossenen Widerstand mehr. Es waren lediglich schlecht ausgerüstete, kaum bewaffnete, selten uniformierte Volkssturmbataillone, welche die Oder-Warthe-Stellung verteidigen sollten. Die Gauleitung Brandenburg alarmierte 25 Volkssturmbataillone, und auch aus anderen Teilen des Reiches kam Verstärkung. Es trafen unter anderem Bataillone aus den Gauen Oberdonau, Sachsen, Mainfranken, Hessen und aus Oberbayern ein. Die Angehörigen des »Volkssturms« kamen in Arbeitskitteln und Wintermänteln, waren mit Armbinden gekennzeichnet und hatten lediglich wenige Karabiner und Maschinengewehre. Als schließlich die sowjetischen Panzer herandröhnten, hörten diese wohl nicht mal die vereinzelten Schüsse aus den wenigen Waffen und brausten über die Stellungen des deutschen »Volkssturms« hinweg.[285]

Es herrschte Endzeitstimmung vor allem in der Reichshauptstadt. Dort dominierte die blanke Angst vor möglichen Racheakten. Besonders eindrücklich schildert die Situation am Ende des Krieges ein damals 16-jähriger Berliner Luftwaffenhelfer.

»Mittags fuhren wir mit einem völlig überfüllten S-Bahn-Zug vom Anhalter Bahnhof ab. Mit uns im Zug waren viele Flüchtlingsfrauen aus bereits von den Russen besetzten Gebieten im Osten Berlins, die ihre ganze Habe bei sich führten: einen prallen Rucksack. Sonst nichts. Das Grauen stand in ihren Gesichtern, Zorn und Verzweiflung erfüllten die Menschen. Noch niemals hatte ich so ein Schimpfen gehört! […] Da brüllte inmitten des Lärms jemand mit überlauter Stimme: ›Ruhe!‹ Wir entdeckten einen kleinen verdreckten Soldaten, an der Uniform beide eiserne Kreuze und das Deutsche Kreuz in Gold. Am Ärmel trug er vier kleine Panzerwagen aus Metall, was bedeutet, dass er die vier Panzer als Einzelkämpfer abgeschossen hatte. ›Ich will euch mal was sagen …‹, schrie er, und im S-Bahn-Zugabteil trat Ruhe ein. ›Auch wenn es euch nicht passen sollte! Hört endlich auf zu jammern! Wir müssen diesen Krieg gewinnen, wir dürfen nicht schlappmachen. Denn wenn die anderen siegen und die Russen, Polen, Franzosen und Tschechen nur zu einem kleinen Prozent das mit unserem Volk machen, was wir sechs

Jahre lang mit ihnen gemacht haben, dann lebt in wenigen Wochen kein einziger Deutscher mehr. Das lasst euch von einem gesagt sein, der sechs Jahre dabei war in den besetzten Ländern!‹

Es war ganz still geworden im Zug. Man hätte eine Stecknadel fallen hören können.«[286]

Lorenz Gerhard war Anfang 1945 noch in Deggendorf in Bayern stationiert, wusste aber, dass er noch einmal an die Front musste. In Bayern erlebte er die Bombenangriffe der Alliierten. Ohnmacht kennzeichnete seine Situation. Er hatte Angst, jetzt, am Ende des Krieges, als mittlerweile erfahrener Frontkämpfer noch befördert zu werden und erneut als Kanonenfutter für russische Panzer herhalten zu müssen.

Am 20. Januar schrieb er: »Waren heute Mittag wieder im Keller, fast 2 Stunden. Regensburg soll das Ziel gewesen sein, wo die vielen Bomber über uns hinwegflogen. [...] Wenn wir von hier wegkommen, ist noch nicht bestimmt, hoffentlich werde ich nicht Uffz., denn an der Front hätte ich da nichts genaues. Ich reiße mich auch nicht darum, lb. Frau. In acht Tagen sollen die Beförderungen sein. Jetzt tritt der Krieg in seinen Endspurt, wie es da noch mit

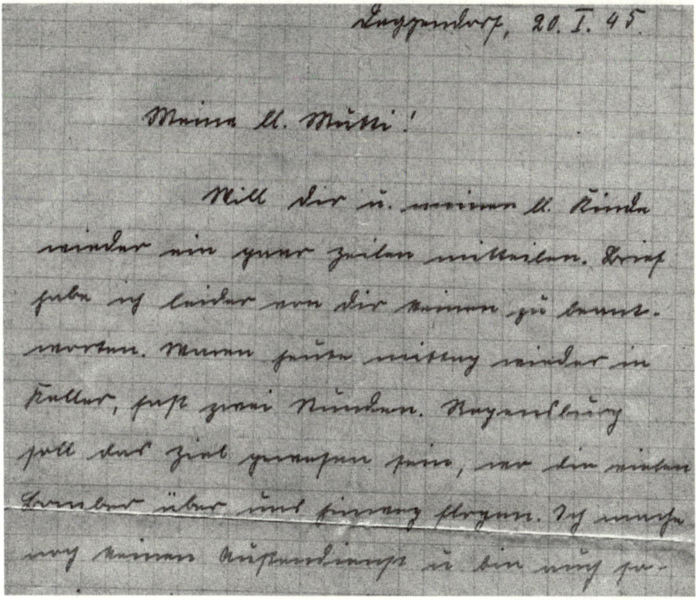
Deggendorf, 20. I. 45.

Meine lb. Mutti!

Will dir u. meinen lb. Kinder wieder ein paar Zeilen mitteilen. Brief habe ich leider von dir keinen zu beantworten. Waren heute mittag wieder im Keller, fast zwei Stunden. Regensburg soll das Ziel gewesen sein, wo die vielen Bomber über uns hinweg flogen. Ich weiß noch keinen [illegible] u. bin noch ge-

Brief Gerhards vom 20. Januar 1945 an seine Frau Anna

uns ausgeht und wird, lässt sich noch nicht voraussagen. Wir haben ja nichts zu befürchten, aber die Verbrecher sollen da zur Verantwortung gezogen werden! Schau nur zu, lb. Anna, dass Ihr Euer Leben davonbringt, ich komme durch. Geld brauche ich keines mehr, lb. Frau, da ich genügend verdiene. […] Wenn ich nur noch mal zu Euch fahren könnte, bevor ich zum Einsatz komme! Gebt meine Kleider, ja nicht mal die ältesten Sachen für die Spinnstoff-Sammlung her, lb. Frau.«[287]

Drei Tage später berichtete er auch von seinen Alltagssorgen: »Wie oder wo es dann weitergeht, ist eine Frage der Zeit. Jetzt geht es dem Ende entgegen mit dem Krieg, ich glaube es wenigstens. Ich wollte, ich könnte dann zu Hause bei Euch wieder sein. Wie wird aber das noch alles werden? Wir haben hohen Schnee bei uns, und die Kälte ist immer das Gleiche. Die Post dauert jetzt noch länger für diese kleine Strecke. Bei uns wird jetzt auch noch Strom gespart. So dass am Mittwoch und Samstag kein Licht gebrannt werden darf, da muss man halt die Bude verlassen u. in ein Gasthaus gehen. Mit vier, fünf Stammgerichten wird dann der Magen gefüllt, was noch gut hier ist. Brotmarken brauchst mir keine zu schicken, lb. Anna, da ich noch genügend habe. Wie geht es bei Euch, lb. Mutti, zu Haus? Wenn ich nur Gelegenheit habe, so fahre ich zuhaus vorbei.«[288]

Die letzten Bataillone wurden offensichtlich für die allerletzte Schlacht trainiert. Wiederum drei Tage später beklagte sich Lorenz Gerhard in seinem Brief. »Wir kommen ja nicht zur Besinnung vor lauter Dienst. Am Mittwoch hatten wir von früh bis abends Dienst im Gebüsch mit anschließender Nachtübung. Gestern ging es den ganzen Tag wildauf, u. heute früh ging es schon wieder um vier Uhr bis 9.00 Uhr abends druff. Morgen abend ist hier bis $^1/_2$ 7 abends Dienst, um sieben ist dann Lichtsparen. Man kommt fast gar nicht mehr zum Schreiben. Am kommenden Dienstag od. Mittwoch soll der Schwindel ein Ende hier haben. […] Wir werden an den Volksgrenzschirm abgestellt. Vielleicht komme ich da mal zu Hause vorbei? […] Nun ist der Russe schon bald in Breslau. Die Leute sind zu bedauern, welche alles liegen lassen müssen nur wegen diesem Blödsinn. Wie lange wird's noch dauern? Ich möchte nicht mehr an diesem Kampf teilnehmen. Vielleicht glückt es mir noch?

Musst Du, lb. Mutti, schon wieder arbeiten? Plage Dich nicht im Akkord u. schaue nicht auf das lumpige Geld! Es geht ja doch noch kaputt! […] Das wäre höchste Zeit für alle, dass das Ende bald kommt.«[289]

Dass er wusste, was möglicherweise auf ihn zukommen konnte, zeigen die Aussagen in seinen Briefen und die hohe Brieffrequenz, die wohl von der Angst geprägt war, dass jeder Brief der letzte sein könnte. Lorenz Gerhard schrieb alle zwei, drei Tage. Man spürt förmlich die Angst und Verzweiflung, die ihn umtrieb. Am 29. Januar schrieb er: »Leider geht es am Donnerstag von hier weg, genaueres Marschziel ist noch nicht bekannt gegeben […].

Jedenfalls ist der Russe bald in Berlin, da werden wir bestimmt nicht darauf kommen. Nun habe ich es ja lange in der Heimat ausgehalten, hoffentlich gelingt es mir wieder, zu Euch zurückgehen zu dürfen. Das ist ja schließlich mein und Euer Wunsch. Möge das Schicksal mir treu zur Seite stehen! Wenn Ihr zu Haus mir von jedem Unglück bewahrt bleibt, lb. Frau u. Kind!

Der Krieg wird und kann ja nicht mehr lange dauern, wies dann weitergeht, bin ich ja noch gespannt. Morgen Dienstag sollen noch viele Beförderungen herauskommen, da ja auch der 30. Januar ist! Hoffentlich bin ich nicht dabei, denn das würde mir keine Freude bereiten.«[290]

Noch glaubte Lorenz, nicht zur Verteidigung der Reichshauptstadt herangezogen zu werden. Er täuschte sich.

Auch er wurde dorthin geschickt, wo viele Menschen sinnlos starben und dem unaufhaltsamen Vormarsch kaum etwas entgegenzusetzen hatten. Kurz vor dem Abmarsch ließ er es sich noch mal richtig schmecken. Für ihn eine Art Henkersmahlzeit: »Gestern bin ich nach dem Mittagessen gleich in die Stadt und habe noch mal einen prima Schweinebraten gegessen. Auch zwei Klöße gab die Kellnerin mir mehr, da sie mir den Hunger aus den Augen las. Dann habe ich um zwei Uhr das Kino aufgesucht, wo *Menschen im Varieté* gegeben wurde, was ganz unterhaltsam war. Im Anschluss ging ich dann in ein Kaffee, wo ich mir noch ein Stückchen Kuchen erlaubt.

Wie die Wirtshäuser und Kaffees alle so voll sind, da muss man staunen! Viele Evakuierte sind noch von Hamburg hier. Die Leute haben alle kein Heizmaterial u. so geht es ihnen genau wie uns. Jeder sucht ein warmes Plätzchen!«[291]

Am 2. Februar schrieb er zum letzten Mal aus Bayern. »Nun trete ich zum drittenmal einen harten Weg an. Gelingt es mir, dass ich eine leichte Verwundung erwische, so bin ich bei Euch bald zu Haus, das ist mein innigster Wunsch und mein Alles.

Die Lage ist jetzt ganz aussichtslos für uns, was ich ja schon immer angedeutet habe. Der Volkssturm hält den Russen auch nicht mehr vor Berlins Toren. Ich habe keine Angst vor den Russen, und arbeiten kann ich überall. Nur diese Verbrecher müssen alle ausgerottet werden. Wo wir zum Einsatz kommen, ist noch nicht bekannt [...]. Hoffentlich habe ich viel Glück dabei, u. Angst habe ich gar nicht.

Mache mir Du, lb. Frau, keinen Kummer und Sorgen, denn das Schicksal wird uns treu zur Seite stehen. Nur eins möchte ich Euch noch sagen, esst Euer Fleisch jetzt, als dass ihr es den Besatzungen gebt. Die Stimmung ist bei uns so sehr gesunken nach den letzten Nachrichten. Auch keine Beförderungen sind bei uns noch nicht herausgekommen. Ich werde ja damit bestimmt nicht überrascht. Meine Gesinnung u. Eifer zu diesem Schwindel sind nicht geeignet. [...]

Man könnte aus der Haut fahren, wenn man dieser ekligen Zeit gedenkt. Zwölf Jahre Hass u. Elend u. wie lange wird es noch dauern? Nun, lb. Frau, wollen wir das Beste hoffen, dass wir nach dem Krieg unser schlichtes Eheleben vollenden können. Auch unser sonniges Kind möge Gott unter seinen Schirm nehmen.«[292]

Jeder dieser Briefe von Lorenz hätte nicht schon deswegen sein letzter sein können, weil die tödliche Front drohte, sondern auch, weil einige seiner Äußerungen als Defätismus beziehungsweise Wehrkraftzersetzung mit der Todesstrafe bedroht waren. Gerade zum Ende des Krieges reagierte der juristische Arm des obersten Gerichtsherren berserkerhaft. Beispiele dafür gibt es genügend.

So wurde ein 67-jähriger pensionierter Studienrat am 11. Mai 1944 zum Tode verurteilt, weil er laut Urteilsbegründung »im vierten Kriegsjahr zu einem deutschen Soldaten von der Kultur Sowjetrusslands, vom Leuteschinden in unserer Wehrmacht und von der Sicherheit unserer Niederlage geredet« hatte.[293]

Ein anderes Beispiel ist das Todesurteil gegen einen 41-jährigen Universitätsdozenten, der laut Freislers Urteilsbegründung angeblich gesagt hatte: »Wir hätten 1933 den Reichstag angezündet, der Nationalsozialismus lasse Persönlichkeiten nicht gelten und erziehe zum Lügner, jeder anständige Mensch könne den Zusammenbruch eines solchen Systems nur gutheißen, wir hätten den Krieg angefangen, dies Wirken des Nationalsozialismus werde immer nur Blut und Elend nach sich ziehen.«[294]

Häufige Kontrollen und die Überwachung privater Post, insbesondere der Feldpost, waren schon durch die »Notverordnung zum Schutz von Volk und Staat« vom 28. Februar 1933 möglich gewesen. Das an sich verfassungsmäßig garantierte Briefgeheimnis war mehr als brüchig. § 5 Kriegssonderstrafrechtsverordnung lautete:

»(I) Wegen Zersetzung der Wehrkraft wird mit dem Tode bestraft,

1. wer öffentlich dazu auffordert oder anreizt, die Erfüllung der Dienstpflicht in der deutschen oder einer verbündeten Wehrmacht zu verweigern oder sonst öffentlich den Willen des deutschen oder verbündeten Volkes zur wehrhaften Selbstbehauptung zu lähmen oder zu zersetzen sucht;

2. wer es unternimmt, einen Soldaten oder Wehrpflichtigen des Beurlaubtenstandes zum Ungehorsam, zur Widersetzung oder zur Tätlichkeit gegen einen Vorgesetzten oder zur Fahnenflucht oder unerlaubtem Entfernen zu verleiten oder sonst die Manneszucht in der deutschen oder einer verbündeten Wehrmacht zu untergraben;

3. wer es unternimmt, sich oder einen anderen durch Selbstverstümmelung, durch ein auf Täuschung berechnetes Mittel oder auf ganz andere Weise der Erfüllung des Wehrdienstes ganz, teilweise oder zeitweise zu entziehen.

(II) In minder schweren Fällen kann auf Zuchthaus oder Gefängnis erkannt werden.

(III) Neben der Todes- und der Zuchthausstrafe ist die Einziehung des Vermögens zulässig.«[295]

Diese Vorschrift erfasste jede »wehrfeindliche« Handlung, dazu gehörte schon die »Verbreitung mutlos machender Nachrichten«. »Öffentlich« handelte dabei schon derjenige, dessen Äußerungen »nach und nach gegen eine unbestimmte Anzahl von Personen« gemacht wurden. Nach einer Entscheidung des Reichskriegsgerichts sollte es sogar genügen, »wenn der Täter mit einer Weiterverbreitung hätte rechnen müssen«.[296] Die Nazirichter urteilten äußerst hart. So wurde bei einer 56-jährigen Arbeiterin 1943 das Todesurteil vollstreckt, weil sie ihren Sohn an der Ostfront indirekt dazu aufgefordert hatte zu desertieren.[297]

Die Todesurteile des Volksgerichtshofs und anderer Sondergerichte nahmen jedenfalls gerade zum Kriegsende hin erschreckend zu. Für vermeintlich schwere Fälle von Defätismus war der Volksgerichtshof zuständig. Über zehn Prozent der dort abgeurteilten Personen wurden wegen dieses Deliktes angeklagt. Während es 1938 noch 17 Todesurteile gab, waren es 1942 schon 1.192 Todesurteile, 1943 gab es 1.662 und 1944 gar 2.097 Todesurteile.[298]

Bei den Sondergerichten war es ähnlich. Beispielsweise am Sondergericht Bremen gab es 1940 »lediglich« ein Todesurteil, 1942 gab es dagegen schon 14 Todesurteile und 1944 waren es 19.[299]

Nur in minder schweren Fällen wurde gemäß Absatz 2 auf Zuchthaus erkannt. So erhielt beispielsweise noch 1945 ein 45-jähriger Mann sechs Jahre Zuchthaus, nur weil er am 3. April 1944 die inzwischen weit verbreitete Ansicht vertreten hatte, »es wird nicht mehr lange dauern«.[300]

Sein Glück könnte gewesen sein, dass er mit seiner Prognose recht hatte. Allerdings ist nicht bekannt ob er bei Kriegsende aus der Haft entlassen wurde. Das war nicht zwangsläufig der Fall.

Mildernde Umstände und daher »nur« drei Jahre Zuchthaus erhielt ein 51-jähriger Filmvorführer, der zur gleichen Zeit Ähnliches behauptete. »Der Krieg ist ein Wahnsinn, wir sollen mit diesem Krieg sofort aufhören, denn verloren ist er sowieso. Die oberen Zehntausend, die Gipsschädel, sollen sich die Schädel selbst einhauen. Hitler auch.«[301]

Viele solcher Äußerungen wurden allerdings auch nach dem Heimtückegesetz vom 20. Dezember 1934 mit empfindlichen Freiheitsstrafen bis zu zwei Jahren bedacht. In § 2 dieses Gesetzes »gegen heimtückische Angriffe auf Staat und Partei und zum Schutz der Parteiuniformen« hieß es: »Wer öffentlich gehässige, hetzerische oder von niedriger Gesinnung zeugende Äußerungen über leitende Persönlichkeiten des Staates oder der NSDAP, über ihre Anordnungen oder die von ihnen geschaffenen Einrichtungen macht, die geeignet sind, das Vertrauen des Volkes zur politischen Führung zu untergraben, wird mit Gefängnis bestraft.«[302] Es reichten hierzu schon Äußerungen wie »Der Stürmer ist eine Kulturschande« oder »Hitler ist ein Bazi«.

Ein 26-jähriger Berliner Pianist, den man als Ausnahmetalent schätzte, wurde 1943 hingerichtet, weil er den damals kursierenden Witz erzählte: »Kommt Hitler in den Himmel, fragt er Moses: Im Vertrauen, Herr Moses, den Dornbusch, den haben Sie doch selbst angezündet?«[303]

Auch die einfache, ungeschminkte Wahrheit führte zur Verurteilung. Eine 22-jährige Berlinerin erzählte an ihrer Arbeitsstelle in einer Mittagspause, dass die SS Juden töte. Einer Kollegin berichtete sie Folgendes: »Die Juden buddeln ihr eigenes Grab und bekommen einen Genickschuss. Auch in Autos werden sie vergast, wenn sie abgeholt werden.«[304] Das hätte sie nicht tun sollen, denn ihre Arbeitskollegin hatte nichts Besseres zu tun, als sie umgehend zu denunzieren. Die 22-Jährige wurde mit sechs Monaten Gefängnis bestraft. Eine relativ niedrige Strafe. Strafmildernd wurde ihre Parteimitgliedschaft und ihre Jugend berücksichtigt. Außerdem war ihr Vater politischer Leiter der NSDAP.

Das Gericht führte aus: »Sie hat offenbar ein altes Gerücht nachgeplappert, allerdings dabei so getan, als wisse sie von den Vorgängen aus dem Munde von SS-Männern. Der vollen Tragweite hinsichtlich der besonderen Gefährlichkeit eines solchen Tuns war sie sich bei Berücksichtigung ihrer allgemeinen Unreife nicht bewusst.«[305]

Lorenz Gerhard wäre sicherlich viel lieber ins Gefängnis gewandert als an die neue Front. Trotzdem wurde es für ihn Anfang Februar 1945 ernst. Seine Kompanie war abmarschbereit. Er schrieb erst wieder am 8. Februar 1945. Diesmal aus Potsdam.

»Ganz überraschend muss ich dir jetzt aus der Nähe von Berlin einige Zeilen übermitteln. Ich war erst überzählig bei der Kp.-Einstellung, wurde dann als Melder eingeteilt. Wo wir jetzt hinkommen, ist noch unbestimmt.

Als wir von Deggendorf wegmussten, wurde Straubing so arg bombardiert. Von Straubing wird u. kann nicht mehr viel stehen. Was wird mein gutes Schwesterchen, Schwager und Nichte wohl machen? Hoffentlich sind sie alle noch am Leben.

Wir haben drei Tage hierher gebraucht und waren 40 Mann in so einem Viehwagen. Es war eine tolle Fahrt.

Wie geht es Dir, lb. Mutti? Was macht mein gutes Kind? Jetzt werde ich wieder lange auf Post von Euch warten müssen? Ich habe so eine Zuversicht, als ging ich gar nicht in den Krieg. Ich befinde mich hier in der Kriegsschule, wo wir zusammengestellt werden, morgen? Vielleicht kann ich heut oder morgen noch meine Adresse unterbreiten. Bleibt alle noch gesund und wohlbehalten, bis ich bald zu Euch wieder komme.«[306]

Kurz vor dem schweren Gang zur Front ein erneutes Lebenszeichen am 14. Februar.

»Will Dir kurz ein Lebenszeichen vor meiner Abreise zur Front geben. So bin ich noch gesund und wünsche von Euch allen nur das Gleiche. Wir werden heute oder morgen Richtung Oder abheuern. Hoffentlich kann ich bald wieder die Heimatreise antreten. Bei mir ist noch ein Kamerad von Gerbrunn namens Karl. Er wohnt gleich neben dem Friedhof. Sollte mir ein Leid geschehen, was ich nicht annehme. Bleibt alle gesund und wohlerhalten bis zu unserem baldigen Wiedersehen. Auch einen extra Gruß und Kuss für meine lb. Muschel Gertrud.

Auf baldiges Wiedersehen freut sich schon heute und Gruß und Kuss, Euer dankbarer Papa-Lorenz. Auf Wiedersehen.«[307]

Die sowjetischen Divisionen erreichten Mitte Februar 1945 die Linie Forst-Guben in der Niederlausitz vor Berlin und stellten dort dann jeden Angriff ein.

Anfang März verlief die Front der sich langsam wieder bildendenden 9. Armee von südlich Schwedt entlang der Oder, über den Brückenkopf Küstrin, nach Frankfurt bis in den Raum Guben, wo Anschluss an die 4. Panzerarmee vorhanden war.

Jedoch war der Aufmarsch der vollkommen überlegenen russischen Armee in vollem Gange. Das letzte Ziel hieß Berlin. Der Aufmarsch der 1. Belorussischen Front steigerte sich noch, als auch die Divisionen von der Pommernfront herangeholt wurden.

Zuvor hatte der Größte Feldherr aller Zeiten, vom Volk spöttisch GröFaZ genannt, noch nachstehenden Befehl erlassen. Er ging als Befehl »Verbrannte Erde« bzw. »Nerobefehl«» nach dem römischen Kaiser Nero, der Rom, angezündet haben soll, in die Geschichte ein.

»Betr.: Zerstörungsmaßnahmen im Reichsgebiet.

Der Kampf um die Existenz unseres Volkes zwingt auch innerhalb des Reichsgebietes zur Ausnutzung aller Mittel, die die Kampfkraft unseres Feindes schwächen und sein weiteres Vordringen behindern. Alle Möglichkeiten, der Schlagkraft des Feindes unmittelbar oder mittelbar den nachhaltigsten Schaden zuzufügen, müssen ausgenützt werden. Es ist ein Irrtum, zu glauben, nicht zerstörte oder nur kurzfristig gelähmte Verkehrs-, Nachrichten-, Industrie- und Versorgungsanlagen bei der Rückgewinnung verlorener Gebiete für eigene Zwecke wieder in Betrieb nehmen zu können. Der Feind wird bei seinem Rückzug uns nur eine verbrannte Erde zurücklassen und jede Rücksichtnahme auf die Bevölkerung fallenlassen.

Ich befehle daher:

1. Alle militärischen Verkehrs-, Nachrichten-, Industrie- und Versorgungsanlagen sowie Sachwerte innerhalb des Reichsgebietes, die sich der Feind für die Fortsetzung seines Kampfes irgendwie sofort oder in absehbarer Zeit nutzbar machen kann, sind zu zerstören.

2. Verantwortlich für die Durchführung dieser Zerstörungen sind: die militärischen Kommandobehörden für alle militärischen Objekte (einschließlich der Verkehrs- und Nachrichtenanlagen), die Gauleiter und Reichsverteidigungskommissare für alle Industrie- und Versorgungsanlagen sowie sonstige Sachwerte. Den Gauleitern und Reichsverteidigungskommissaren ist bei der Durchführung ihrer Aufgabe durch die Truppe die notwendige Hilfe zu leisten.

3. Dieser Befehl ist schnellstens allen Truppenführern bekanntzugeben. Entgegenstehende Weisungen sind ungültig.

Adolf Hitler«[308]

Die unaufhaltsame Offensive der Roten Armee begann in der Nacht vom 15. auf den 16. April um 3.00 Uhr. Mit einem Schlag brüllten an der ganzen Front Tausende Geschütze. Die Kanoniere mussten den Mund offen halten, um den Überdruck in den Ohren auszugleichen. Die wenigen deutschen Soldaten, die den Angriff überlebten, bezeichneten ihn als Hölle, Inferno oder Erdbeben. Viele wurden völlig taub.

Nach 30 Minuten Dauerbeschuss begann der Hauptangriff, dem die deutschen Soldaten hoffnungslos unterlegen waren. Auf einer 400 Kilometer breiten Front wurden sie einfach überrannt. Trotzdem erließ Hitler einen seiner letzten wahnwitzigen Befehle.

»Zum letzten Mal ist der jüdisch-bolschewistische Todfeind mit seinen Massen zum Angriff angetreten. Er versucht, Deutschland zu zertrümmern und unser Volk auszurotten. Wir haben diesen Stoß vorausgesehen, und es ist seit dem Januar dieses Jahres alles getan, um eine starke Front aufzubauen. Eine gewaltige Artillerie empfängt den Feind. Die Ausfälle unserer Infanterie sind durch zahllose neue Einheiten ergänzt. […]

Der Bolschewist wird diesmal das alte Schicksal Asiens erleben, das heißt, er wird und muss vor der Hauptstadt des Deutschen Reiches verbluten. Wenn in diesen kommenden Tagen und Wochen jeder Soldat an der Ostfront seine Pflicht erfüllt, wird der letzte Ansturm Asiens zerbrechen, genau so, wie am Ende auch der Einbruch unserer Gegner im Westen trotz allem scheitern wird.«[309]

Der überraschende Tod des US-Präsidenten Roosevelts machte ihm möglicherweise Hoffnung. Aber trotz der Durchhalteparolen war die Rote Armee nicht mehr aufzuhalten. »Berlin bleibt deutsch, Wien wird wieder deutsch, und Europa wird niemals russisch. Bildet eine verschworene Gemeinschaft zur Verteidigung nicht des leeren Begriffes eines Vaterlandes, sondern zur Verteidigung Eurer Heimat, Eurer Frauen, Eurer Kinder und damit unserer Zukunft. In dieser Stunde blickt das ganze deutsche Volk auf Euch, meine Ostkämpfer, und hofft nur darauf, dass durch Eure Standhaftigkeit, Euren Fanatismus, durch Eure Waffen und unter Eurer Führung der bolschewistische Ansturm in einem Blutbad erstickt.

Im Augenblick, in dem das Schicksal den größten Kriegsverbrecher aller Zeiten von dieser Erde genommen hat *(nämlich Roosevelt – E. R.)*, wird sich die Wende dieses Krieges entscheiden.«[310]

Lorenz Gerhard, der gegen seinen ausdrücklichen Willen inzwischen doch noch vom Gefreiten zum Unteroffizier befördert worden war, hatte – wie schon an der Front im Kubangebiet – sehr viel Glück. Er überlebte und geriet am 16. April 1945 kurz nach Beginn der letzten Offensive in der Nähe von Cottbus in Gefangenschaft. Über die genauen Umstände seiner Gefangennahme lässt sich leider nichts mehr ermitteln.

Im Gegensatz zum Schicksal sowjetischer Kriegsgefangener in deutschen Kriegsgefangenenlagern beruhte die hohe Sterblichkeitsrate in sowjetischen Gefangenenlagern weder auf einer Vernichtungsstrategie noch auf einer gezielten rücksichtslosen Ausbeutung der Arbeitskraft.

Auch Ausschreitungen und Misshandlungen, die zweifellos vorkamen, entsprachen nicht der offiziellen politischen Linie und wurden in der Regel scharf geahndet. Einer der ersten Befehle der Roten Armee vom Juli 1941 – die Behandlung der deutschen Kriegsgefangenen betreffend – lautete: »Bei den vergangenen Kämpfen fanden in einzelnen Fällen Erschießungen von Gefangenen statt. Es sind entschlossene Maßnahmen zur unverzüglichen Verhinderung weiterer Fälle zu ergreifen. Personen, welche die nach der internationalen Rechtslage bestehenden Regeln über die Behandlung

Kriegsgefangener übertreten, müssen auf das schärfste zur Rechenschaft gezogen werden.«[311]

Zwar gab es durchaus derartige Übergriffe, doch erfolgten sie zumeist erst nach Bekanntwerden des Kommissarbefehls durch verbitterte Kommissare und wurden keineswegs – wie im umgekehrten Fall – von staatlicher Seite gedeckt.

Ein Motiv, solche Übergriffe zu ahnden, war die Tatsache, dass die sowjetische Regierung auch befürchtete, den Durchhaltewillen deutscher Städte im Osten eher zu verstärken, wenn man den Rache-Exzessen einiger Rotarmisten freien Lauf lassen würde.

Schon aus diesem Grund befahl Stalin den Befehlshabern der 1. Belorussischen und 1. Ukrainischen Front ausdrücklich noch einmal am 20. April 1945: »Das Oberkommando befiehlt

1. Fordern Sie, die Haltung gegenüber den Deutschen zu ändern, zu den Kriegsgefangenen wie zu den Zivilisten. Die Deutschen besser behandeln. Die harte Behandlung der Deutschen ruft bei ihnen Furcht hervor und zwingt sie, hartnäckigen Widerstand zu leisten, statt sich gefangenzugeben. Aus Angst vor Rache organisiert sich die Zivilbevölkerung in Banden. Eine solche Situation ist für uns ungünstig. Eine humanere Haltung gegenüber den Deutschen erleichtert uns die Kampfführung auf ihrem Territorium und wird zweifellos die Hartnäckigkeit der Deutschen bei der Verteidigung mindern.

2. In den Gebieten Deutschlands westlich der Linie Odermündung, Fürstenberg, westliche Neiße sind deutsche Verwaltungen zu schaffen und in den Städten Deutsche als Bürgermeister einzusetzen. Einfache Mitglieder der nationalsozialistischen Partei sind, wenn sie sich loyal gegenüber der Roten Armee verhalten, nicht anzurühren, sondern festzunehmen sind nur die Führer, wenn sie es nicht geschafft haben, sich abzusetzen.

3. Eine Verbesserung des Verhaltens zu den Deutschen darf nicht zu einer Verringerung der Wachsamkeit und zur Fraternisierung mit den Deutschen führen.«[312]

Beim anhaltenden Vormarsch der Roten Armee gerieten deutsche Soldaten scharenweise in Gefangenschaft. Der Krieg war nun für sie erfreulicherweise vorbei, die Leidenszeit noch lange nicht.

Den deutschen Kriegsgefangenen erging es anfangs – aufgrund der Kriegsnot in der Sowjetunion – ziemlich schlecht. Aber nicht nur ihnen ging es schlecht, denn die Versorgungslage war auch für die sowjetische Bevölkerung katastrophal. Die ungewöhnlich harten Bedingungen, unter denen die deutschen Kriegsgefangenen leben mussten, waren zu einem nicht unwesentlichen Teil durch die Kriegsschäden im Lande verursacht: Kriegsschäden, die deutsche Bomber und deutsche Soldaten vorher angerichtet hatten.

Im Unterschied zur Behandlung von sowjetischen Kriegsgefangenen in Deutschland wurde versucht, deutsche Kriegsgefangene in der Sowjetunion grundsätzlich gemäß den Genfer Konventionen oder der Haager Landkriegsordnung zu behandeln. Dies, obwohl zuvor die nationalsozialistische Reichsregierung ausdrücklich keinerlei Rechtsvereinbarung mit der Sowjetregierung gewünscht hatte.[313]

Allerdings gelang es nicht immer, die deutschen Gefangenen ausreichend zu ernähren. Kein Wunder, wenn man das Hungern und Leiden der einheimischen Bevölkerung in Betracht zieht.

In der Sowjetunion war vom NKWD/MWD ein großflächiges System für die Unterbringung und den Arbeitseinsatz von Kriegsgefangenen geschaffen worden. Es soll insgesamt 267 Lager mit 2.112 Lagerabteilungen, 392 Sonderarbeitsbataillonen und 178 Speziallazaretten gegeben haben. Teilweise ist sogar von bis zu 5.000 Lagern die Rede.[314]

Moskau wollte, dass die Gefangenen wenn schon nicht zu Anhängern, so doch wenigstens nicht zu dauerhaften Feinden der Sowjetunion werden sollten. Eigentlich kein unlauteres Motiv.

Bei den Gefangenen wurden offiziell Kleidung, Bettzeug, Geschirr, Tabak, Geld, Uhren, Ringe, Briefe mit Fotografien, religiöse Gegenstände, Orden, Toilettengegenstände, Brillen und Schreibzeug *nicht* beschlagnahmt. Inoffiziell sah das natürlich ganz anders aus. Zeitzeugen berichteten, dass sie in normalen Lagern keine Kriegsgefangenen gekannt hätten, die noch Uhren oder dergleichen besessen hätten. Deutsche Uhren waren bei den sowjetischen Soldaten begehrt.

In der Freizeit war es erlaubt, Zeitung zu lesen, Schach zu spielen oder andere Freizeitvergnügen auszuüben. Nur Glücksspiel war verboten. Es wurde – anders als in den Nachkriegsspeziallagern auf deutschem Boden in der Sowjetischen Besatzungszone – sehr großen Wert auf die Verpflegung und Versorgung der Gefangenen gelegt, deren Arbeitskraft möglichst effektiv ausgenutzt werden sollte. Ab Januar 1948 konnten gefangene Deutsche sogar ihren

Lohn an ihre Familien nach Deutschland überweisen. Teilweise konnten sich die Gefangenen frei bewegen, verdienten verhältnismäßig gut und hatten dabei einen erheblichen Anteil am Wiederaufbau in der Sowjetunion.[315]

Kriegsgefangene arbeiteten in allen Industriezweigen, auf dem Bau und beim Wiederaufbau von im Krieg zerstörten Wirtschaftsunternehmen. Die Gefangenen erhielten Wäsche, Bekleidung, Schuhe und andere Grundversorgungsgüter sowie Geld.

Die offizielle Verpflegungsnorm eines Kriegsgefangenen pro Tag betrug im August 1942 400 Gramm Schwarzbrot, 100 Gramm Grieß, 100 Gramm Fisch, 20 Gramm Zucker, 500 Gramm Gemüse und Kartoffeln.[316]

Durch die massenweise Einlieferung von Gefangenen nach der Schlacht von Stalingrad 1943 änderte sich die Lage der Gefangenen jedoch grundlegend. Viele starben an Erfrierungen und Erschöpfung nach den bis zu 300 km langen Fußmärschen oder bei den Zugtransporten in die Lager.

So starben in einem gut dokumentierten Front-Aufnahmelager nach der Ankunft von 1.700 Kriegsgefangenen aus Stalingrad an einem Tag 130 Personen, davon 74 an Erfrierung und Erschöpfung. Ähnliches kann auch über einige Zugtransporte berichtet werden. Die Sterbequoten waren in den einzelnen Lagern bisweilen unterschiedlich hoch und auch auf Epidemien unter den geschwächten Gefangenen zurückzuführen.

Während die Sterbequoten in den Jahren 1942 und 1943 sehr hoch waren, gingen sie danach stark zurück. In einzelnen Lagern bei Stalingrad lag die Sterbequote anfangs bei fast 50 Prozent. Im einem anderen Lager dort starben im Zeitraum vom 1. Dezember 1942 bis 1. Juni 1943 von 24.036 Kriegsgefangenen 10.639. Laut offiziellen Angaben starben in den Lagern in Stalingrad insgesamt – vom 3. Februar 1943 bis 1. Januar 1949 – 21,1 Prozent der Insassen, also 28.855 von 136.857 Gefangenen. Die offiziellen Zahlen werden jedoch angezweifelt.[317]

Zwar erhielt jeder Gefangene noch im Oktober 1944 eine Pelzmütze, einen Uniformmantel oder eine Wattejacke, zwei Garnituren Unterwäsche, zwei Handtücher, drei Paar Fußlappen, zwei Paar Ersatzschuhe und in kalten Gegenden zusätzlich Fäustlinge und Filzstiefel, jedoch hatte sich seit der Stalingrader Kapitulation die Lage der Kriegsgefangenen erheblich geändert.

Zu jenem Zeitpunkt gab es bereits 641.358 Kriegsgefangene, und die meisten der nun eingelieferten Gefangenen befanden sich in einem erbärmlichen Zustand.

Die nach längerer Einkesselung gefangen genommenen deutschen Soldaten waren größtenteils ausgezehrt und krank, besaßen nur noch schlechte Kleidung und Schuhwerk. Dementsprechend schwierig gestaltete sich ihre Versorgung in einem vom Krieg schwer gezeichneten Land wie der Sowjetunion.

Berücksichtigen muss man die damals gerade im Gebiet Stalingrad herrschenden Zustände. Angesichts der Schwierigkeiten hinsichtlich der Unterbringung der Gefangenen, der Probleme bei der medizinischen Betreuung und der ausreichenden Versorgung mit Nahrung, welche kaum für die eigene Bevölkerung reichte, sind die Arbeit und die Bemühungen einiger Lagerkommandanten durchaus zu würdigen.

Der Leiter des Aufnahmelagers Nr. 48 Nowo-Kostornoje mit zu jenem Zeitpunkt 3.698 Kriegsgefangenen meldete im März 1943 an das NKWD: »Infolge des völligen Mangels an normaler Verpflegung, an Medikamenten sowie in Anbetracht der großen Anhäufung von Kriegsgefangenen in den Unterkunftsräumen beträgt die Sterblichkeit durchschnittlich zwölf Mann pro Tag. In letzter Zeit treffen sehr schwache Kriegsgefangene ein. Man treibt sie bis zu 200 km weit. Sie bekommen im Verlauf von sechs bis sieben Tagen unterwegs nichts zu essen. Sie kommen ins Lager, fallen zu Boden und sterben! Die Evakuierung der Kriegsgefangenen von den Frontbereichen wird so schlecht durchgeführt, dass sogar für die Wachsoldaten keine Lebensmittel vorhanden sind und somit auch sie nichts zu essen bekommen. Auch sie kommen hungrig ins Lager und bitten um Essen.«[318]

Bei den Kriegsgefangenen handelte es sich um jene Menschen, die das Land und die Stadt Stalingrad fast vollständig zerstört hatten und daher selbst an den nun vorherrschenden Bedingungen schuld waren. Auch Übergriffe und Verbrechen an den deutschen Kriegsgefangenen kann man angesichts der vorhergehenden Vorkommnisse unter Umständen nachvollziehen. Die Tatsache, dass Hassgefühle auf Seiten der russischen Soldaten und der gequälten Zivilisten vorhanden waren und sich bei vielen Gelegenheiten äußerten, war mehr als verständlich.Der Leiter des Lagers berichtete weiter: »Alle kommen ohne Dokumente. Unterwegs wird ihnen die Bekleidung weggenommen. Die Kommandoführung nimmt teilweise ohne jeden weiteren Grund den Bewachungssoldaten zwei, drei ›Fritze‹ weg und erschießt sie an Ort und Stelle.

In der Verwaltung für Rückwärtige Dienste der 38. Armee in Jastreboroka sind so 32 Mann erschossen worden. Daran beteiligten sich ein Hauptmann und ein Major (laut Erklärung des Konvois und der Kriegsgefangenen). Die Begleitung der Kriegsgefangenen wird jenen ehemaligen Militärangehörigen anvertraut, die mit ihnen zum Übernahmepunkt für die Filtration gingen. Einige von ihnen waren in deutschen Lagern und sind böse auf sie. Sie haben bei den Deutschen viel gelitten und wollen jetzt Rache.

Der andere Teil – das sind die Verräter und Marodeure. Sie verhalten sich gegenüber den Kriegsgefangenen noch schlimmer. Sie plündern, nehmen die Bekleidung weg und töten. In letzter Zeit kommen die Kriegsgefangenen in der Regel zu 75 % ›barfuß‹, zu 25-30 % ohne Bekleidung an.«[319]

Nach einer 1998 veröffentlichten Untersuchung soll die Sterblichkeitsrate unter den registrierten Kriegsgefangenen 15,8 Prozent betragen haben. Sie stieg 1943 auf die Höchstzahl von 52,5 Prozent, sank danach aber rapide. 1944 sollen 8,8 Prozent Gefangene gestorben sein und 1945 nur noch 4 Prozent.

Bei der prozentualen Quote ist aber auch das ständige Ansteigen der offiziell registrierten deutschen Kriegsgefangenen zu berücksichtigen. Von knapp 55.000 im Jahre 1942 über ungefähr 230.000 und 820.000 in den Jahren 1943 und 1944, stieg diese Zahl auf fast drei Millionen im Jahre 1945 an.[320]

Das Zurückdrängen der Deutschen Wehrmacht im Laufe des Jahres 1944 bedeutete für Hunderttausende deutsche Soldaten den Weg in die sowjetische Kriegsgefangenschaft.

Es wurden nun nach sowjetischen Angaben siebenmal so viel Gefangene wie in den Jahren 1942 und 1943 zusammen gemacht. Das Kriegsgefangenenlagerwesen, eben erst neu organisiert, war auf einen derart gewaltigen Ansturm nicht vorbereitet.

Es mangelte an Quartieren, Nahrungsmitteln und Bekleidung. Kaum etwas war im ausreichenden Maße vorhanden. Auch Medikamente und medizinisches Personal war Mangelware. Dabei hätten sehr viele der gefangen genommenen geschwächten und verletzten Wehrmachtssoldaten eine ärztliche Behandlung dringend nötig gehabt. In den ersten beiden kalten Wintermonaten Anfang

1944 starben vier Fünftel an Unterernährung und Tbc.[321] Aber nicht allen Gefangenen ging es so schlecht. Mancher sowjetischer Soldat versuchte sein Bestes. Ein damals 21-jähriger deutscher Leutnant erzählt von seiner Gefangennahme am 30. Juni 1944. »Die sowjetischen Soldaten brachten mich zu einem kleinen Gehöft. Etwa fünfzehn bis zwanzig Kameraden waren bereits zusammengetrieben worden. Ungefähr zehn Russen bewachten uns mit ihren Maschinenpistolen und einigen Hunden. Es tat sich nichts, wir lagen in der Sonne und konnten nur noch abwarten. Der Krieg war für uns vorbei!

Auf einmal stellte man uns einen Sack Mehl zur Verpflegung hin, unsere Bewacher bedeuteten uns, dass sie nichts anderes hätten. Wir überlegten, was wir damit anfangen sollten, denn einen Löffel Mehl bekommt man nicht runter. Mir fiel schließlich ein Ausweg ein: Wir suchten ein paar Steine und fanden in der Nähe des Hauses ein Stück rostiges Blech. Man erlaubte uns, ein kleines Feuer zwischen den Steinen zu machen. Aus dem Mehl rührten wir mit Wasser einen Brei, den wir als Plinsen auf dem heißen Blech buken. Wir aßen unsere Plinsen mit Appetit, und unsere Bewacher aßen gerne mit. Im nachhinein empfanden wir es als human, dass uns die Russen überhaupt etwas gebracht hatten, sie hatten ja selber nichts. Das begriffen wir im Laufe der Zeit immer deutlicher. Vom ersten Tag an waren wir besser dran als unsere Bewacher und das russische Volk in den Dörfern.«[322]

Im Oktober 1944 betrug die amtliche Norm eines Kriegsgefangenen pro Tag 600 Gramm Schwarzbrot, 70 Gramm Grieß, je 50 Gramm Fisch und Fleisch, 10 Gramm Speck, 17 Gramm Zucker, 400 Gramm Kartoffeln und 200 Gramm Kohl – erheblich höhere Rationen als jene, die sowjetische Kriegsgefangene in deutschen Lagern bekommen hatten.[323]

Viele Kriegsgefangene waren sich der Tatsache bewusst, dass die Verpflegung in den Lagern oftmals besser als bei der zivilen Bevölkerung war.[324]

Die schlechte Wirtschaftslage und die mangelhafte Arbeit von Unterabteilungen des NKWD führten dazu, dass weiterhin eine sehr hohe Sterblichkeitsrate bestand. Auch später war die Versorgungslage sehr schlecht, da die Anzahl der Gefangenen immer weiter anstieg. Allein vom 9. bis 11. Mai 1945 wurden 697.000 Personen gefangen genommen. Viele der ausgezehrten Kriegsgefangenen starben schon während des Transports an Ruhr, Lungenentzündung und anderen Krankheiten oder danach an Dystrophie, also an Auszehrung und Hunger, an TBC und Flecktyphus.

Obwohl kranke Gefangene mitunter wieder in die Heimat entlassen wurden, sofern sie stark genug dafür waren, gab es Mitte 1946 über zwei Millionen Kriegsgefangene, darunter 1,5 Millionen Deutsche.

Zusätzlich zu den Kriegsgefangenen waren beim Vormarsch Richtung Deutschland viele volksdeutsche Zivilisten zwangsverpflichtet worden. Über 200.000 sollen in die UdSSR deportiert worden sein, wo sie in Arbeitsbataillonen zu härtester Arbeit, besonders in Bergwerken, gezwungen wurden. 25 Prozent davon waren Frauen.

Es herrschte nicht nur Arbeitskräftemangel, sondern auch eine erhebliche Lebensmittelknappheit in der Sowjetunion. Insbesondere der harte Winter 1945/46 und der Hungerwinter 1946/47 führten zu großen Problemen. So wurden im Oktober 1946 warme Mahlzeiten für Kriegsgefangene abgeschafft und die Kartoffelration gesenkt. Außerdem gab es eine kritische Situation bei der Versorgung mit Schuhwerk und Bekleidung. Man versuchte zwar, die Arbeitskraft der Gefangenen aufrechtzuerhalten und ihre Lage mittels Verfügungen wie zum Beispiel »Über das Ergreifen von drastischen Maßnahmen zur Senkung der Sterblichkeit unter den Kriegsgefangenen« zu verbessern, jedoch waren die Anstrengungen im Zeitraum von 1944 bis März 1946 nicht ausreichend.

Wirkliche Entspannung trat erst ab April 1946 ein. Die Rate der arbeitsfähigen Gefangenen steigerte sich mit Frühling 1946 von 66,5 Prozent auf 85,5 Prozent zum Jahresende.

Im Winter 1946/47 verschlechterte sich die Lage jedoch erneut, und die Rate der Arbeitsfähigen sank wieder etwas, was auch an der Senkung der Lebensmittelrationen von bis zu 40 Prozent und an der mitunter kriminellen Haltung mancher Lagerverwaltung lag. Unterschlagung und Diebstähle von Lebensmitteln und Ausrüstungsgegenständen gab es häufiger, was aber nicht verwunderlich war angesichts der schlechten Versorgungslage innerhalb der sowjetischen Bevölkerung.[325] Teilweise litt die einheimische Bevölkerung erheblich mehr Not als die Gefangenen. Von der einheimischen Bevölkerung wurde sogar Baumrinde gegessen oder selbst bei den Kriegsgefangenen um Brot gebettelt.[326]

Nachfolgend Aussagen von heimgekehrten deutschen Kriegsgefangenen.

»Im Winter 1946/47 gab es auf dem Lande bis zu sechs Monaten kein Brot mehr zu essen, die Leute wurden mit wenig Kartoffeln und Kraut ernährt. Menschen sind auf der Straße vor Hunger zusammengebrochen, und eine russische Ärztin erzählte, dass die Kindersterblichkeit und die der älteren Leute überhandnehme.«[327]

Ein anderer Soldat erzählte ebenfalls vom Hungerwinter 1946/47. »Die SU erlebte in jenem Winter tatsächlich eine Hungersnot. Die murrenden Kriegsgefangenen sehen, dass die Bevölkerung nicht mehr hatte als sie. Für ein Kilogramm Brot werden in der Stadt 30-50 Rubel geboten, aber es ist nichts zu bekommen. Die Leute fahren als blinde Passagiere auf Güterzügen viele Tagesreisen weit in Nachbargebiete, um Lebensmittel aufzutreiben, und kommen mit leeren Händen zurück.«[328]

Ein dritter deutscher Kriegsgefangener fühlte sich angesichts der Not der einheimischen Bevölkerung als Soldat nicht »ganz wohl in seiner Haut«. »Mich bedrückte zunehmend, dass wir als Kriegsgefangene offenbar besser genährt waren als die Bevölkerung. [...] Meine Gastgeberin nahm einen Topf mit Kartoffeln und schnitt sie in kleine Scheibchen. Diese klebte sie rund um die heiße Wand des Samowars. Die Kinder saßen da und stierten auf den Samowar. Sie warteten auf den Moment, in dem die Kartoffelstücke durch die Hitze von der Wand abfielen, fassten blitzschnell nach diesen halbgaren Scheiben und aßen sie augenblicklich auf. Das war Hunger! Mir war nicht wohl in meiner Haut, denn ich bekam in dieser Zeit immer noch täglich mein Weißbrot aus amerikanischem Mehl.«[329]

Wegen der hohen Zahl der Arbeitsunfähigen machte das Ministerium für Innere Angelegenheiten (MWD) bereits im Mai 1946 die sowjetische Führung darauf aufmerksam, dass es notwendig wäre, diese Gefangenen in die Heimat abzuschieben, was aufgrund zweier Verordnungen im Juni und Juli 1946 in den darauffolgenden Monaten auch geschah.

Auf der Moskauer Außenministerkonferenz im März/April 1947 war beschlossen worden, alle deutschen Kriegsgefangenen bis Ende des Jahres 1948 zu repatriieren. Es befanden sich zu jener Zeit noch 30.976 Gefangene in US-Gewahrsam, 430.000 in britischer Kriegsgefangenschaft, 681.483 in französischen und 890.532 in sowjetischen Lagern.

Laut der sowjetischen Nachrichtenagentur *TASS* sollen zu jenem Zeitpunkt bereits 1.003.974 deutsche Gefangene repatriiert worden sein.[330]

1947 sollen laut sowjetischem Innenministerium 584.861 Gefangene – darunter 247.325 kranke und arbeitsunfähige Deutsche –, 1948 dann 647.256 Gefangene – darunter 337.694 kranke und arbeitsunfähige Deutsche – repatriiert worden sein.

Durch diese Maßnahmen konnten die Lebensmittelrationen der übrigen Gefangenen um zehn Prozent erhöht werden. Für Bergarbeiter galten die für sowjetische Bergarbeiter üblichen Rationen.In der zweiten Hälfte des Jahres 1947 gingen daher Krankenstand und Sterblichkeit der Gefangenen erheblich zurück Der Krankenstand betrug 1947 nur noch 4,1 Prozent und 1948 nur noch 2,2 Prozent. Laut Bericht des Innenministeriums betrug die Sterblichkeitsrate 1946 gar nur noch 2,72 Prozent, 1947 0,61 Prozent und 1948 0,16 Prozent.[331]

Nach offiziellen sowjetischen Zahlen waren bis Mai 1950 mehr als 3,3 Millionen Gefangene wieder in ihre Heimat entlassen worden. 2,2 Millionen davon waren Wehrmachtsangehörige, darunter ungefähr 1,9 Millionen Deutsche.

Von 3,1 Millionen deutschen Kriegsgefangenen sollen nur ungefähr zwei Millionen wieder zurückgekommen sein. Über ein Drittel der deutschen Kriegsgefangenen sind demnach in den Lagern umgekommen.[332] Nackte Zahlenaufrechnungen verbieten sich jedoch aufgrund der völlig unterschiedlichen Voraussetzungen und Rahmenbedingungen der Gefangennahme.

Drei Wochen nach seiner Gefangenennahme kam Lorenz Gerhard am 10. Mai 1945 schließlich als Kriegsgefangener in der Sowjetunion an. Ihn hatte es in die Ukraine verschlagen.

Wie der Zufall es wollte, kam er genau in jenes Lager, in dem der Vater seines späteren Schwiegersohns – Ernst Reuß – vor kurzem noch in der Kommandantur tätig gewesen war. Die Sowjetarmee nutzte, wie seinerzeit üblich, das von den Deutschen verlassene Lager in Winniza nun für ihre Zwecke.

Davon konnte er selbstverständlich zu jenem Zeitpunkt nichts ahnen. Ebenso wenig ahnte Lorenz Gerhard, dass er dort die nächten zwei Jahre und zweieinhalb Monate verbringen würde. Sein Aufenthalt im Lager Winniza sollte erst Ende Juli 1947 enden.

Er sandte bereits am 28. Juli 1945, kurz nach seiner Ankunft, die ersten Lebenszeichen aus dem Kriegsgefangenenlager. Die Texte waren nicht mehr so lang wie vor der Kriegsgefangenschaft, da sie auf vom Roten Kreuz ausgegebenen Karten geschrieben werden mussten. Anders als zuvor die sowjetischen Gefangenen in deutschen Lagern durfte sich das Rote Kreuz nun um die deutschen Gefangenen in den sowjetischen Lagern kümmern.

Lorenz schrieb: »Liebe Anna! Endlich darf ich dir die ersten Grüße aus der russischen Gefangenschaft übermitteln. Es geht mir gut und hoffe auf baldiges Wiedersehen. Auch mein liebes Kind grüße ich aufs innigste. Mit vielen Grüßen und Küssen verbleibe ich euer Lorenz! Grüße an Eltern u.s.w. Auf Wiedersehen!«[333]

Ihm ging es anscheinend den Umständen entsprechend gut. Die vom Roten Kreuz oder Rotem Halbmond verteilten Karten mussten mit unverfänglichem Inhalt und in lateinischer Schrift verfasst werden. Es durften keine Angaben über den Ort des Gefangenenlagers und über die Arbeitsstelle gemacht, keine Namen von russischen Personen genannt und nichts Nachteiliges über die Sowjetunion berichtet werden, sonst kamen die Karten nicht durch die Zensur.

Aber offensichtlich war die Zensur, zumindest nach dem Krieg, nicht allzu streng, wie man an den kurzen Karten von Lorenz sehen

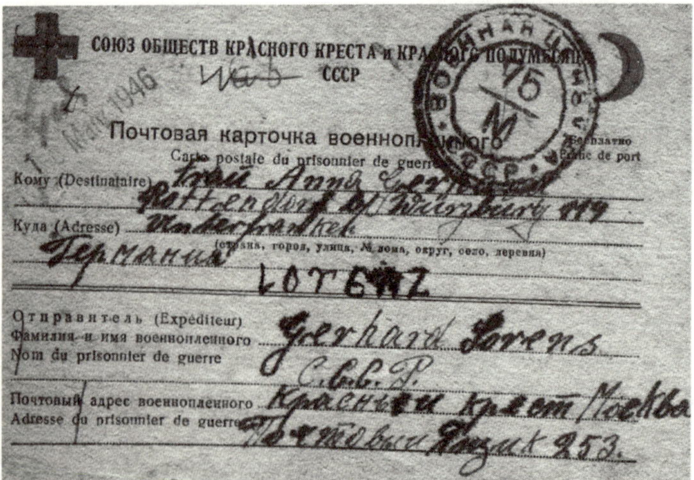

Gerhards erste Karte aus dem Kriegsgefangenenlager in Winniza

konnte, bei denen immer der Ort des Lagers und seine Arbeitstätigkeit thematisiert waren.

Erst im Oktober 1945 durfte er sich erneut brieflich melden. Er arbeitete in seinem erlernten Beruf. Friseure wurden anscheinend immer gebraucht. Seinen Humor hatte der »Barbier von Winniza« offensichtlich auch noch nicht ganz verloren.

»Nach langer Zeit will ich Euch mit einigen Zeilen berichten. Hoffentlich seid Ihr alle noch gesund u. wohlbehalten, so wie ich damals von Euch schied. Ich arbeite auf meinem Beruf als Barbier von Winniza. Klage hätte ich so keine, da ich alles habe. Mit den Russen werde ich schon fertig, da fällt immer was ab. Im Lager sind so 1.000 Gefangene und fünf Friseure. Das Arbeiten für uns ist ganz angenehm. Vielleicht kommt auch für uns bald die Erlösung, dann werde ich wieder bei Euch sein können. Hoffentlich erreichen die Zeilen ihr Ziel? Auf baldiges und frohes Wiedersehen freut sich Euer lb. Papa-Lorenz. Gruß an alle. Extra Gruß und Kuss an Gertrud, mein gutes Kind. Auf Wiedersehen lb. Mutti!«[334]

Auch von freigelassenen Mitgefangenen wurden Nachrichten überbracht und innerhalb Deutschlands verschickt. Man traute dem sowjetischen Postsystem offensichtlich nicht ganz.

»Werte Frau Gerhard! Teile Ihnen nun mit, dass ich mit Ihrem Mann in russischer Gefangenschaft in einem Lager beisammen war

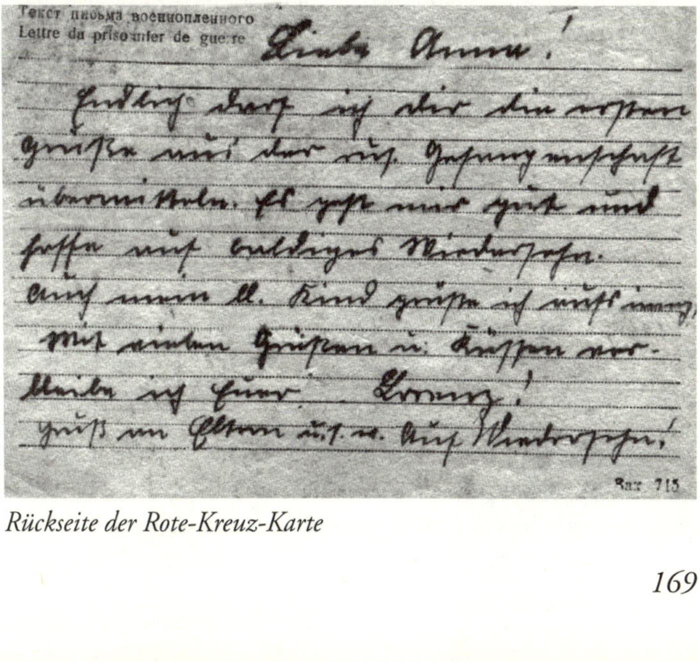
Текст письма военнопленного
Lettre du prisonnier de guerre

Liebe Anna!

Endlich darf ich dir die ersten Grüße aus der russ. Gefangenschaft übermitteln. Es geht mir gut und hoffe auf baldiges Wiedersehen. Auch mein lb. Kind grüße ich recht innig. Mit vielen Grüßen u. Küssen verbleibe ich Euer Lorenz!

Gruß an Eltern u.s.w. Auf Wiedersehen!

Зак 715

Rückseite der Rote-Kreuz-Karte

und möchte Ihnen von ihm die herzlichsten Grüße überbringen, damit Sie ein Lebenszeichen von ihm erhalten. Er ist so weit gesund, was ja die Hauptsache ist.«[335]

Letztlich beschränkten sich die Nachrichten aus dem Gefangenenlager jedoch meist auf kurze Lebenszeichen, so wie im April 1946. »Meine Lieben! Viele Grüße aus der russischen Gefangenschaft sendet Euch Lorenz. Es geht mir gut, was doch bei euch auch der Fall sein möchte? Seid Ihr alle noch am Leben? Ich arbeite auf meinem Beruf, was für mich das Beste ist. Hoffentlich ist der Zug der Heimkehr nicht mehr so fern, und das Schicksal lässt meinen Wunsch in Erfüllung gehen. Alles andere können wir ja wieder aufbauen. Auf ein gesundes und frohes Wiedersehen freut sich schon heute Euer treusorgender Papa-Lorenz! Auf Wiedersehen!«[336]

Offensichtlich wurde den Gefangenen versprochen, dass die Wahlen in Deutschland entscheidend zu ihrer Entlassung beitragen könnten. Lorenz Gerhard, der eigentlich ein unpolitischer Mensch war, machte im August 1946 unverhohlen Werbung für die neu gegründete SED. Das Nationalkomitee »Freies Deutschland« hatte anscheinend ganze Arbeit geleistet.

»Liebe Anna! Heut kann ich an dich wieder ein Lebenszeichen richten […]. Ich arbeite auf meinem Beruf und habe keine Klagen, es geht mir gut. Was macht meine lb. Muschel, lb. Mutti? Lebt meine Mutter noch? Geht es Euch gut? Steht das Haus noch?

Wir sehen auch unserer Entlassung entgegen, aber die Wahlen bei Euch zu Hause tragen viel dazu bei. Hoffentlich wird die S.E.P.D. für uns das Schicksal meistern. Auf ein baldiges Wiedersehen freut sich mit Gruß und Kuss Euer lb. Lorenz! Gruß an Eltern und Geschwister u. s. w. Es lebe die S.E.P.D.!«[337]

Augenscheinlich wusste er nicht, dass die von ihm als »S.E.P.D.« bezeichnete SED, also die im April 1946 gegründete Einheitspartei aus SPD und KPD im Westen Deutschlands gar nicht existierte, demnach also von seiner Verwandtschaft auch nicht gewählt werden konnte. Die komplizierte Wahrheit über die Entwicklung des in Zonen aufgeteilten Deutschlands wurde ihnen vom Nationalkomitee »Freies Deutschland« entweder nicht erzählt, oder er hatte sie aus der Ferne nicht ganz nachvollziehen können.

Der Briefwechsel mit ihren Verwandten war von großer Bedeutung für die Kriegsgefangenen in der Sowjetunion. Offiziell durfte jeder Kriegsgefangene pro Monat eine Karte schreiben. Per 1. September 1946 waren von den Kriegsgefangenen 11.842.400 Briefe und Karten in die Heimat – 9.067.160 davon nach Deutschland – geschickt worden.

Es wurden 10.463.600 Briefe und Karten empfangen, 7.847.700 davon aus Deutschland.[338]

Wie viel und wie häufig geschrieben wurde, war aber von Lager zu Lager unterschiedlich. Mal nur 25 Worte, manchmal gab es kein Limit. In einzelnen Lagern durfte auch überhaupt nicht geschrieben werden. Aus den Texten der Postkarten mit 25 Worten wirklich etwas über die realen Verhältnisse entnehmen zu wollen, geht wohl an der Realität vorbei, denn erst mit Freigabe durch den Zensurstempel mit der Inschrift **Posmotreno-Woennoi*Zensuroij** (Durchgesehen-Kriegszensur) erfolgte die Freigabe.

Der Kriegsgefangene Lorenz Gerhard durfte zweimal im Monat solche Karten versenden, die immer ähnlich klangen. Entweder so:

»Viele Grüße aus russ. Gefangenschaft sendet Lorenz! Bin gesund, geht mir gut, was bei Euch auch der Fall sein dürfte? Frohes Wiedersehen, Euer lieber Lorenz!«[339]

Oder so: »Lb. Anna u. Gertrud! Viele Grüße sendet Euch Lorenz! Geht mir gut, arbeite im Beruf. Wie geht es Euch? Habt ihr genügend zu essen? Hoffentlich sehen wir uns gesund und bald. Euer Lorenz!«

Die ersten Familienbilder aus Deutschland kamen im März 1947: »Nach zwei Jahren die ersten Gesichtszüge von Euch. Große Freude, Gertrud so groß und schön! Auch Mutti! Bild steht an meinem Arbeitsplatz. Auf frohes gesundes Wiedersehen. Euer Lorenz!«

Er hatte Hoffnung, im selben Jahr noch entlassen zu werden: »Lb. Anna – Gertrud! Heute Brief 6.-7. mit Freuden erhalten – vielen Dank. Bin sauber gekleidet und sehe wie zu Hause aus. Geht mir gut, arbeite im Beruf. Bis zum Herbst seid herzlich gegrüßt – geküsst, Euer Lorenz! Auf Wiedersehen!«

Am 1. August 1947 wurde Lorenz Gerhard ins Lager Kiew verlegt. Über die Überführung in das andere Lager schrieb er nichts in seinen Briefen. Man konnte jedoch an den von ihm angefügten Ortsangaben sehen, dass er verlegt worden war. Er gab die Hoffnung allerdings noch nicht auf, bald nach Hause zu kommen. Im August schrieb er seine erste Karte aus Kiew, in der er seiner Hoffnung Ausdruck verlieh, noch im selben Jahr nach Hause kommen zu können. Später folgten wieder längere Briefe. Man hatte die Vorschriften offensichtlich gelockert. Weihnachten 1947 durfte er sogar zwei Briefe schreiben.

»Liebe Anna u. Gertrud! [...] Geht mir gut, bin gesund, möchte so nach Hause kommen. Leider kann ich das Fest nicht mit Euch begehen, was mein Wunsch war. Im Geist werde ich aber mit Euch feiern!

Langeweile habe ich nicht, da hilft der Beruf mit, u. Weihnachten werde ich wieder mal auf der Bühne stehen, so unseren bunten Abend etwas bereichern. Kann älteren Herrn spielen, da die Herrn doch schon etwas älter geworden sind, aber das Herz ist noch jung.

Was macht mein lb. Kind? Hat das Christkind noch etwas für die lb. Muschl gehabt? Oder müssen wir Freud u. Leid teilen?

Ja, lb. Anna, wir haben mal das Pech, dass wir lange so getrennt leben müssen. Aber die Sonne wird bald für uns beiden ihre Strahlen senden, dann werden wir auch glücklich sein, u. ein neues Leben beginnt für uns. Ich habe mir schon so viele Sorgen um Euch beiden gemacht. Da Ihr ja so viele Hindernisse passieren müsst z. Z.

Nun ist für mich die letzte Runde angebrochen, und meine Heimkehr wird mich selbst mal überraschen. Bis dahin lb. Mutti - sei stark, so dass ich Euch beide gesund vorfinde, dann mag kommen, was will, ich schrecke vor nichts. Grüße mir meine lb. Mutter – sowie Geschwister, Verwandte u. vor allem die lb. Mutter u. Heinrich u. Frieda. Auf baldiges Wiedersehen freut sich schon heute – mit vielen Grüßen u. Küssen – Euer Papa-Lorenz!«[340]

Bis zum 27. Mai 1949 blieb Lorenz in Kriegsgefangenschaft. Es ging ihm dort nicht schlecht, was er auch nach dem Krieg immer wieder berichtete. Seine Briefe geben einen Blick auf das Alltagsleben. »Mit vielen Freuden Karte vom 24. 11. erhalten und danke recht herzlich dafür! Leider konnte ich das schöne Fest nicht im Kreise meiner Lb. feiern. Möge das neue Jahr meinen Wunsch, nach dem ich mich schon so lange sehne, endlich herbeiführen. Wir hatten gestern abends so schöne Weihnachtsfeier, die werde ich lange für mich behalten. Vertieft im Geiste bei Euch – tauschten Gedanken über früheres Glück und Beisammensein aus. Die schönsten Weihnachtsverse, -gedichte u. -ansprachen ließen selten ein Auge trocken. Oje – wie war doch zu Haus der Weihnachtsabend für uns ein Fest der Liebe u. des Glückes!

Nun wird auch die Zeit für unsere Heimkehr nicht mehr lange dauern. Lassen wir uns mal überraschen, u. eines Tages wird bei Dir,

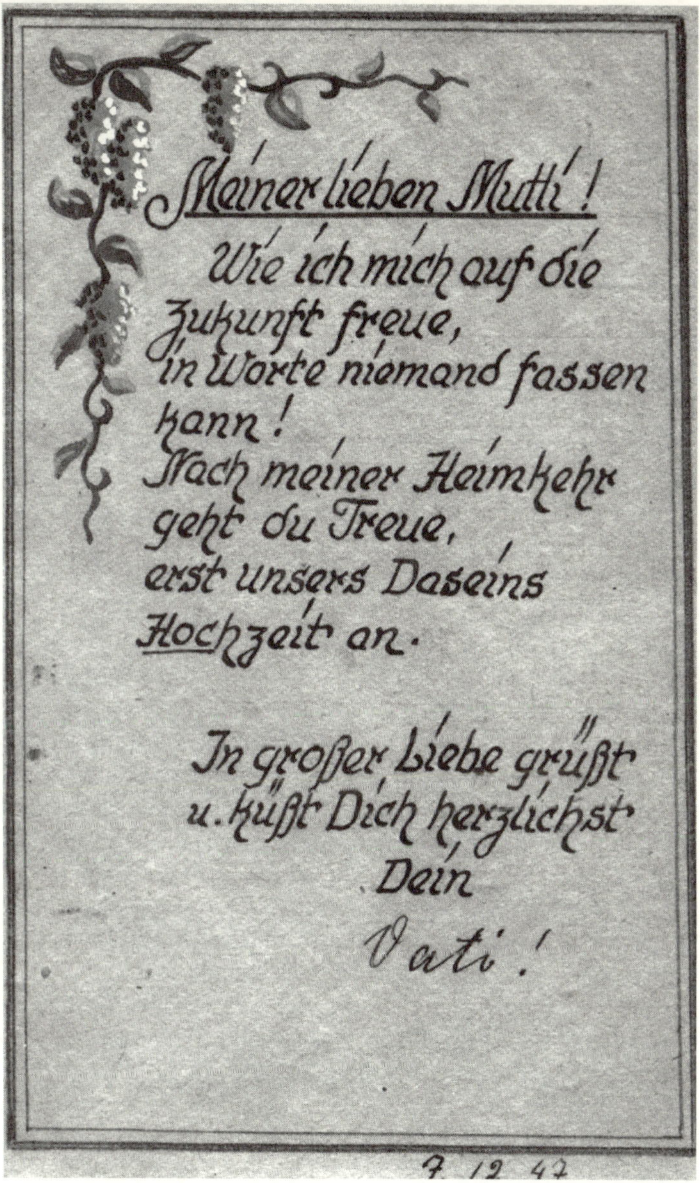

Erste Weihnachtskarte von Gerhard Lorenz aus sowjetischer Kriegsgefangenschaft aus einem Lager in Kiew, 1947. Er sollte noch weitere anderthalb Jahre dort bleiben

lb. Mutti, auch noch mal so ein Fremdling auftauchen! Bis dahin, lb. Anni, sei stark u. tapfer – ich bin schon lange so eingestellt – dann wird auch das Schicksal für uns wieder hold sein. Habe besondere Freude, dass Ihr alle gesund u. wohlauf seid!

Mit vielen Grüßen u. Küssen verbleibe ich Euer lb. Papa-Lorenz! Auf Wiedersehen?«[341]

Den Berichten zufolge, die eine wissenschaftliche Kommission für deutsche Kriegsgefangenengeschichte zusammengetragen hat, beherbergte das Hauptlager in Kiew ungefähr 2.000 bis 3.000 Gefangene und hatte mehrere kleinere Nebenlager. Die Kriegsgefangenen waren überwiegend als Bauarbeiter im Wiederaufbau beschäftigt, hatten stets acht Stunden Arbeitszeit und regelmäßigen Lohn. Die Sterblichkeit im Lager war gering.[342]

Am 1. Januar 1949 gab es trotz eines Repatriierungsbeschlusses der Moskauer Außenministerkonferenz noch 544.047 Kriegsgefangene – darunter 421.221 deutsche Staatsangehörige – in der Sowjetunion. Von ungefähr 488.000 arbeitsfähigen Kriegsgefangenen wurden etwa 120.000 Gefangene im Bergbau und je ungefähr 90.000 in der Schwerindustrie, im Straßenbau oder beim Bau von Eisenbahnen beschäftigt. Der Rest war in der metallverarbeitenden oder chemischen Industrie tätig.[343]

Moskau beschuldigte die Westmächte, die Absprachen der Moskauer Konferenz unterlaufen zu haben, da dort Kriegsgefangene als zivile Lohnarbeiter weiter beschäftigt wurden. Die Westmächte hatten diese Möglichkeit ihren Kriegsgefangenen angeboten, und viele, die für sich kein Perspektive in Deutschland sahen, nahmen das Angebot an. Kriegsgefangene, die nun Vertragsarbeiter waren, gab es beispielsweise in Frankreich und England. In Belgien blieben beispielsweise 5.000 Deutsche als Arbeiter.

Die Sowjetunion sagte trotz ihres Vorwurfs an die Westalliierten zu, bis Ende 1949 alle deutschen Kriegsgefangenen zu repatriieren.

Endlich durfte auch Lorenz Gerhard nach Hause. Anfang Juni 1949 – siebeneinhalb Jahre, nachdem er eingezogen worden war, nach mehr als vierjähriger Gefangenschaft – wurde Lorenz entlassen und kam schließlich zurück nach Deutschland. Am 7. Juni 1949 wurde er laut Rückführungsliste aus östlicher Kriegsgefangenschaft kommend in Hof registriert. Außer der Kleidung, die er am Leib trug, hatte er lediglich russischen Tabak, der ihm aber nun nicht mehr schmeckte, und einige Rubel, mit denen er in der Bundesrepublik nichts mehr anfangen konnte, dabei.

Im Mai 1950 war schließlich in der Sowjetunion die Repatriierung im Wesentlichen abgeschlossen. Seit 1945 waren 3.344.696 Personen zurückgeführt worden, darunter 2.247.368 Wehrmachtangehörige, worunter sich 1.939.063 Deutsche befanden.[344]

In der Sowjetunion verblieben offiziell lediglich 13.532 Deutsche, die wegen schwerer Kriegsverbrechen in teilweise sehr fragwürdigen Prozessen verurteilt worden waren. Nach und nach wurden einige dieser Gefangenen amnestiert. Schon kurz nach den Prozessen wurden die Ersten nach Hause geschickt.

1953 wurde als Zugeständnis an die verbündete DDR ein weiterer Teil der Gefangenen zurückgeschickt.

Die letzten Gefangenen verließen allerdings erst 1955 die Sowjetunion, nachdem Adenauer zuvor – gegen den erklärten Willen der USA – bei seiner Moskau-Reise die Aufnahme diplomatischer Beziehungen zugesagt hatte.

Als am 8. Oktober 1955 die Transporte mit fast 9.000 von der Sowjetunion begnadigten deutschen »Kriegsverbrechern« eintrafen, wurden diese – anders als in der DDR – als Heimkehrer jubelnd begrüßt. Die Zeitungen brachten die Namenslisten in Sonderausgaben und im Rundfunk wurden die Namen verlesen. Zehntau-

In Westdeutschland werden die »Spätheimkehrer« bejubelt, 1953

sende jubelten den Heimkehrern zu, und niemand nahm davon Notiz, dass die Ankömmlinge in der Sowjetunion hohe Freiheitsstrafen erhalten hatten. Die sowjetische Parteizeitung *Prawda* kommentierte die ihrer Ansicht nach »zügellose Verherrlichung der ehemaligen Mitschuldigen Hitlerscher Verbrechen« unter der Überschrift »In Westdeutschland werden Kriegsverbrecher gefeiert«.[345]

Als dann im Januar 1956, bei der zweiten Kategorie der insgesamt 749 nichtamnestierten Kriegsgefangenen, 469 Nichtamnestierte in der Bundesrepublik eintrafen, wollte die bundesdeutsche Regierung die sowjetische Regierung nicht brüskieren, die heimgekehrten Kriegsgefangenen aber auch nicht zur Verbüßung ihrer Reststrafe in Haft behalten.

Nach einer Überprüfung der nichtamnestierten Gefangenen wurde der weitaus größte Teil nach Hause entlassen, weil offensichtlich »keine Verbrechen oder Vergehen im Sinne der deutschen Gesetze begangen« worden waren. Die Bundesregierung war der Ansicht, dass die in der Sowjetunion gegen die deutschen Kriegsgefangenen verhängten Urteile in Deutschland keine Gültigkeit besäßen und auch nicht in das Vorstrafenregister eingetragen werden sollten. Nur in wenigen Fällen wurde ein neues Verfahren eingeleitet, das auch zur Verurteilung nach dem deutschen Strafrecht führte.[346]

Einer dieser Verurteilten war ein Major, der von einem deutschen Gericht schon, besser gesagt noch 1942 (!) wegen Totschlags an sowjetischen Kriegsgefangenen in Tateinheit mit Gehorsamsverweigerung zu zwei Jahren Gefängnis verurteilt worden war. Im Urteil wurde neben anderen Taten Folgendes dargestellt:

»Der Angeklagte hat zugegeben, dass er […] auf russische Gefangene, die ohne Waffe auf ihn zukamen, nachdem sie bereits die vorderen Linien passiert hatten, geschossen und von ihnen einen getötet […] hat. Er hat ferner zugegeben, dass er […] eine Frau, die russische Uniform trug, mit dem Seitengewehr erstochen und einen waffenlosen gefangenen Russen asiatischer Herkunft mit dem Spaten erschlagen hat.«[347]

Hitler, der inzwischen auch als oberster Gerichtsherr galt, hob das Urteil jedoch laut des Chefs des Heerespersonalamtes auf, »weil man es vitalen Naturen nicht zum Vorwurf machen könne, wenn sie überzeugt von dem einmaligen Schicksalskampf des deutschen Volkes dem bolschewistischen Weltfeind gegenüber alle Gebote der Menschlichkeit ablehnen«.[348]

Von der wieder gewonnenen Freiheit hatte der Amnestierte jedoch nicht allzu viel. Er geriet bereits 1943 in Stalingrad in sowjetische Kriegsgefangenschaft und wurde 1947 wegen seiner den sowjetischen Behörden inzwischen bekannten Taten von einem sowjetischen Militärtribunal zu 20 Jahren Zwangsarbeit verurteilt. 1966, zehn Jahre, nachdem er als nichtamnestierter Kriegsverbrecher den deutschen Behörden übergeben worden war, wurde er von deutschen Gerichten zu 15 Jahren Zuchthaus, unter Anrechnung der sowjetischen Haft, verurteilt.[349]

Lorenz Gerhard arbeitete nach dem Krieg und der Heimkehr aus der vierjährigen Kriegsgefangenschaft erneut als Akkordarbeiter in der Schleiferei bei der Firma Kugelfischer in Schweinfurt. Geringe Nebeneinnahmen als »Nachbarschaftsfriseur«, wodurch er sein karges Einkommen aufzubessern versuchte, konnte er nicht allzu lange genießen, denn der konkurrierende Ortsfriseur hatte ihn erfolgreich wegen Schwarzarbeit angezeigt.

Gerhard litt zeit seines Lebens an den im Krieg erlittenen Verletzungen und wurde als Schwerbeschädigter anerkannt. Ein Bein war verkürzt, woraus sich ein schweres Hüftleiden entwickelte. Durch die weiterhin in seinem Körper wandernden Granatsplitter

Lorenz Gerhard vor dem Krieg (r.) und nach der Kriegsgefangenschaft mit Frau Anna und Tochter Gertrud

litt er ständig unter Schmerzen. Die Fortführung des »schlichten Ehelebens«, die von ihm in den Briefen als sehnlichster Wunsch genannt worden war, dauerte nicht allzu lange. Dreieinhalb Jahre nach seiner Heimkehr starb seine Ehefrau Anna infolge einer Bauchhöhlenschwangerschaft.

Am 15. Mai 1954 heiratete er erneut und bekam mit seiner neuen Ehefrau Laura nochmals drei Kinder. Auf die Frage seiner ältesten Tochter, ob er denn im Krieg Menschen umgebracht habe, schwieg er betreten und vielsagend.

Lorenz Gerhard, der sich nicht mehr operieren lassen wollte, obwohl die Schmerzen durch die Splitter immer stärker wurden, starb am 13. Oktober 1981 kurz nach seiner Pensionierung an den Folgen eines Herzinfarktes.

Anmerkungen

253 Vgl. Dallin, Deutsche Herrschaft in Russland, 1981, S. 309ff.
Vgl. auch Haus der Geschichte, Kriegsgefangene, 1995, S. 151ff.
254 Kurowski, Fränkische Infanterie, Bochum 1970, S. 211.
255 Kriegstagebuch der 73. Division: Tätigkeitsbericht der Sanitätsabteilung; BArch-MA Freiburg, RW 26/73 100.
256 Pohl, Die Herrschaft der Wehrmacht, München 2008, S. 134.
257 Angrick, Besatzungspolitik und Massenmord, 2003, S. 447f.
258 Kurowski, Fränkische Infanterie, 1970, S. 245.
259 BArch-Ludwigsburg II 213 AR-Z 1898/66.
260 BArch-MA Freiburg, RH 26/73 115, Anl. 407.
261 BArch-Ludwigsburg II 213 AR-Z 1898/66.
262 Tätigkeitsbericht der Sanitätsabteilung, BArch-MA Freiburg, RH 26/73 110.
263 BArch-MA Freiburg, RH 26/73 110.
264 Ebenda.
265 Angrick, Besatzungspolitik und Massenmord, 2003, S. 361ff.
266 BArch-Ludwigsburg, II 213 AR-Z 1898/66, Band VII, Bl. 1589.
267 Friedrich, Gesetz des Krieges, 1993, S. 760.
268 BArch-Ludwigsburg, II 213 AR-Z 1898/66, Band VI, S. 1184.
269 BArch-Ludwigsburg, II 213 AR-Z 1898/66, Band XII, Bl. 3804ff.
270 Ebenda.
271 Ebenda.
272 Ebenda.
273 Angrick, Besatzungspolitik und Massenmord, 2003, S. 450.
274 BArch-Ludwigsburg, II 213 AR-Z 1898/66, Band VII.

275 Krupennikov, Gerichtsverfahren, 1998, S. 198f.;
in: Müller, Tragödie der Gefangenschaft.
276 Ebert, Feldpostbriefe aus Stalingrad, 2003, S. 304ff.
277 Ebenda.
278 Kurowski, Fränkische Infanterie, 1970, S. 252ff.
279 Privatbesitz.
280 Ebenda.
281 Ebenda.
282 Siehe Findbuch BArch-MA Freiburg, RH/26, Bd. 9.
283 Kurowski, Fränkische Infanterie, 1970, S. 276ff.
284 Privatbesitz.
285 Haupt, Das Ende im Osten, 1970, S. 183ff.
286 Rürup, Der Krieg gegen die Sowjetunion, 1991, S. 255.
287 Privatbesitz.
288 Ebenda.
289 Ebenda.
290 Ebenda.
291 Ebenda.
292 Ebenda.
293 Abgedruckt in Rürup, Der Krieg gegen die Sowjetunion, 1991, S. 188.
294 Abgedruckt in Broszat/Fröhlich, Alltag und Widerstand, 1987, S. 616.
295 Kriegssonderstrafrechtsverordnung vom 26. August 1939, RGBl. 1939, S. 1455.
296 RKG 2, S. 62f.
297 Broszat/Fröhlich, Alltag und Widerstand, 1987, S. 525ff.
298 Vgl. Marxen, Das Volk und sein Gerichtshof, 1994, S. 47,
und Rürup, Der Krieg gegen die Sowjetunion, 1991, S. 188.
299 Wrobel, Strafjustiz Band 3, 1994, S. 331.
300 BArch-Berlin, R 3001 IV g 24 3019/45
301 BArch-Berlin, R 3001 IVg 243010/45.
302 RGBl. 1934, S. 1269.
303 *Tagesspiegel* vom 7. September 2003, S. 10.
304 Urteil vom 5. März 1945. Sondergericht VII bei dem LG Berlin,
Az: 11 Kms 28/45.
305 Ebenda.
306 Privatbesitz.
307 Ebenda.
308 Fernschreiben des Oberkommandos der Wehrmacht vom 19. März 1945.
309 Zitiert nach Haupt, Das Ende im Osten, 1970, S. 224f.
310 Ebenda.
311 Zitiert nach Rürup, Der Krieg gegen die Sowjetunion, 1991, S. 243.
312 Zitiert nach Possekel, Strukturelle Grausamkeit, 1998, S. 53; in: Müller, Tragödie der Gefangenschaft.
313 Vgl. Böhm/Ueberschär, Aktenüberlieferung im Bundesarchiv, 1998, S. 269;

in: Müller, Tragödie der Gefangenschaft und Jacobson, Kommissarbefehl und Massenexekution sowjetischer Kriegsgefangener, in: Anatomie des SS-Staates, Band 2, 1965, S. 192.

314 In Peter/Epifanow, Stalins Kriegsgefangene, 1998, S. 22.

315 Vgl. Kuzímin, Unterbringung auf sowjetischem Territorium, 1998, S. 91, S. 105; in: Müller, Tragödie der Gefangenschaft und Peter/Epifanow, Stalins Kriegsgefangene, 1998, S. 156ff.

316 Gorbunov, Unterbringung und medizinische Versorgung, 1998, S. 45; in: Müller, Tragödie der Gefangenschaft.

317 Vgl. Peter/Epifanow, Stalins Kriegsgefangene, 1998, S. 155.

318 a. a. O., S. 134f.

319 Ebenda.

320 Karner, Die sowjetische Hauptverwaltung für Kriegsgefangene und Internierte (GUPVI) und ihr Lagersystem 1941-1956, Wien-München 1998, S. 152; in: Müller, Tragödie der Gefangenschaft.

321 Vgl. Haus der Geschichte, Kriegsgefangene, 1995, S. 63.

322 Overmans, Soldaten hinter Stacheldraht, 2000, S. 88.

323 Gorbunov, Unterbringung und medizinische Versorgung, 1998, S. 45; in: Müller, Tragödie der Gefangenschaft. Vgl. auch die genauen Listen in Kuzímin, Unterbringung auf sowjetischem Territorium, 1998, S. 93f.; in: ebd.

324 Vgl. Kosteneckij, Heimatkontakte und Rückkehr, 1998, S. 58; in: Müller, Tragödie der Gefangenschaft.

325 Gorbunov, Unterbringung und medizinische Versorgung, 1998, S. 44ff.; in: Müller, Tragödie der Gefangenschaft.

326 Haus der Geschichte, Kriegsgefangene, 1995, S. 62. Vgl. auch Overmans, Soldaten hinter Stacheldraht, 2000, S. 109 bzw. S. 139.

327 Mit weiteren Augenzeugenberichten Rürup, Der Krieg gegen die Sowjetunion, 1991, S. 247ff.

328 Ebenda.

329 Overmans, Soldaten hinter Stacheldraht, 2000, S. 106.

330 Vgl. Zeidler, Stalinjustiz, 1996, S. 12.

331 Bericht des Innenministeriums, zitiert nach Peter/Epifanow, Stalins Kriegsgefangene, 1998, S. 322ff.

332 Knopp; Gefangene, S. 52. In Peter/Epifanow, Stalins Kriegsgefangene, 1998, S. 14 wird von mehr als 4 Millionen Kriegsgefangenen aus verschiedenen Ländern ausgegangen. 3,2 bis 3,5 Millionen waren Angehörige der Deutschen Wehrmacht, von denen 1,2 Millionen an Entkräftung und Krankheiten gestorben sind. Vgl. auch die Zahlen und die kritischen Anmerkungen in Overmans, Soldaten hinter Stacheldraht, 2000, S. 246f.

333 Privatbesitz.

334 Ebenda.

335 Ebenda.

336 Ebenda.

337 Ebenda.

338 Kosteneckij, Heimatkontakte und Rückkehr, 1998, S. 55; in: Müller, Tragödie der Gefangenschaft.

339 Privatbesitz.

340 Ebenda.

341 Ebenda.

342 Siehe BArch-MA Freiburg, B 205/1064.

343 Bericht des Innenministeriums, zitiert nach Peter/Epifanow, Stalins Kriegsgefangene, 1998, S. 322ff.

344 Vgl. die Zahlen u.a. auch in Zeidler, Stalinjustiz, 1996, S. 10 ff. bzw. Hans Reichelt, Die deutschen Kriegsheimkehrer, edition ost, Berlin 2007, S. 118ff.

345 Vgl. dazu auch Hans Reichelt, Die deutschen Kriegsheimkehrer, edition ost, Berlin 2007, S. 125ff.

346 Zur Thematik u. a. Haus der Geschichte, Kriegsgefangene, 1995, S. 80f.

347 Siehe Streim, Die Behandlung sowjetischer Kriegsgefangener, 1981, S. 190ff.

348 Ebenda.

349 Ebenda.

Kriegsverbrecher und ihre Bestrafung

Schon vor dem Anfang August 1945 im Potsdamer Abkommen gefällten Beschluss der Alliierten, einflussreiche Nazis und alle anderen Personen, die für die Besetzung und ihre Ziele gefährlich waren, zu verhaften und zu internieren, wurden in der Sowjetischen Besatzungszone aktive Mitglieder der NSDAP, Mitarbeiter der Gestapo, des SD, die Führer der HJ, die Leiter der deutschen Verwaltungsorgane, Mitglieder der SS, der SA sowie des Volkssturms in Kriegsgefangenenlager eingewiesen.

Dasselbe galt für das Personal der Gefängnisse und Konzentrationslager und für Personen, denen Spionage- beziehungsweise Sabotagetätigkeit oder Waffenbesitz vorgeworfen wurde. Für sie alle waren elf sogenannte »Speziallager« errichtet worden. Neben Soldaten und zivilen Funktionsträgern des NS-Staates wurden von den sowjetischen Besatzungsbehörden aber auch zahllose Deutsche willkürlich als Gegner der Besatzungsmacht verhaftet und interniert.

Über die Anzahl der in der Sowjetischen Besatzungszone internierten Personen und darüber, wie dieser Personenkreis sich zusammensetzte, gibt es nach wie vor keine gesicherten Erkenntnisse.

Im Dezember 1947 sollen sich unter den rund 80.000 NKWD-Gefangenen, die angeblich wegen ihrer Zugehörigkeit zu einer im Nürnberger Hauptkriegsverbrecherprozess für verbrecherisch erklärten NS-Organisation interniert worden waren, 38.788 NSDAP-Mitglieder, 13.267 Mitarbeiter der SS, der Gestapo und des SD sowie 2.580 HJ-Führer befunden haben.

Knapp ein Drittel der Gefangenen rekrutierte sich also nicht aus dem in Nürnberg benannten Personenkreis.

Die Verhältnisse in diesen Lagern, wo Hunger und Seuchen wüteten, waren um einiges schlechter als viele Kriegsgefangenenlager in der Sowjetunion. Insgesamt sollen nach sowjetischen Quellen 122.671 Deutsche bis zur Auflösung der »Speziallager« im Jahre 1950 interniert worden sein, wovon 42.889 Inhaftierte infolge miserabler Lagerbedingungen starben. Inwieweit diese Zahlen zuverlässig sind, ist nach wie vor fraglich. Andere Schätzungen gehen von höheren Opferzahlen, nämlich von 180.000 Internierten und von 65.000 bis 80.000 Todesfällen aus.[350]

Ebenso wurden nach Kriegsende in den Westzonen Internierungslager für zivile Funktionsträger des NS-Regimes eingerichtet. Ihre Funktion war auf die Internierung der Mitglieder verbrecherischer NS-Organisationen beschränkt.

Aber auch die durch die Westalliierten gefangenen Soldaten erhielten nicht den Status als Kriegsgefangene, sondern galten als Internierte. Sie waren daher nicht den Genfer Konventionen und der Haager Landkriegsordnung unterworfen. Man argumentierte, dass der Staat aufgehört habe zu existieren, ergo gäbe es auch keine staatlichen Soldaten mehr. In den USA hießen sie »Disarmed Enemy Forces«. Bei den Briten hießen sie »Surrendered Enemy Personnel«. Beide Begriffe ähneln dem heute in Guantanamo benutzten Begriff des »enemy combattant«.

Alles Begriffe, die völkerrechtlich nicht anerkannt sind.

Im Zweiten Weltkrieg benutzte die USA diese Begrifflichkeit nur bei Gefangenen außerhalb der USA. Die Praxis währte lediglich bis März 1946. Man versuchte, dadurch Nahrungsmittel zu sparen, die dringend für die *Displaced Persons* und für die Zivilbevölkerung gebraucht wurden. Sowohl nach dem Genfer als auch nach dem Haager Abkommen hätten Gefangene wie eigene Ersatztruppenteile ernährt werden müssen.

Die Haftbedingungen waren trotzdem meistens ungleich besser als die Verhältnisse in den sowjetischen Lagern, obwohl beispielsweise in Frankreich, Belgien und Holland Kriegsgefangene entgegen den Genfer Konventionen zu Minenräumdiensten eingesetzt wurden. In der britischen Zone wurden die Internierten nach Abschluss der Strafverfahren wegen Mitgliedschaft in einer verbrecherischen NS-Organisation in den Jahren 1947/48 entlassen.

Diese Massenentlassung von ehemaligen Mitgliedern der SS, der SA, des SD und der Gestapo stieß auf scharfen sowjetischen Widerspruch.

Rechtsgeschichte schrieb das Internationale Militärtribunal von Nürnberg im Verfahren gegen die Hauptkriegsverbrecher des Nazi-Regimes, das am 20. November 1945 begann.[351] 21 ehemals führende Vertreter des »Tausendjährigen Reiches« saßen auf der

Anklagebank. Die Anklage lautete auf Verschwörung und Verbrechen gegen den Frieden, Kriegsverbrechen und Verbrechen gegen die Menschlichkeit. Am 1. Oktober 1946 wurde das Urteil verlesen: Zwölf Angeklagte wurden zum Tode verurteilt, drei zu lebenslanger Haft, bei vier Personen wurden Freiheitsstrafen zwischen 10 und 20 Jahren ausgesprochen. Außerdem kam es zu drei Freisprüchen. In diesem Prozess wurden Generalfeldmarschall Keitel, Generaloberst Jodl und der Chef der Sicherheitspolizei Kaltenbrunner auch wegen ihrer Verantwortung für Verbrechen gegen Kriegsgefangene zum Tode verurteilt.

In den zwölf nachfolgenden Prozessen durch den Internationalen Militärgerichtshof in Nürnberg wurden 185 Personen angeklagt. Verurteilt wurden 98 zu Freiheitsstrafen zwischen 18 Monaten und 20 Jahren, 20 zu lebenslangen Freiheitsstrafen und 24 erhielten die Todesstrafe, die in zwölf Fällen vollstreckt wurde. Acht der Verfahren wurden wegen Krankheit oder Tod des Beschuldigten eingestellt, 35 der Angeklagten wurden freigesprochen.

Die Beschuldigungen gegen die Angeklagten betrafen zumeist die angeordnete Hinrichtung aller Kommandos und politischer Kommissare und das Verhalten der deutschen Armee gegenüber Zivilisten in den besetzten Gebieten. Einige der Angeklagten waren Schreibtischtäter und hatten persönlich an den Entwürfen des Kommissarbefehls und des Kommandobefehls mitgearbeitet. Noch nach Landung der Westalliierten in der Normandie hatte das OKW ausdrücklich bekräftigt, dass der verbrecherische Befehl des Führers über die Vernichtung von Terror- und Sabotagetrupps von 1942 aufrechterhalten blieb.

»Alle außerhalb des unmittelbaren Kampfgebietes angetroffenen Angehörigen von Terror- und Sabotagetrupps, zu denen grundsätzlich alle Fallschirmspringer rechnen, sind im Kampf niederzumachen. In Sonderfällen sind sie dem SD zu übergeben.«[352]

Die meisten anderen Angeklagten hatten aber direkt mit den Morden zu tun.

Im einem der Nürnberger Nachfolgeverfahren, in dem es auch um Verbrechen gegen sowjetische Kriegsgefangene ging, dem sogenannten OKW-Prozess, wurden einige führende Köpfe der Wehrmacht bestraft. Der Generalfeldmarschall und Chef der Heeresgruppe Nord, Wilhelm Leeb, der bereits im Januar 1942 seinen Abschied genommen hatte, wurde zu drei Jahren verurteilt. Nachfolger Georg von Küchler erhielt eine Freiheitsstrafe von 20 Jahren. Bei diesem Prozess ging es sowohl um den massenhaften Tod von Kriegsgefangenen als auch um die Selektionen nach dem Kommissarbefehl und um Verbrechen gegen die Menschlichkeit wie Massenmord und Ausrottung von Minderheiten.

Nachdem die Behauptung, von dem Befehl nichts gewusst zu haben, widerlegt war, beriefen sich die Angeklagten unisono darauf, von vornherein gegen diesen Befehl gewesen zu sein und darauf vertraut zu haben, dass ihre Untergebenen den Befehl nicht ausführen würden.

Das alliierte Gericht reagierte auf solche Aussagen mitunter mit höhnischem Spott, wie bei der Verurteilung des Befehlshabers der 4. Panzerarmee, Generaloberst Hermann Hoth, zu 15 Jahren. »Seine weitere Aussage läuft darauf hinaus, dass seine Untergebenen [...] die Wellen hätten auffangen können, die von seinem bekannt ehrenwerten Charakter ausstrahlten: Er habe geglaubt, dass sie den Mut haben würden, dem Befehl den Gehorsam zu verweigern – einen Mut, den er selbst nicht hatte. Dass die Ausstrahlung, die von seinem Charakter ausging, zu schwach oder dass die Gehirne seiner Untergebenen nicht empfindlich genug waren, um sie aufzufangen, wird durch die Urkunden bewiesen.«[353]

Insgesamt wurden im OKW-Prozess 11 von 13 Angeklagten verurteilt. Der Chef des Allgemeinen Wehrmachtsamtes, Hermann Reinecke, und der Chef des Wehrmachtsführungsstabes, Walter Warlimont, wurden zu lebenslänglicher Haft verurteilt. Der Chef des Wehrmachtsrechtsamtes, Rudolf Lehmann, wurde zu sieben Jahren verurteilt. Des Weiteren wurden die Truppenführer Hans-Georg Reinhardt zu 15 Jahren und Hans von Salmuth zu 20 Jahren verurteilt. Karl-Adolf Hollidt wurde zu fünf Jahren, Otto Wöhler zu acht Jahren und Karl von Roques zu 20 Jahren Haft verurteilt. Alle traten die Haft an, aber die meisten verbüßten sie lediglich zum Teil. Von Roques starb während der Haft.

In der britischen Zone wurde Generalfeldmarschall von Manstein, der Chef der Heeresgruppe Süd, zu 18 Jahren verurteilt und dreieinhalb Jahre später vorzeitig entlassen. Außerdem gab es in der britischen Zone Verfahren gegen Angehörige des Personals der Konzentrationslager Auschwitz, Bergen-Belsen und Natzweiler. Von den vor britischen Militärgerichten insgesamt angeklagten 1.085 Personen wurden 240 zum Tode verurteilt.

Soweit Freiheitsstrafen verhängt wurden, setzte man diese später meist im Gnadenwege herab. Die letzten aufgrund britischer Militärgerichtsurteile in Haft befindlichen Deutschen wurden 1957 entlassen.

Der größte Teil der in der französischen Zone durchgeführten Strafprozesse gegen Deutsche betraf Angehörige des Personals des bei Saarbrücken gelegenen Lagers »Neue Bremme« und verschiedener in Baden-Württemberg gelegener Nebenlager des Konzentrationslagers Natzweiler. Die Gesamtzahl der vor Militärgerichten in der französischen Besatzungszone Deutschlands angeklagten Personen ist nicht bekannt. Verurteilt wurden von diesen Gerichten 2.107 Personen, davon 104 zum Tode.[354]

In der sowjetischen Zone wurden bis zum 1. Januar 1947 insgesamt 17.175 Personen von den Militärtribunalen verurteilt. Nur wenige wurden freigesprochen. Die Strafe betrug gewöhnlich 15 oder 20 Jahre Haft. Von den laut sowjetischen Quellen insgesamt rund 120.000 internierten Deutschen soll jeweils ungefähr ein Drittel gestorben oder freigelassen worden sein. Das restliche Drittel soll je zur Hälfte in die Sowjetunion verbracht und verurteilt worden sein oder wurde den Behörden der DDR übergeben. Nach sowjetischen Angaben sind 776 Personen von sowjetischen Militärtribunalen zum Tode verurteilt worden.

Umstritten bleibt der Grund der Verurteilungen durch die sowjetischen Behörden. Einen Teil der Internierten, die als Gegner der Besatzungsmacht verhaftet wurden, verurteilten die Militärtribunale nach Artikel 58 des Russischen Strafgesetzbuchs wegen sogenannter konterrevolutionärer Verbrechen.

Die Gesamtzahl der von den Sowjetischen Militärtribunalen verurteilten Deutschen ist nach wie vor nicht genau bekannt. Nach inoffiziellen Angaben der russischen Generalstaatsanwaltschaft sollen von Tribunalen in der Sowjetischen Besatzungszone insgesamt 60.000 Deutsche verurteilt worden sein, wovon wahrscheinlich mindestens 40.000 Zivilisten waren. Wie viele dieser Personen wegen Kriegsverbrechen, Verbrechen gegen die Menschlichkeit oder wegen Zugehörigkeit zu einer verbrecherischen NS-Organisation verurteilt wurden und inwieweit diese Verurteilungen zu Recht erfolgten, ist auch heute noch nicht hinreichend geklärt.[355]

In den sowjetischen Kriegsgefangenenlagern auf dem Gebiet der Sowjetunion befanden sich im Mai 1950 noch 13.532 wegen

Kriegsverbrechen Verurteilte. Nach dem allerersten Kriegsverbrecherprozess 1943 in Charkow, bei dem vier deutsche Kriegsgefangene zum Tode verurteilt worden waren, gab es erst wieder nach dem Krieg Prozesse gegen deutsche Wehrmachtssoldaten.

Von Dezember 1945 bis Februar 1946 gab es acht Prozesse. Unter den 86 angeklagten Personen waren 18 Generäle, 28 Offiziere sowie 39 Unteroffiziere und Mannschaftsdienstgrade. Insgesamt wurde 67-mal die Todesstrafe – darunter alle Generäle – und 19-mal zwischen 12 und 20 Jahren Zwangsarbeit ausgesprochen.[356]

Im Herbst 1947 gab es nochmals neun Verfahren. Nachdem inzwischen die Todesstrafe abgeschafft war, wurden 135 Personen zu Zwangsarbeiten verurteilt. Sie wurden zumeist in das Zwangsarbeitslager Workuta am Polarkreis geschafft, wo aufgrund der extremen Bedingungen nur wenige überlebten.[357]

Insgesamt waren 1.112 deutsche Militärangehörige bis April 1948 verurteilt worden, was im Vergleich zu den Verurteilungen in westlichen Ländern durchaus wenig war.

Dies erschien wohl auch den sowjetischen Machthabern als zu milde. So wurden – kurz vor Abschluss der Repatriierungsmaßnahmen der deutschen Kriegsgefangenen – Ende 1949 die Kriegsgefangenenlager noch einmal systematisch durchkämmt und der Verfahrensweg verkürzt. Auf diesem Wege kam es im November/Dezember 1949 erneut zu vielen Verurteilungen. Während die anderen Nachkriegsprozesse in der Sowjetunion durchaus rechtsstaatlichen Grundsätzen entsprochen hatten, wurde nun »kurzer Prozess« gemacht, in Schnellverfahren wurden 86 Prozent der Angeklagten zur Höchststrafe von 25 Jahren Arbeitslager verurteilt.

Neben diesen Verfahren der alliierten Siegernationen fanden in fast allen Ländern, die von der Wehrmacht besetzt waren, Verfahren gegen deutsche Staatsangehörige wegen Kriegsverbrechen statt. Beispielsweise gab es in Belgien 75 Verfahren, in Dänemark 80, in Luxemburg 68, in den Niederlanden 204 und in Polen 5.358 Verfahren. Unbekannt ist die Anzahl der in der Tschechoslowakei und in Jugoslawien Verurteilten.

Laut Kontrollratsgesetz Nr. 10 »Bestrafung von Kriegsverbrechern und bei Verbrechen gegen die Menschlichkeit« vom 20. Dezember 1945 durften Straftaten, die von Deutschen an Ausländern begangen wurden, nicht vor deutschen Gerichten bestraft werden. Im

Laufe der Jahre wurden jedoch die Zuständigkeitsbereiche deutscher Gerichte nach und nach erweitert. In der sowjetischen Zone und der DDR wurde mit dem Befehl Nr. 201 der Sowjetischen Militäradministration in Deutschland vom 16. August 1947 das Ende der Entnazifizierungsmaßnahmen eingeleitet.

Gleichzeitig wurden die deutschen Gerichte ausdrücklich verpflichtet, aktive Nationalsozialisten und Militaristen zu bestrafen; wobei andererseits auch festgestellt wurde, dass eine allgemeine gerichtliche Verfolgung sämtlicher Mitglieder der NSDAP und deren Organisationen nicht in Betracht komme, da dies dem demokratischen Aufbau Deutschlands schaden würde. Die »Minderbelasteten«, die nun als »Verbrecher der 2. Stufe« bezeichnet wurden, sollten nur bei »persönlicher Schuld« bestraft werden.

Die Strafzumessung war in der Anfangsphase von ständiger SED-Kritik begleitet. Der Rechtspolitische Beirat beim Zentralsekretariat der SED beklagte Anfang Januar 1948 die seiner Ansicht nach lächerlich geringen Strafen und monierte, dass fast nie das Höchstmaß der Strafe ausgesprochen wurde.

Eine Statistik des Generalstaatsanwalts der DDR für die Zeit von 1945 bis 1976 zählt insgesamt 12.852 Verurteilungen. Es gab 118 Todesurteile und 231 Verurteilungen zu lebenslanger Freiheitsstrafe. In diesen Zahlen sind allerdings die Verurteilten der sogenannten »Waldheim-Prozesse« eingeschlossen, die im Juli 1950 beendet waren. Bei diesen Prozessen, die rechtsstaatlichen Grundsätzen keineswegs entsprachen, wurden über 3.000 Urteile gesprochen, zumeist hohe Zuchthausstrafen über zehn Jahre und 33 Todesurteile, von denen 24 vollstreckt wurden.

Diese Prozesse können allerdings nicht als Verfolgung von NS-Unrecht betrachtet werden, auch wenn dies in der offiziellen DDR-Geschichtsschreibung so dargestellt wurde, denn die Angeklagten wurden vorrangig als »Feinde des Aufbaus« verurteilt. Eine NS-Belastung war weniger wichtig.[358]

In der Bundesrepublik konnten die deutschen Gerichte ihre Gerichtsbarkeit erst mit dem Vertrag vom 30. März 1955 »zur Regelung aus Krieg und Besatzung entstandener Fragen«, dem sogenannten Überleitungsvertrag, wieder voll selbständig ausüben.

Bis zu diesen Zeiten wurden in der Bundesrepublik mindestens 600 Verfahren wegen völkerrechtswidriger Behandlung von Kriegsgefangenen gegen eine große Anzahl von Beschuldigten geführt, von denen viele mit einem Freispruch des Angeklagten oder mit Einstellung endeten. Die nach Auffassung der Sowjetunion nachlässige und milde Handhabung des Kontrollratsgesetzes Nr. 10 im Westen hatte bereits zuvor den Unmut der sowjetischen Besatzungsmacht heraufbeschworen. In Berlin wurde deswegen sogar der Generalstaatsanwalt für Gesamtberlin von der sowjetischen Besatzungsmacht unter Hausarrest gestellt, der nach 431 Tagen »Haft« in den westlichen Teil der Stadt flüchtete.[359]

Nach dem Überleitungsvertrag von 1955 wurden im Zuge der Aufklärung der an sowjetischen Kriegsgefangenen begangenen Verbrechen sämtliche Gefangenenlager daraufhin überprüft, ob dort Aussonderungen und Tötungen sogenannter »untragbarer«, also jüdischer oder politisch verdächtiger Kriegsgefangener, vorgekommen waren. Es ergaben sich in zahlreichen Fällen konkrete Anhaltspunkte für solche Tötungshandlungen, jedoch konnten die Angehörigen der Kommandos der Sicherheitspolizei und des SD, welche die Exekutionen der ausgesonderten Gefangenen vorgenommen hatten, in der Regel nicht identifiziert werden. Außerdem waren 1955 von den in Frage kommenden 22 Kommandanten 14 bereits tot und bei sechs war der Aufenthaltsort nicht mehr zu ermitteln. Lediglich in zwei Fällen wurde Anklage erhoben. Ähnlich war es bei den 13 Abwehroffizieren, von denen nur noch einer angeklagt werden konnte.

1958 hatten die Justizminister der Länder die Gründung der »Zentralen Stelle der Landesjustizverwaltungen zur Aufklärung nationalsozialistischer Verbrechen« vereinbart, die in konservativen Juristenkreisen abwertend »Staatsanwaltschaft Jerusalem, Zweigstelle Ludwigsburg« genannt wurde. Die dort tätigen Staatsanwälte trugen alle für sie erreichbaren Informationen über NS-Verbrechen zusammen und werteten sie aus.

Ein bekannter Strafrechtsprofessor führt dazu aus: »Von einer umfassenden Ermittlung der bis 1958 ungeahndet gebliebenen NS-Verbrechen kann keine Rede sein […]. Das größte Wunder ist aber, dass eine von der Politik behinderte, von der Bevölkerung angefeindete und von vielen Kollegen alleingelassene Juristenschar, mit einer kümmerlichen Ausstattung und unter Verzicht auf glänzende Karrieren, nicht resigniert hat, sondern jahrzehntelang unverzagt gegen den Strom geschwommen ist.«[360] Anlass für die Errichtung der Zentralen Stelle war der sogenannte »Ulmer Einsatzkommando-

Prozess« gegen zehn ehemalige Gestapo-Angehörige wegen der Beteiligung an Massenerschießungen im litauischen Grenzgebiet. Durch Urteil des Schwurgerichts Ulm vom 29. August 1959 waren sämtliche Angeklagten zu langjährigen Zuchthausstrafen verurteilt worden. In diesem Prozess wurde Material bekannt, welches zu Recht den Schluss nahelegte, dass noch einige weitere Massenexekutionen nicht aufgeklärt waren. Zu diesem Material gehörten insbesondere die sogenannten Ereignismeldungen der Sicherheitspolizei und des SD über Geschehnisse im russischen Raum.

Die Zentrale Stelle war zunächst nur für solche NS-Verbrechen zuständig, deren Tatort außerhalb des Bundesgebietes lag. Die Zuständigkeit war außerdem auf solche NS-Verbrechen beschränkt, die im Zusammenhang mit den Kriegsereignissen, jedoch außerhalb der eigentlichen Kriegshandlungen gegenüber der Zivilbevölkerung begangen worden sind.

Diese Zuständigkeit wurde durch Beschlüsse der Justizminister 1964 und 1966 erheblich erweitert. Nun war die Zentrale Stelle auch für solche NS-Verbrechen zuständig, die sich im Bundesgebiet selbst ereignet hatten. Insbesondere waren auch Vorermittlungen gegen Angehörige der obersten Reichsbehörden, der obersten Parteidienststellen und Lagermannschaften von im Bundesgebiet gelegenen Lagern zu führen. Der Grundsatz, dass nur NS-Verbrechen gegenüber der Zivilbevölkerung zu verfolgen sind, war insoweit durchbrochen. Somit konnten nun auch bestimmte Verbrechen gegenüber Kriegsgefangenen aufgeklärt werden.

Ab 15. November 1965 ermittelte die Ludwigsburger Zentralstelle der Staatsanwaltschaft gegen ehemalige Angehörige des Stalags 329.[361] Insgesamt gab es in jener Zeit wegen der Aussonderung von Kriegsgefangenen ungefähr 500 Vorermittlungsverfahren.

Gegenstand des Verfahrens war die »Aussonderung« sowjetischer Kriegsgefangener gemäß der Einsatzbefehle 8, 9 und 14 und des Kommissarbefehls. »Die Kompanien haben ihre Tätigkeit in den Lagern sofort aufzunehmen. Enge Zusammenarbeit mit den Lagerkommandanten und Abwehroffizieren wird zur Pflicht gemacht. Aufkommende Schwierigkeiten sind durch persönliche Verhandlungen mit den in Frage kommenden Stellen der Wehrmacht zu bereinigen. [...] Insbesondere mache ich zur Pflicht, dass die Einsatzbefehle Nr. 8 und 14 sowie die hierzu ergangenen Nachtragserlasse bei Gefahr im Verzuge sofort zu vernichten sind.«[362]

Lediglich die Ausführung dieser Befehle – also die Aussonderung und Ermordung im Lager – wurde hierbei verfolgt. Niemand machte sich zu dieser Zeit die Mühe darüber nachzudenken, inwieweit es ein Verbrechen sein könnte, die Gefangenen einfach verhungern zu lassen oder auf andere Art und Weise zu vernichten.

Die Befragungen wurden zumeist vor Ort bei den zu Vernehmenden durchgeführt. Man hat dabei den Eindruck, dass oft keine große Mühe bei der Befragung der Zeugen an den Tag gelegt wurde. Die Befragungen dauerten mitunter auch nur eine halbe Stunde.

Das lag daran, dass keine geschulten Vernehmungsbeamten die Befragungen durchführten, sondern Beamte vor Ort, die von der Materie oft wenig Ahnung hatten. Allerdings muss auch erwähnt werden, dass damals wegen der noch fehlenden Kenntnis der organisatorischen Zusammenhänge meist keine so präzisen Vorhaltungen gemacht werden konnten. Jedenfalls kam bei den Vernehmungen nichts Nennenswertes heraus. Lediglich ein noch lebender Beschuldigter wurde ausfindig gemacht. Die Ermittlungen wurden jedoch wegen seines hohen Alters eingestellt.

Wegen der Verbrechen in Winniza sind lediglich zwei relativ milde Verurteilungen aus den 70er Jahren für Angehörige des Polizeibataillons 45 bekannt, die unter anderem auch wegen Judenerschießungen im September 1941 in Winniza bestraft wurden.[363] Bereits seit Mai 1960 konnten aus rechtlichen Gründen im Wesentlichen nur noch NS-Taten verfolgt werden, die als Mord zu bewerten waren. Die an sich gültige 20-jährige Verjährungsfrist wurde anfangs verlängert und 1979 ganz aufgehoben. Alle übrigen Vergehen und Verbrechen, insbesondere Totschlag, waren bereits verjährt.

Aus einer vom Bundesministerium der Justiz geführten Statistik ergaben sich zum 1. Januar 2000 folgende Zahlen: Von 106.496 von westdeutschen Staatsanwaltschaften angeklagten Personen wurden lediglich 6.497 verurteilt; 13 davon vor Inkrafttreten des Grundgesetzes zum Tode, 166 zu lebenslanger Freiheitsstrafe, 6.201 zu Freiheitsstrafen und 115 zu Geldstrafen. Zwei Angeklagte wurden aufgrund ihres Alters verwarnt beziehungsweise es wurde von Strafe abgesehen.[364]

350 Vgl. Meyer-Seitz, Die Verfolgung von NS-Straftaten in der Sowjetischen Besatzungszone, 1998, S. 34ff.

351 Vgl. u. a. Taylor, Die Nürnberger Prozesse, 1994, Heydecker/Leeb, Der Nürnberger Prozess, 1979 und Müller-Ballin, Die Nürnberger Prozesse 1945-1949, 1995.

352 Harris, Tyrannen vor Gericht, Berlin 2008, S. 222.

353 Zitiert nach Friedrich, Gesetz des Krieges, 1993, S. 931.

354 Rückerl, Die Strafverfolgung von NS-Verbrechen, 1979, S. 30ff.

355 Meyer-Seitz, Die Verfolgung von NS-Straftaten in der Sowjetischen Besatzungszone, 1998, S. 34ff.

356 Vgl. *Tägliche Rundschau* vom 15., 16., 18., 20. 27. Januar und vom 5. Februar 1946.

357 Zeidler, Stalinjustiz, 1996, S. 26ff.

358 Vgl. Rückerl, Die Strafverfolgung von NS-Verbrechen, 1979, S. 73f. und Meyer-Seitz, Die Verfolgung von NS-Straftaten in der Sowjetischen Besatzungszone, 1998, S. 234 und 319ff.

359 Reuß, Vier Sektoren – eine Justiz, 2003, S. 76ff.

360 Prof. Rüter in: *Der Tagesspiegel* vom 23.11.2008.

361 BArch-Ludwigsburg AR-Z 13/69.

362 BArch-Ludwigsburg AR-Z 13/69, Anhang Bl. 17.

363 Klemp, Nicht ermittelt, Essen 2005, S. 125.

364 Auskunft der Zentralen Stelle der Landesjustizverwaltung zur Aufklärung von NS-Verbrechen in Ludwigsburg.

Nachbetrachtung

Die Behandlung von sowjetischen Kriegsgefangenen durch Deutsche unterscheidet sich fundamental von der Behandlung deutscher Kriegsgefangener durch die Sowjets. Während Deutsche in der Sowjetunion zumeist gemäß den Genfer Konventionen behandelt wurden, waren die Deutschen mitnichten an einer menschenwürdigen Behandlung sowjetischer Kriegsgefangener interessiert. Die Bevölkerung der Sowjetunion sollte dezimiert, das »Judentum« und der Bolschewismus ausgerottet werden.

Für das Massensterben sowjetischer Kriegsgefangener gab es folgende Hauptursachen:

- Hunger,
- völlig unzureichende Hygieneverhältnisse und daraus resultierende Seuchen,
- völlig unzureichende Unterbringungsmöglichkeiten im strengen Winter 1941/42.
- »Sonderbehandlungen« und sonstige »Säuberungen«

Im Gegensatz zur zumindest teilweise geplanten, systematischen Vernichtung von gefangenen sowjetischen »Untermenschen« lassen sich die häufigen Todesfälle von deutschen Kriegsgefangenen, insbesondere unmittelbar nach Stalingrad, weitgehend mit der Auszehrung und dem schlechten Gesundheitszustand der deutschen Soldaten nach diesen langen Kämpfen erklären. Ein weiterer Grund war die allgemein schlechte Lebens- und Versorgungssituation in der ausgebluteten Sowjetunion, deren Truppen nur unter Mobilisierung letzter Kräfte die deutschen Aggressoren aus ihrem Land vertreiben konnten. Schon aus diesem Grund wäre ein einfacher Zahlenvergleich der Todesfälle in den Lagern mehr als fragwürdig.

Man muss allerdings feststellen, dass die Sowjets mit deutschen Kriegsgefangenen und mit der deutschen Bevölkerung geradezu schonend umgingen, vergleicht man dies mit der von Deutschen initiierten systematischen Ausrottung der slawischen Bevölkerung. Besonders was die Ernährungsfrage betrifft, wurde von der Sowjetunion Erstaunliches geleistet. So soll die Versorgungslage in Berlin im Mai 1945 besser als in Moskau gewesen sein, was auch zu einigem Unmut bei den dort stationierten sowjetischen Soldaten führte.

Auch den deutschen Gefangenen in den Kriegsgefangenenlagern in der Sowjetunion ging es meistens »relativ« gut. Trotzdem erscheinen auch heute noch häufiger Publikationen, die lediglich die Ausnahmen, also die schrecklichen sibirischen Zwangsarbeitslager thematisieren wie beispielsweise das Lager Workuta. Dort saßen nach damaligem sowjetischem Verständnis jedoch verurteilte Verbrecher, die auch aus der eigenen Bevölkerung oder aus der sowjetischen Besatzungszone kamen. Diese Lager können durchaus als Vernichtungslager angesehen werden: Vernichtung durch härteste Zwangsarbeit und härteste Umweltbedingungen.

Durch einige Publikationen über Workuta könnte man den Eindruck gewinnen, dass alle Kriegsgefangenenlager so waren.

Dem war aber nicht so!

Angesichts der medialen Aufmerksamkeit für das versenkte Flüchtlingsschiff *Wilhelm Gustloff* und der deutschen Opfer des Bombenkrieges, der nicht verstummenden Rückforderungsansprüche an die einstmals überfallenen Länder und des Klagens über die »Vertreibung« von Deutschen, an die in einem »Vertriebenenzentrum« erinnert werden soll, muss daran erinnert werden, was im Namen Deutschlands von Deutschen vor allem in den osteuropäischen Ländern verbrochen worden ist.

Insbesondere was mit den sowjetischen Kriegsgefangenen geschah, ist weitgehend unreflektiert geblieben. Selbst in der Diskussion über die Opfer des alliierten Bombenkriegs werden sie vollkommen vergessen, obwohl auch sie, da sie – im Gegensatz zu deutschen Gefangenen in der Sowjetunion[365] – normalerweise nicht in die Luftschutzkeller durften, kurz vor Ende ihres Martyriums dabei tragischerweise zu Hauf ums Leben kamen.[366]

Viele Wehrmachtsoldaten begingen abscheuliche Verbrechen oder waren zumindest an der Ausführung solcher Verbrechen direkt oder indirekt beteiligt. Nach Beendigung des Zweiten Weltkrieges versuchten sich viele deutsche Kriegsverbrecher mit dem Befehlsnotstand herauszureden. Mit der Behauptung, »Ich hätte doch selbst dran glauben müssen, wenn ich den Befehl nicht befolgt hätte«, entschuldigten sich viele der Beteiligten nach dem Krieg.

Die Berechtigung derartiger Entschuldigungen lässt sich jedoch nicht verifizieren. Die Nichtbefolgung der verbrecherischen Befehle war nicht mit Gefahren für Leib und Leben des Betreffenden oder gar der Familie verbunden. Derartige Äußerungen sind daher lediglich eine Schutzbehauptung für die mangelhaft vorhandene Zivilcourage.

Zum Teil wurde vor einer sogenannten »Judenaktion« gefragt, wer aus Gewissensgründen nicht teilnehmen wolle. Es gab sogar Fälle, bei denen Soldaten sich auf § 47 des Militärstrafgesetzbuches beriefen, der besagte:

»1) Wird durch die Ausführung eines Befehls in Dienstsachen ein Strafgesetz verletzt, so ist dafür der befehlende Vorgesetzte allein verantwortlich. Es trifft jedoch den gehorchenden Untergebenen die Strafe des Teilnehmers,

1. wenn er den erteilten Befehl überschritten hat oder

2. wenn ihm bekannt gewesen ist, dass der Befehl des Vorgesetzten eine Handlung betraf, welche ein allgemeines oder militärisches Verbrechen oder Vergehen bezweckte.«

Möglicherweise aber kam es zu einer gewissen Ächtung im »Kameradenkreis« oder zu einem »Karriereknick«. Aber auch das musste nicht unbedingt sein, denn wegen psychischer und physischer Belastung wurden sogar Versetzungen in die Heimat genehmigt, ohne dass es dort zu weiteren Beeinträchtigungen kam.[367]

Browning stellte 1993 in seinem Buch »Ganz normale Männer« fest: »In den vergangenen 45 Jahren ist in Hunderten von Gerichtsverfahren schlicht und einfach noch kein Angeklagter oder Verteidiger in der Lage gewesen, auch nur in einem einzigen Fall zu belegen, dass auf die Weigerung, unbewaffnete Zivilisten zu töten, jene gnadenlose Bestrafung gefolgt wäre, die angeblich zwangsläufig damit verbunden war.«[368]

Jedenfalls hatte die Behandlung sowjetischer Kriegsgefangener streng nach den Genfer Konventionen trotz entgegengesetzter OKW-Vorschriften keine sonderlich negativen Auswirkungen. Das einzig bekannte Verfahren, das gegen den Kommandanten eines Stalags wegen zu nachsichtiger Haltung gegenüber sowjetischen Kriegsgefangenen eingeleitet worden war, wurde mit folgender Begründung eingestellt: »Seine Handlungsweise […] war nicht Ausdruck einer weichlichen und pazifistischen Einstellung. Er hat vielmehr die Auffassung vertreten, dass eine menschenwürdige Behandlung der russischen Kriegsgefangenen im Interesse Deutschlands liegt.«[369]

So leicht war es also, gute, akzeptierte Gründe für eine menschenwürdige Behandlung der sowjetischen Gefangenen zu finden. Man musste nur auf potenzielle Rache-Exzesse an deutschen Kriegsgefangenen verweisen, und schon konnte man sich der Mordmaschinerie entziehen.

Ähnliche Muster lassen sich auch bei Teilnahmeverweigerungen an Erschießungsaktionen finden. Beispiele zeigen, dass dies mitunter nicht einmal für die weitere Karriere irgendwelche Auswirkungen hatte.

So sagte ein Angehöriger eines Einsatzkommandos, der Frauen mit Kleinkinder erschießen sollte, aus: »Als ich von Hauptmann Gabel zum Erschießungskommando bestimmt wurde, hatte ich eine Auseinandersetzung mit ihm, da ich ihm sagte, dass ich nicht nach Russland gegangen wäre, wenn ich gewusst hätte, welche Aufgabe uns hier erwartet. Was er darauf sagte, kann ich heute nicht mehr sagen, sinngemäß sagte er mir, dass ich noch schießen müsste.«[370]

Das Einzige, was ihm daraufhin blühte, war, während der Exekution zum Warten der Waffen seiner Kameraden abgestellt zu werden.

Absurd und geradezu zynisch erscheinen daher Reinwaschungsversuche, die ein Täter, der eine Jüdin trotz Geld- und Schmuckangebote nicht laufen ließ, Jahre nach dem Krieg, in seiner Aussage tätigte: »Ich versuchte der Jüdin klarzumachen, dass ich ihr nicht helfen könne. Ich müsste in einem solchen Fall mit großen Unannehmlichkeiten rechnen.«[371]

Mit der Auflösung der Zwangsarbeiter- und Kriegsgefangenenlager nach Ende des Zweiten Weltkrieges gab es zwischen zehn und zwölf Millionen *Displaced Persons* in Deutschland. *Displaced Persons* nannte man die durch den Krieg und seine Folgen heimatlos gewordenen Ausländer. Also ehemalige Zwangsarbeiter, Kriegsgefangene und KZ-Häftlinge.

Viele *Displaced Persons* weigerten sich, in ihre Länder zurückzukehren, vor allem Polen, Ukrainer und Balten wegen der Verschiebung der heimatlichen Grenzen. Befanden sie sich im durch die Rote Armee besetzten Gebiet, blieb ihnen jedoch nichts anderes übrig. In den von anglo-amerikanischen Truppen besetzten Gebieten wurden sie nur zurückgeschickt, wenn sie das auch wollten. Mit den sowjetischen Kriegsgefangenen, die nicht aus der Ukraine oder dem Baltikum stammten, machten aber auch die westlichen Alliierten kurzen Prozess. Man wollte keinen Konflikt mit der russischen Siegermacht. Die ehemaligen Kriegsgefangenen wurden vom Beginn der Nachkriegszeit bis zu den Anfängen des Kalten Krieges zwangsrepatriiert.

Während für andere Opfergruppen der Nationalsozialisten spätestens nun die Leidenszeit zu Ende war, galt dies für die sowjetischen Kriegsgefangenen nicht. Da mit Stalins Befehl Nr. 270 vom 16. August 1941 Gefangenschaft mit Verrat gleichgesetzt worden war, hatten viele sowjetische Gefangene, obwohl es relativ wenige Kollaborateure unter ihnen gegeben hatte, zu Recht Angst, wieder zurück in ihr Heimatland zu müssen. Die Sowjetunion, die unglaubliche Verluste an Menschen erlitten hatte, war stark an der Rückkehr der zuvor Deportierten interessiert. Man brauchte auch dort nun dringend Arbeitskräfte zum Wiederaufbau des vollkommen zerstörten Landes.

Viele, die zur deutschen Wehrmacht übergelaufen waren, wurden deswegen schon in Abwesenheit in der Sowjetunion zum Tode verurteilt. Von den Zwangsrepatriierten wurden 20 Prozent in der Sowjetunion zum Tode oder zu 25 Jahren Lagerhaft verurteilt, bis zu 30 Prozent erhielten Haftstrafen von fünf bis zehn Jahren, 15 Prozent wurden erneut als Zwangsarbeiter in vom Krieg verwüstete Gegenden geschickt. Bis zu 20 Prozent erhielten die Erlaubnis heimzukehren, die restlichen ehemaligen Gefangenen starben auf der Heimreise oder konnten fliehen.

Ein Überlebender des Stalags in Zeithain berichtet über 50 Jahre danach: »Am 24. April 1945 [...] wurden wir durch die Rote Armee befreit. Etwas später hat Stalin erlassen, die Berufslehrer nach Hause zu bringen. [...] Von Februar bis 30. September arbeitete ich als Lehrer. Plötzlich wurde ich verhaftet und vom *Sonderrat* zu zehn Jahren Haft verurteilt. Es gab nur einen einzigen Grund dafür: Ich war am Leben geblieben. Ich war achteinhalb Jahre in Haft. 1956 wurde ich rehabilitiert.«[372]

Erst nach dem XX. Parteitag der KPdSU 1956 wurden die ehemaligen Kriegsgefangenen amnestiert, blieben aber bei der eigenen Bevölkerung häufig geächtet.

Auch heute noch erfahren die sowjetischen Kriegsgefangenen keine Gleichbehandlung. Die Bundesregierung gewährt keine Entschädigung für Kriegsgefangene. Aus dem geschaffenen Fonds werden nur NS-Zwangsarbeiter entschädigt. Nach Überzeugung des

Bundesverfassungsgerichts verstößt es nicht gegen den Gleichheitsgrundsatz, wenn nur zivile Zwangsarbeiter entschädigt werden. Grund dafür ist die Haager Landkriegsordnung von 1907, nach der Kriegsgefangene in genau bestimmten Grenzen zwangsweise zur Arbeit verpflichtet werden können – absurderweise also genau die Landkriegsordnung, deren Anwendung die Nazis strikt verweigerten, um die gefangenen »slawischen Untermenschen« ausrotten zu können.

Historiker Klemp schreibt in seinem Buch: »Während blutbefleckte Polizeioffiziere in Polizei, Bundesgrenzschutz und an zahlreichen anderen Stellen der Bundesrepublik Karriere machten, zum Teil sogar Kriegsopferrenten erhielten oder ausgerechnet den Nachwuchs an Polizeischulen ausbildeten, bekamen überlebende Opfer wie beispielsweise osteuropäische Zwangsarbeiter lange Zeit keine Entschädigung. Viele potenzielle Beschuldigte kehrten in Führungspositionen zurück oder machten nach 1945 eine Bilderbuchkarriere.«[373]

Anmerkung

365 Fritzsche, Das Ziel – Überleben, 2000, S. 44.

366 Overmans, Die Kriegsgefangenenpolitik, 2005, S. 811.

367 Angrick, Besatzungspolitik und Massenmord, 2003, S. 248 u. 431ff.

368 Browning, Ganz normale Männer, 1993, S. 222f.

369 Vgl. mit weiteren Beispielen Streim, Die Behandlung sowjetischer Kriegsgefangener, 1981, S. 297ff.

370 Angrick, Besatzungspolitik und Massenmord, 2003, S. 233.

371 Welzer, Täter, 2005, S. 157.

372 15/39. Freitagsbrief.

373 Klemp, Nicht ermittelt, Essen 2005, S. 416.

Anlagen

Zeittafel

8. August 1920: Gründung der NSDAP
8. November 1923: Hitlerputsch
1. April 1924: Hitler zu fünf Jahren Festungshaft verurteilt, vorzeitige Entlassung am 20. Dezember 1924; in der Haft entsteht »Mein Kampf« und erscheint im Juli 1925
27. August 1928: Unterzeichnung des Briand-Kellogg-Paktes durch 15 Nationen, denen sich später 45 weitere – darunter die UdSSR – anschließen; ein Angriffskrieg soll künftig geächtet, Streitigkeiten sollen intern im Wege der Schiedsgerichtsbarkeit beigelegt werden; Beitritt Deutschlands am 25. Juli 1929
30. Januar 1933: Hindenburg beruft Hitler zum Reichskanzler

Bergrheinfeld im Fahnenschmuck nach Hitlers Machtantritt, vorn die Brüder Herbert, Harald und Dieter Reuß

1. Februar 1933: Auflösung des Reichstages
27. Februar 1933: Brand des Reichstagsgebäudes
28. Februar 1933: »Verordnung zum Schutze von Volk und Staat«; Aufhebung der Freiheits- und Grundrechte
20. März 1933: Himmler lässt in Dachau das erste Konzentrationslager errichten
24. März 1933: »Ermächtigungsgesetz«; Ende der parlamentarischen Demokratie
2. Mai 1933: Auflösung der Gewerkschaften; Besetzung der Gewerkschaftshäuser; zahlreiche Verhaftungen von Gewerkschaftern und Internierung in Konzentrationslagern
16. März 1935: Wiedereinführung der allgemeinen Wehrpflicht
15. September 1935: Verkündung der antisemitischen »Nürnberger Gesetze«
7. März 1936: Hitler lässt die Wehrmacht in das entmilitarisierte Rheinland einmarschieren
4. Februar 1938: Bildung des Oberkommandos der Wehrmacht; Hitler ist oberster Führer, Ribbentrop wird Reichsaußenminister
13. März 1938: Besetzung und Anschluss Österreichs
29. September 1938: Münchner Abkommen, welches die Tschechoslowakei verpflichtete, die Sudetengebiete an das Deutsche Reich abzutreten
9. November 1938: Reichspogromnacht
15. März 1939: Einmarsch deutscher Truppen in Böhmen und Mähren, Bildung des Protektorats
23. August 1939: Deutsch-sowjetischer Nichtangriffspakt
1. September 1939: Deutscher Überfall auf Polen; der Zweite Weltkrieg beginnt
12. Oktober 1939: Frank wird Generalgouverneur des besetzten Polen
9. April 1940: Deutscher Überfall auf Dänemark und Norwegen
10. Mai 1940: Deutscher Angriff auf Holland, Belgien, Luxemburg und Frankreich
18. Dezember 1940: Hitler erteilt die Weisung Nr. 21 (»Fall Barbarossa«), betreffend den Angriff auf die Sowjetunion
6. April 1941: Deutscher Angriff auf Jugoslawien und Griechenland
4. Juni 1941: Das Oberkommando der Wehrmacht erlässt den »Kommissarbefehl«, nach dem politische Kommissare der Roten

Ernst Reuß in Winniza. Bemerkung auf der Fotorückseite: »Kostet nur 3 Rubel!«

Armee als Träger der bolschewistischen Weltanschauung im Russlandfeldzug »grundsätzlich sofort mit der Waffe zu erledigen« sind

22. Juni 1941: Beginn des deutschen Überfalls auf die Sowjetunion

17. Juli 1941: Rosenberg wird Reichsminister für die besetzten Ostgebiete

31. Juli 1941: Göring beauftragt Heydrich mit der völligen »Evakuierung« der europäischen Juden

23. September 1941: Erste Versuchsvergasungen im KZ Auschwitz

29. September 1941: Massaker an über 33.000 Juden in der Schlucht von Babi Jar bei Kiew
20. Oktober 1941: Erste Deportierungen von Juden aus dem deutschen Reich
11. Dezember 1941: Deutschland erklärt den USA den Krieg
1. Januar 1942: Washington-Pakt: 26 Nationen, die gegen Deutschland, Italien und Japan Krieg führen, erklären, keinen separaten Frieden schließen zu wollen
13. Januar 1942: Londoner Konferenz (zur Behandlung der Kriegsverbrecher)
20. Januar 1942: Wannsee-Konferenz über die »Endlösung der Judenfrage«
26. Januar 1943: Ende der Konferenz von Casablanca, in der beschlossen wird, vom Deutschen Reich nur die »bedingungslose Kapitulation« zu akzeptieren

Stalag 329 in Winniza: auch dort konnte man »fallen«

Gehenkte ukrainische Partisanen auf der Krim

31. Januar 1943: Ende der Schlacht um Stalingrad mit der Kapitulation der 6. Armee unter General Paulus; erstmals geraten große Wehrmachtsverbände in Gefangenschaft

18. Februar 1943: Goebbels ruft im Berliner Sportpalast den »totalen Krieg« aus
19. April 1943: Beginn des Warschauer Ghettoaufstands, der erst Mitte Mai endgültig blutig niedergeschlagen war
13. Mai 1943: Die letzten Teile der Heeresgruppe Afrika kapitulieren und geraten in Gefangenschaft
5. Juli 1943: Letzter Versuch einer deutschen Gegenoffensive in der Sowjetunion im »Kursker Bogen«
10. Juli 1943: Landung der Alliierten auf Sizilien
3. September 1943: Mussolini wird interniert; die italienische Regierung schließt einen Waffenstillstand mit den Alliierten
1. Dezember 1943: Ende der Teheraner Konferenz mit Churchill, Roosevelt und Stalin über die Nachkriegsordnung in Europa
6. Juni 1944: Invasion der Alliierten in der Normandie/Frankreich, Eröffnung der 2. Front
20. Juli 1944: Hitler-Attentat
5. August 1944: Alliierte landen in Südfrankreich
25. September 1944: Alle »waffenfähigen« Männer zwischen 16 und 60 werden zum »Volkssturm« einberufen
Dezember 1944: Ardennenoffensive der deutschen Wehrmacht
12. Januar 1945: Beginn der sowjetischen Großoffensive; Ostpreußen und Schlesien werden überrannt
11. Februar 1945: Budapest wird von der Roten Armee befreit; Ende der Konferenz von Jalta; Roosevelt, Churchill und Stalin legen das endgültige militärische Vorgehen fest sowie die Bedingungen für Besetzung, Kontrolle und Reparationen des besiegten Deutschland; es wird beschlossen, Deutsche als Zwangsarbeiter einzusetzen
8. März 1945: Die West-Alliierten setzen bei Dormagen über den Rhein
12. April 1945: US-Präsident Roosevelt stirbt
13. April 1945: Sowjetische Truppen befreien Wien
16. April 1945: Beginn der sowjetischen Großoffensive an Oder und Neiße
24. April 1945: Berlin ist von der Roten Armee eingeschlossen
25. April 1945: Westalliierte und Rote Armee treffen sich bei Torgau an der Elbe
30. April 1945: Selbstmord Hitlers in Berlin
1. Mai 1945: Sowjetische Truppen besetzen die Reichskanzlei in Berlin

2. Mai 1945: Bedingungslose Kapitulation Berlins
4. Mai 1945: Unterzeichnung der Kapitulation der deutschen Streitkräfte in Nordwestdeutschland, Holland, Dänemark und Norwegen im Hauptquartier des britischen Generals Montgomery in Lüneburg
7. Mai 1945: Unterzeichnung der bedingungslosen Kapitulation im Hauptquartier von US-General Eisenhower in Reims durch Generaloberst Jodl
8. Mai 1945: Offizielle und bedingungslose Kapitulation des Hitlerreiches in Berlin-Karlshorst vor den Alliierten
5. Juni 1945: Deutschland wird in vier Besatzungszonen aufgeteilt. Die Besatzungsmächte übernehmen die oberste Regierungsgewalt
17. Juli 1945: Beginn der Potsdamer Konferenz der Regierungschefs der UdSSR, der USA und Großbritanniens (Ende am 2. August)
20. November 1945: Beginn des Prozesses gegen die Hauptkriegsverbrecher vor dem Internationalen Militärgerichtshof in Nürnberg
24. April 1947: Ende der Moskauer Außenministerkonferenz, auf der beschlossen wird, alle Kriegsgefangenen bis Ende 1948 zu repatriieren
14. März 1947: Molotow-Erklärung über die sich noch in der Sowjetunion befindlichen deutschen Kriegsgefangenen
23. Mai 1949: Verkündung des Grundgesetzes für die Bundesrepublik Deutschland
7. Oktober 1949: Gründung der DDR; Konstituierung der Provisorischen Volkskammer und Inkrafttreten der Verfassung
Mai 1950: Die Repatriierung von deutschen Kriegsgefangenen ist im Wesentlichen abgeschlossen; in der Sowjetunion befinden sich nur noch 13.532 deutsche Kriegsgefangene
25. Januar 1955: Die Sowjetunion erklärt den Kriegszustand mit Deutschland für beendet
9. Mai 1955: Beitritt der Bundesrepublik zur NATO
14. Mai 1955: Gründung des Warschauer Vertrages als Antwort auf die NATO-Gründung
8. Oktober 1955: 8.877 von der Sowjetunion begnadigte deutsche Kriegsverbrecher treffen in der BRD ein
Januar 1956: Die letzten von ihnen kehren zurück.

In Gefangenschaft

Hans Reichelt, Jahrgang 1925, wurde nach der Oberschule zur Wehrmacht eingezogen. 1945 schickte man ihn zur Offiziersschule. Er war zwölf Tage Leutnant, als er mit 20 Jahren südlich von Prag am 9. Mai 1945 in Kriegsgefangenschaft ging. Sie sollte viereinhalb Jahre dauern. Nach seiner Rückkehr wurde er mit 28 Minister in der DDR. Er war im August 1953 Mitglied der Regierungsdelegation, die in Moskau u. a. über die restlichen deutschen Kriegsgefangenen in der Sowjetunion verhandelte. Mit kurzzeitigen Unterbrechungen gehörte Hans Reichelt (DBD) 32 Jahre lang der DDR-Regierung an. Damit war er wohl der längstgediente Minister der Welt.
In seinem 2007 erschienenen Buch (»Die deutschen Kriegsheimkehrer. Was hat die DDR für sie getan?«) erinnert er sich auch seiner eigenen Gefangenschaft und was sie bei ihm bewirkte.

Das war's dann also. Gerade 20 und schon eine Leiche. Die beiden Tschechen, die ihre Gewehrläufe auf mich richten, machen nicht den Eindruck, als würden sie spaßen. Ich blinzle in die Sonne. Welchen Tag haben wir heute? 10. Mai 1945? Das Datum käme also auf den Grabstein: Hier ruht Leutnant Hans Reichelt, geboren in Oberschlesien, erschossen in Böhmen. Grabstein? Quatsch, den wird es nicht geben. Ich werde vermutlich anonym in irgendeinem Massengrab landen, vielleicht in jenem, in dem wahrscheinlich die SS-Leute liegen.

Die Russenpanzer hatten die von Generalfeldmarschall Ferdinand Schörner[1] befehligten Truppen in Böhmen, denen unsere Einheit Anfang Mai zugeteilt worden war, ohne Mühe überrollt. Mit den Rotarmisten kamen tschechische Partisanen, die für Ordnung sorgten.

Die Gefangenen, unter den ich mich befand, warn Angehörige der Wehrmacht und der SS. Man brachte uns uns auf einen Sportplatz. Die Wlassow-Leute wurden von den Rotarmisten sofort herausgenommen und vor unseren Augen erschossen. Am heutigen Morgen wurde sortiert – eine Gruppe Wehrmacht, eine andere Gruppe SS-Leute. Auf dem Weg durch den Ort wurde insbesondere die SS von der Bevölkerung wütend attackiert. Solchen Hass hatte ich noch nie erlebt. Erst später soll ich den Grund erfahren: Stunden vorher hatten SS-Einheiten in einem Ort bei Prag ein Blutbad unter der Bevölkerung angerichtet.

Am Bahnhof las ich erstmals den Namen des Ortes, in dem wir uns befanden: Ritschany. Die SS-Männer wurden fortgeführt, wir sollten aufräumen. Es sah chaotisch aus, nachdem offenkundig verschiedene Trecks durchgezogen waren und die Flüchtenden unter Zurücklassung all ihrer Habe sich in die überfüllten Züge gequetscht hatten. Bloß weg hier.

Zwei Partisanen hatten mich vorhin aus dem Arbeitskommando herausgewunken. Jetzt stehe ich hier. Mit erhobenen Händen vor zwei auf mich gerichteten Gewehrläufen.

Ich bin 1,83 Meter groß, schlank und dunkelblond. Vermutlich halten sie mich für einen SS-Mann. Ich war doch nie bei der SS! Bei der HJ war ich. NSDAP-Anwärter auch. Am 30. September 1943 hatten sie mich zur Wehrmacht geholt, nachdem ich den Reichsarbeitsdienst absolviert hatte. Ich war nichts. »Oberschüler« hatte ich stets als Beruf angegeben. Dann kam ich zum 8. Panzer- und Jägerbataillon der Reserve in Oppeln, war Infanterist an der Ostfront. Keine Auszeichnung in anderthalb Jahren, einmal Urlaub von fünfzehn Tagen im letzten Oktober. Hochgedient vom Schützen über den Gefreiten zum Unteroffizier, schließlich Fahnenjunker am 1. Januar 1945 und noch drei Monate zum Reserveoffizierslehrgang in Milowitz[2] an der Elbe. Leutnant seit zwölf Tagen. Lächerlich. Ich trage noch immer die alte Uniform. Selbst Schulterstücke hatte es nicht mehr gegeben, als wir am 28. April drei Monate vor der Zeit per Führerbefehl zu Leutnanten erklärt wurden. Grotesk, einfach grotesk.

Für die beiden vor mir jedoch nicht. Was tun? Wie beweisen, dass ich nicht der bin, für den sie mich halten?

Ich nestle an meiner Rocktasche. »Ich Wehrmacht. Nix SS!«

Der eine mustert mich aufmerksam. »Das sagt jeder.«

Gottseidank, denke ich, der spricht deutsch. »Doch, ich kann's beweisen.« Endlich habe ich den Knopf auf und fingere mein Soldbuch heraus. »Hier, sehen Sie!«

Mein Herz schlägt bis zum Hals. Der Krieg ist für mich vorbei, warum soll ich jetzt noch sterben? Schlagartig aber wird mir bewusst, was ich schon längst hätte sehen können: In dieser Zeit ist ein Menschenleben nichts wert. Peng und aus, und kein Hahn kräht nach einem. Jetzt, erst jetzt, wo es mir unmittelbar ans eigene Leben geht, sehe ich das.

Jener, der deutsch spricht, tritt an mich heran. Er mustert aufmerksam das abgegriffene Dokument. Langsam wendet er Blatt für Blatt. Er studiert jeden Eintrag. Sinnt, scheinbar, nach. »Das scheint echt zu sein.«

»Ja, sicher. Das ist mein Soldbuch«, bekräftige ich und nicke dazu heftig. »Ich Wehrmacht, nicht SS!«, rufe ich auch dem anderen zu, der mit dem Gewehr auf mich zielt. Ich schöpfe Hoffnung.

Jetzt ist er auf Seite fünf. Dort sind die Anschriften der nächsten Angehörigen aufgeführt. Die Spalte, in der der Name des Vaters stehen müsste, ist leer. Darunter steht Name und Anschrift der Mutter: Elisabeth Reichelt, Proskau, Kreis Oppeln, Bruno-Schramm-Straße. Vater ist tot. Gibt es nicht. Ich kenne ihn nicht einmal.

Er blickt lange auf die Seite, dann schlägt er um.

»Wo ist die Pistole?«

»Was für eine Pistole?«

»Hier steht: Fhj.Uffz. Reichelt hat am 10.4.1945 1 Pistole 7.65 mm Walther PP Nr. 345129 p, 8 Schuss Pist. Patr. 7,65 käuflich aus Heeresbeständen erworben. Den Namen des Majors und Inspektionschefs, der unterzeichnet und gesiegelt hat, kann ich nicht lesen ... Also, wo ist die Walther PP?«

»Die haben mir gestern die Russen abgenommen«, antworte ich verwirrt. Was will er damit? Kriegsbeute machen? Gebrauchen kann er sie nicht mehr, das Schießen ist vorbei.

»Und bezahlen musstest du die auch noch.« Der Partisan schüttelt den Kopf. »Mann, seid ihr Deutschen blöd.«

Er reicht mir das Dokument zurück, lässt die Waffe sinken und sagte etwas auf Tschechisch zu seinem Kameraden. Dieser macht eine Bewegung mit seinem Gewehrlauf, was ich als Aufforderung deute, die Hände herunterzunehmen und mich in Bewegung zu setzen. Bin ich gerettet? Es scheint so.

»Hau ab«, sagt der andere. »Hast noch mal Glück gehabt.«

Ich weiß nicht, was ihn veranlasst hat, mich laufen zu lassen. Vielleicht liegt es daran, dass nur eine Mutter auf mich zu Hause wartet. Kein Vater, keine Geschwister. Niemand. Ich trolle mich wieder zu den anderen. Wo soll ich denn sonst hin?

Am nächsten Tag heißt es »Sammeln!«. Es formiert sich ein Marschblock. Wir trotten mehr als wir marschieren. Es geht nach Prag. Links und rechts laufen Russen mit Maschinenpistolen. Sie werden schießen, wenn einer abhaut, hat man gesagt. Aber es sieht nicht danach aus. Wir sind alle müde und fertig vom Krieg. Ich habe auch keine Lust, stiften zu gehen. Mich hat eine merkwürdige Lethargie befallen.

Nach einem Tag erreichen wir die tschechische Hauptstadt. Wir sinken in einem großen Stadion zu Boden. Es kursieren Gerüchte. Die Russen werden uns nach Sibirien verfrachten, lautet das gängigste. Doch die Tage unterm freien Himmel verrinnen, ehe was geschieht. Die Sonne brennt, wir haben nichts zu trinken. Immer mehr Soldaten treffen ein. Irgendwann kommt der Befehl: Dawai, dawei! Wohin? Niemand weiß es. Die Goldene Stadt bleibt langsam hinter uns zurück.

Dann erreichen wir einen Ort, dessen Namen ich schon mal gehört habe, glaube ich. Theresienstadt. »Der Führer schenkt den Juden eine Stadt«. Ich sah den Film an der Offiziersschule in Milowitz, er kam im März in die wenigen Kinos, die noch spielten. So richtig geglaubt hat's keiner, was da gezeigt wurde.

In der Garnisonsstadt drängen sich Zehntausende. Juden und Helfer vom Roten Kreuz, Tschechen und russische Soldaten. Die scheinen erst vor kurzem hier eingerückt zu sein.

Nach einigen Tagen Rast ziehen wir weiter.

Wir schlurfen unablässig gen Norden, Richtung Reich. Das wird mir immer unverständlicher. Inzwischen heißt es, Berlin habe kapituliert, ganz Deutschland sei von fremden Truppen besetzt. Ich bin weder besonders erschüttert noch erfreut darüber, allenfalls erleichtert. Irgendwie. Jetzt habe ich nur noch Hunger, und die Füße schmerzen vom Laufen.

Hinter Tetschen überschreiten wir die alte Reichsgrenze, Dresden kommt nach einem Tag in Sicht. Mein Gott, wie sieht die Innenstadt aus? Kein Stein scheint da übereinanderzuliegen. Vereinzelt ragen verrußte Bauwerke in die Höhe, sie haben auf wundersame Weise überlebt.

In Dresden-Reick, südlich vom Großen Garten, sind ein paar Baracken und Häuser eingezäunt. Es ist ein Lager für Kriegsgefangene. Zum ersten Mal werden wir gezählt und registriert. Vor dem Zaun beginnt sich das Leben zu normalisieren. Vor zwei Restaurants sitzen Russen und deutsche Frauen in der Sonne, es dringt Musik zu uns herüber. Man tanzt, lacht, trinkt und vergnügt sich.

Ständig kommen weitere Soldaten ins Lager. Ein paar Tausend mögen es bereits sein, die ergeben darauf warten, dass etwas geschieht. Es kommen auch welche von draußen zu uns. Sie halten Vorträge über die Verbrechen der Nazis und dergleichen. Ich will mir einiges notieren, was mir interessant erscheint. In Ermangelung von Papier nehme ich die hinteren Seiten des Soldbuches. Den meisten der mir unbekannten Kameraden aber geht jeder Vortrag sichtbar glatt am Arsch vorbei. Sie wirken apathisch.

Im August werden die ersten Transporte zusammengestellt. Es geht »in die kalte Heimat«, heißt es …

Am 28. Oktober 1945 treffe ich, aus Frankfurt/Oder kommend, mit einem russischen Militärzug im Kriegsgefangenenlager Tscherepowez im Gebiet Wologda ein. Das befindet sich ungefähr ein halbes Tausend Kilometer nördlich von Moskau. Es trägt die Nummer 7437 und ist dem NKWD[3] unterstellt. Das allerdings erfahre ich erst in den 90er Jahren, als ich die 29 Seiten umfassende Kopie meiner Personalakte mit der Nr. 1794 aus einem Moskauer Archiv erhalte. Auch die Abbildung meines Soldbuches, das mir 1945 das Leben rettete, liegt dabei. Meine Notizen inklusive.

Als ich mit vielen anderen deutschen Kriegsgefangenen im Herbst '45 in Tscherepowez eintreffe, zählt das Lager zwischen drei- und fünftausend Mann. Es sind meist Offiziere, oft betagte Reserveoffiziere. Ich gehöre zu den ganz wenigen Jungen. Vielleicht bin ich sogar der Jüngste. Ich weiß es nicht.

Die Diskussionen der Silberlitzen nerven. Sie kreisen in der Regel nur um die eine Frage: Wer hat Schuld an der Niederlage? Und sie haben auch die Antwort: natürlich Hitler. Die Militärs haben alles richtig gemacht und nur deshalb bisweilen falsch und gegen ihre Überzeugung gehandelt, weil der Führer sie dazu gezwungen hatte.

Die verlorenen Schlachten werden wieder und wieder durchgehechelt: Stalingrad, Kursk, Smolensk, el-Alamein … Ich kann es nicht mehr hören.

Im Dezember melde ich mich freiwillig zu einem Arbeitskommando. Ich will meine Ruhe haben und nicht mehr an diesen sinnlosen Gesprächsrunden teilnehmen müssen. Erstmals verweigere ich mich und entscheide für mich selbst. Ein halbes Hundert Mann zieht in die karelischen Wälder und fällt Bäume.

Am 12. Januar 1946 werde ich erstmals vernommen.

Ich habe wie jeder andere Kriegsgefangene einen Fragenbogen mit 41 Positionen zur Biografie auszufüllen. Die Personenbeschreibung fügt der sowjetische Offizier hinzu. Unser Gespräch ist sachlich und korrekt. Die dort gemachten Personalangaben tauchen in allen nachfolgenden Beurteilungen auf, deren Existenz mir seinerzeit nicht bekannt war. Regelmäßig werden Beurteilungen über jeden PW (*Plenni Woina*) gefertigt. Sie treffen, lese ich sie heute und sofern mich meine Erinnerung nicht trügt, vollständig zu.

Bis auf jene Angaben, die ich erfunden habe.

Ich werde nach dem Namen meines Vaters gefragt. Die Russen tragen bekanntlich zwei, den eigenen und den des Vaters. Da ich meinen Vater nicht kenne, nenne ich ihn Franz. Jetzt bin ich der Kriegsgefangene Hans Franz Reichelt, obwohl auf meinem Soldbuch noch »Johannes« steht.

Was war der Vater von Beruf, lautet die nächste Frage.

Ich blase die Backen auf und sage »Beamter«. Das klingt in russischen Ohren gut. Die Mutter ist Hausschneiderin, Geschwister habe ich keine, sage ich wahrheitsgemäß.

Dann ziehen meine ganzen zwanzig kurzen Jahre vor meinem geistigen Augen vorüber. Die Großeltern: geschieden. Oma und Mutter aus Oppeln, der Kreisstadt, wo Opa als Verwalter in einem Miltärkrankenhaus arbeitete, gleichsam vertrieben nach Proskau. Mutter verschwieg beharrlich, wer mein Erzeuger war. Selbst jenseits der 90 winkte sie noch ab: Ach, das sei schon so lange her. Ich fand Hinweise darauf, dass es sich um einen Hamburger Polizisten gehandelt haben könnte, der 1924 nach Schlesien abkommandiert worden war. Wer weiß ... Als Hausschneiderin war Mutter tagelang unterwegs, sie besorgte mir mit unserem Dorfgeistlichen einen Platz im Mendikanten-Stift in Neiße. Mendikanten war ein katholischer Bettelorden, das Stift ein Waisenhaus mit 24 Jungen. Dort blieb ich vier Jahre, bis ich 14 war, und lernte Wesentliches fürs Leben. Erstens die freie Rede (ich las sehr viel und musste abends den

Kameraden das Gelesene, meist Karl May, vortragen – im Gegenzug wuschen sie mir meine Sachen). Im Übrigen trainierte dies ungemein das Gedächtnis. Und zweitens lernte ich Organisanieren. Nach einem Jahr war ich Oberministrant und hatte dafür sorgen, dass zu den Messen immer genügend Ministranten zugegen waren. Die erste Messe im Dom begann bereits 6 Uhr. Von Neiße kam ich an die Oberschule nach Oppeln und gleich in die Untersekunda. Mit Hilfe eines arbeitslosen Lehrers schaffte ich in einem Jahr den Stoff von dreien, wodurch mir dieser Sprung gelang. Und einer der Lehrer, ein Oberstudienrat, der auch noch NSDAP-Ortsvorsitzender war, warb mich für seine Partei. Ich mochte den Mann …

Fortan zieht sich eine kleinbürgerliche Herkunft durch alle meine Biografien. Zunächst verschweige ich gegenüber den Russen, dass ich 1944/45 Anwärter der Nazi-Partei war. Instinktiv ahne ich, dass diese Mitteilung Missfallen auslösen könnte. Erst 1949 werde ich mich an der Antifa-Schule offenbaren und darüber Mitteilung machen. Da bin ich bereits überzeugter Antifaschist und kann damit umgehen. Jetzt noch nicht. Es geschieht weniger aus Scham, denn aus Vorsicht. Gut, ich habe nicht gesehen, dass jemand aus dem Lager verschwand, nur weil er offenbarte, der Nazipartei angehört zu haben. Aber ich spüre die Grenze, die man besser nicht überschreitet.

Die NSDAP sollte Mitte der 50er Jahre noch einmal kurz eine Rolle in meinem Leben spielen. 1955 beschwerte sich ein ehemaliger Widerstandskämpfer und erfahrener Genosse bei Hermann Matern, dem Chef der Zentralen Parteikontrollkommission der SED. Wieso müsse er als Kommunist und Antifaschist gegenüber einem ehemaligen NSDAP-Mitglied zurückstecken, beklagte er sich. Und Matern entgegnete: »Hör' mal, der Junge war damals keine 20, nun lass' mal die Kirche im Dorf.« Damit war die Sache erledigt, und erst nach 1990, als es der antifaschistischen Substanz der DDR an den Kragen gehen sollte, kramten einige Naseweise dieses Faktum hervor. Im Internet beginnt der Wikipedia-Eintrag so: »Hans Reichelt (* 30. März 1925 in Proskau/Oberschlesien) war stellvertretender Vorsitzender des Ministerrates und Minister für Land- und Forstwirtschaft der DDR. Reichelt wurde 1943 Anwärter der NSDAP, war bis 1945 Soldat der deutschen Wehrmacht (zuletzt im Rang eines Leutnants) und bis 1949 in sowjetischer Kriegsgefangenschaft.«[5] Weitaus bedeutendere Fakten aus meinem Leben finden sich bei den lexikalischen Angaben nicht. Wohl aber diese Anwartsschaft: Sie wird als Kainsmal für den Staat benutzt, dem ich diente …

Wir *Plenni* fällen Bäume in Karelien und hausen in einem Blockhaus. Ein Soldat bewacht uns. Er hungert wie wir. Ab und an geht uns ein wildes Kaninchen in die Falle. Wir teilen auch den Tabak und rauchen den selben Knaster, der in Zeitungspapier gedreht wird. Reden können wir nicht miteinander. Außer den russischen Bezeichnungen für das Werkzeug kennen wir keine Vokabel. Wir sitzen und schweigen. Keiner tut dem anderen etwas zuleide. Und dabei waren wir noch vor einem Jahr Feinde, die aufeinander schossen. Politik interessiert uns nicht. Wir hören nur auf das Knurren unserer Mägen. Abends liegen wir auf den Pritschen und erzählen uns Kochrezepte.

Im Sommer '46 werden wir in Wologda beim Straßenbau eingesetzt. Von Moskau nach Murmansk wird eine Trasse gezogen. Anderthalb Jahre, unterbrochen vom winterlichen Holzschlagen, schleppe ich mit einem Hamburger die Nassilka. Das ist eine Trage aus zwei Birkenstämmen und einem Brett, auf dem wir Erde oder Kies befördern.

Die Leitung in unserem Zentrallager wird von Deutschen gebildet, der Kommandant ist ein Major aus Halle. Der Mittdreißiger hat sich mit den Russen arrangiert – er und seine Leute sorgen für Ruhe und Ordnung, die Russen für Verpflegung. Ein russischer Offizier vom Dienst geht einmal am Tag durchs Lager und schaut nach dem Rechten. Das ist alles. Gelegentlich kontrolliert auch eine sowjetische Ärztin die Hygiene. Danach setzte ein großes Schrubben mit Kalklauge ein.

Bereits auf der Oberrealschule in Oppeln war in mir der Wunsch erwacht, Pädagogik zu studieren und zu forschen. Nunmehr nimmt der Wunsch zu. Irgendwann werden uns die Russen ja wohl nach Hause schicken müssen. Ich beginne zu lesen. Das Angebot der Lagerbibliothek ist gut. Überall gibt es Kultur. Etliche Kameraden haben sich zu Antifa-Zirkeln zusammengeschlossen. Sie werten intensiv die deutschsprachige Zeitung aus, die ins Lager kommt. Aufmerksam wird die Entwicklung in Deutschland verfolgt. Diese Diskussionen sagen mir mehr zu als die rückwärts gewandten Debatten. Vor allem gefällt mir, dass sie kritisch und kontrovers sind. Auch wenn die Nachrichten in der Zeitung sichtlich gefiltert und alle über einen Leisten geschlagen sind, können wir vieles deuten. Die Russen demontieren in ihrer Zone das zweite Gleis, während die Amis Dollars in ihre Besatzungszone pumpen. (Um ehrlich zu sein: Manches aus den Reparationen kommt auch bei uns an: Wäsche, Kessel, Geschirr, Bestecke und Küchengerätschaften. Selbst Musikinstrumente für die Lagerkapelle sind dabei, und medizinische Ausrüstung für die Krankenstation.)

Dass die Westmächte auf Konfrontationskurs gehen und Deutschland zerreißen wollen, stößt aber allenthalben auf Ablehnung. Wir finden die Besatzungspolitik der Russen nicht in jedem Punkt gut, aber in dieser Hinsicht wähnen wir uns auf ihrer Seite. Was sie machen, zielt auf die Erhaltung der deutschen Einheit. Ich mische mich zunehmend in die Debatte ein und sage meine Meinung frei heraus. Plötzlich nennt man mich »Jungpropagandist«.

Jung bin ich, gewiss. Doch unter den Alten sehe ich keinen, den man sich zum Vorbild nehmen könnte. Ich muss mir meine Meinung selber bilden und meinen eigenen Weg finden. Schritt um Schritt entsteht in meinem Kopf ein neues Weltbild, d. h. es entsteht überhaupt eins. Vorher war da nichts. Ich fand dieses gut und jenes schlecht, aber besaß keine Elle, an der sich alles messen ließ. Die entwickelt sich nun.

1977 wird der Geschichtsklub der Lenin-Schule in Taliza bei mir anfragen, wie ich jene Jahre in der Kriegsgefangenschaft erlebt habe, und ich werde ihnen wahrheitsgemäß antworten: »Diese Zeit ist von entscheidender Bedeutung für mein ganzes Leben gewesen.« Ich habe in jenen vier Jahren mich nicht nur mit den Schriften von Marx, Engels und Lenin vertraut gemacht. »Hier lernte ich auch den Faschismus hassen. Ich habe den unendlich schweren Wiederaufbau kennengelernt und nahm mit vielen Sowjetmenschen am Straßenbau, an Arbeiten in der Forst- und in der Landwirtschaft teil.«

Man macht mich, ohne dass ich mich danach dränge, zum Führer der Arbeitskompanie. Und im Frühjahr 1949 werde ich zu einem dreimonatigen Antifa-Lehrgang geschickt. Das »Empfehlungsschreiben« fertigen Major Sorokin und Oberstleutnant Borowikow am 24. Februar 1949 aus. Der eine ist der stellvertretende Lagerleiter für politische Arbeit, der andere der Stellvertreter für operative Arbeit. Ihr Papier findet sich in meinen Personalunterlagen. Ich führe als Bataillonschef »gewissenhaft die Aufträge der Lagerleitung aus. Seine Antifa-Linie ist konsequent. Gegenüber der Sowjetunion verhält er sich freundschaftlich. Tritt gegen die Spaltung Deutschlands durch die Westmächte auf. Die Lagerabteilung für operative Arbeit hat keine den Kriegsgefangenen Reichelt kompromittierenden Dokumente vorzuliegen.«

Im Spätsommer 1987 erreichte mich ein Schreiben aus Dortmund. Kurt Bischof, wie ich Kriegsgefangener in Tscherepowez, erinnerte sich und mich an jene Zeit. Der Anlass seines Briefes war die Errichtung eines Hochofens in Tscherepowez durch die Firma Thyssen. Das wäre doch ein Grund, dass nach vierzig Jahren die »ehemaligen Plennis« zusammenkämen, ließ er mich wissen. Ich solle 1946/47 Barackenältester in der Baracke 10 oder 11 gewesen sein. »Wenn diese Äußerung der Wahrheit entspricht, dann wären Sie genau wie alle anderen Kameraden ein Deutscher.«

Diese Feststellung irritierte mich ein wenig, zumal er sich täuschte. In der fraglichen Zeit befand ich mich im Arbeitskommando und nicht im Lager. Schimmerte da noch jene übellaunige Vorhaltung von einst durch, dass alle, die sich auf Antifa-Lehrgängen und -Schulen der neuen Zeit zuwandten, »Russenknechte« und mithin *keine* Deutschen mehr waren? …

Am 30. April 1949 erhalte ich die nächste Bescheinigung, die eine dritte Unterschrift trägt, die von Major Tschesnokow, dem Leiter der ärztlichen Abteilung des Lagers. Eigentlich haftet er nur für einen einzigen Satz: »Körperlich gesund.« Alle anderen Aussagen in dem Gutachten sind politischer Natur und tragen die Handschrift von Borowikow und Sorokin. Ich trete, so schreiben sie, »aktiv für die demokratische Einheit und Integrität Deutschlands« ein und sei »ein Gegner der imperialistischen Politik der Westmächte«. Ich würde »immer energisch und mit großem Enthusiasmus« auftreten und habe den Wunsch geäußert, »das Studium fortzusetzen, um sich besser auf die politische Arbeit vorzubereiten«.

Das trifft wohl zu. Und so bescheinigt mir der stellvertretende Leiter der Politabteilung der Kriegsgefangenlager im Gebiet Wologda, Majow Marosow, am 7. Juni 1949, den Lehrgang mit ausgezeichneten Ergebnissen beendet zu haben. »Für vorbildliche Disziplin, gute Kenntnisse und für die Hilfe, die er den leistungsschwachen Lehrgangsteilnehmern geleistet hat, spreche ich Reichelt, Hans Franz, meinen Dank aus.«

Auch der deutsche Leiter des dreimonatigen Lehrgangs mit Namen Schumacher konzediert mir eine gewisse Unversöhnlichkeit mit reaktionären Auffassungen und hält mich für »zuverlässig, energisch, aktiv«. Und dann, als letzten Satz, der schon für die Kaderchefs daheim bestimmt ist und von dem ich so wenig weiß wie von der ganzen Beurteilung: »Kann Propagandaarbeit in der SED oder eine andere wichtige Propagandaarbeit leisten.«

Im 2. Halbjahr 1949 schickt man mich an die Zentrale Antifa-Schule in Taliza. Sie firmiert, natürlich, als Spezialschule und trägt wie alle lediglich eine Nummer. Es soll der letzte Halbjahreslehrgang an dieser Einrichtung sein. Noch 1949 will die Sowjetunion alle deutschen Kriegsgefangenen entlassen.

Taliza liegt unweit von Gorki und ist ein ziemlich großes Arbeitslager, in dessen hinterem Teil sich die Zentrale Antifa-Schule befindet. Karl Nuß war am 7. Mai 1945 mit 18 Jahren in Bad Wilsnack in sowjetische Kriegsgefangenschaft und gleich nach Taliza gekommen. Sechs Jahrzehnte später erinnerte sich der Leipziger Professor an seine Ankunft dort: »Wie eine kleine Stadt kam es mir vor, das Lager. Die erste Nacht ist mir unvergesslich. Wir wurden provisorisch in eine der abseits liegenden neueren Erdbaracken eingewiesen. Nichts deutete auf das, was uns erwartete. Selbst die uns in die Quartiere einweisenden Lagerfunktionäre schienen es nicht geahnt zu haben. Die Baracken waren verwanzt. Sie hatten wochenlang leergestanden, die Wanzen hatten sich vermehrt und waren ausgehungert.«[6]

Auf die Erziehung im Lager eingehend, schrieb Nuß weiter: »Die Antifa-Arbeit im Arbeitslager Taliza wurde von den deutschen Emigranten angeleitet, die zum Teil auch an der Antifa-Schule als Lehrer tätig waren. Es waren durchweg sehr ruhige und überzeugend wirkende Menschen, die uns immer wieder darauf aufmerksam machen mussten, dass unser Kriegsgefangenenschicksal die Folge des Hitlerkrieges war und es uns trotzdem erheblich besser ging als bedeutenden Teilen der Bevölkerung.«

Im Sommer 1949, als ich nach Taliza komme, ist das Arbeitslager erheblich geschrumpft. Hunderttausende Kriegsgefangene sind inzwischen repatriiert worden, wie die Entlassung heißt. Ich will nicht behaupten, dass ich kein Heimweh verspüre, aber Lager ist nun mal Lager. Auch wenn wir uns inzwischen relativ frei bewegen können, sind wir letztlich noch immer Gefangene.

Der Lehrgang endet im Dezember. Noch vor Ablauf des Jahres kehre ich in ein Land zurück, das es noch nicht gab, als ich vor mehr als vier Jahren in Kriegsgefangenschaft geriet. Es heißt Deutsche Demokratische Republik. Wir haben in Taliza die Gründung freudig begrüßt. Es wäre, so schrieb ich 1977 an die Komsomolzen in Taliza, »das größte politische Ereignis während des Lehrgangs« gewesen. »Wir zogen durch das Lager und die Siedlung mit roten Fahnen und Spruchbändern. Das war meine erste antifaschistische Demonstration.« Mit dabei waren Joachim Ullmann, der später Chefredakteur der *Freien Welt* werden sollte, und unser Lehrer Herbert Grünstein, nachmals 1. Stellvertreter des DDR-Innenministers. Wolfgang Kiesewetter und Hans Böhm, ebenfalls Lehrer an der Antifa-Schule, wurden Außenpolitiker. Kiesewetter war Botschafter in Schweden und Italien und Stellvertretender Außenminister und Böhm leitender Mitarbeiter im MfAA. Mit uns zog auch Franz Beeletz, der in mein Seminar ging: Er war bis 1980 Offizier in der NVA …

In meinen sowjetischen Dokumenten heißt die Ankunft lakonisch: »Am 23. Dezember 1949 wurde er ins Repatriierungslager Nr. 69, Stadt Frankfurt/Oder, ausgeschieden.« Als Entlassungsadresse habe ich St. Oswald angegeben. Schlesien ist polnisch, meine Mutter hatte sich nach Niederbayern durchgeschlagen. Das ist jetzt amerikanische Zone. 1947 hatte ich an den Suchdienst geschrieben, um sie ausfindig zu machen. Die Karten sollte ich nach der Jahrtausendwende zurückerhalten mit dem Vermerk, dass die Empfängerin nicht auffindbar sei. Doch Heimkehrer aus unserem Lager machten sie damals ausfindig und gaben ihr meine Lager-Adresse, so kam die Verbindung von ihrer Seite zustande.

Anmerkungen

1 Ferdinand Schörner (1892-1973), zog 1914 als Leutnant in den 1. Weltkrieg und beendete den 2. als hochdekorierter Generalfeldmarschall und – laut Hitlers letzter Verfügung – als Oberbefehlshaber des Heeres. Schörner war überzeugter Nationalsozialist (Goldenes Parteiabzeichen). Er hisste am 27. April 1941 auf der Akropolis bei Athen demonstrativ die Hakenkreuzfahne, die der griechische Kommunist Manolis Glezos am 30. Mai 1941 in einer spektakulären Aktion wieder herunterholte. Am 1. Februar 1944 wurde Schörner zum Chef des neu geschaffenen Nationalsozialistischen

Führungsstabes des Heeres ernannt. In dieser Funktion war er für die Schulung der Truppe im nationalsozialistischen Sinn verantwortlich. Am 20. Januar 1945 übernahm er als Durchhaltekrieger den Oberbefehl über die Heeresgruppe Mitte, die bei Kriegsende in Böhmen und Mähren stand. Er tauchte am 9. Mai 1945 in Zivil unter, wurde in Österreich von den Amerikanern festgenommen und an die Sowjetunion ausgeliefert. Dort wurde er wegen seiner Kriegsverbrechen zu 50 Jahren Lagerarbeit verurteilt, aber 1955 entlassen. Im Jahr 1957 wurde Schörner angeklagt, weil er seine Einheit am Tage nach der Kapitulation unter Umständen verließ, die einer Fahnenflucht glichen. Für die von ihm ausgesprochenen Todesurteile bei Kriegsende wurde er wegen erfolgten und versuchten Totschlags in der BRD zu viereinhalb Jahren Freiheitsstrafe verurteilt, aber 1960 vorzeitig aus der Haft entlassen. 1963 gewährte ihm Bundespräsident Heinrich Lübke eine Pension.

2 Das mittelböhmische Milovice blieb Garnisonsstadt. 1991 verließen dort die letzten in der Tschechoslowakei stationierten russischen Soldaten die Kasernen. Es war deren größter Standort im Land.

3 Narodny Kommissariat Wnutrennich Djel (NKWD), d. h. Volkskommissariat des Innern, ab 1946 wurde in der Sowjetunion für Volkskommissar die Bezeichnung Minister eingeführt. Das Ministerium für innere Angelegenheiten führte nun die Abkürzung MWD. Zeitweise unterstanden dem NKWD die Miliz und die Sicherheitsdienste der UdSSR.

4 Paul Scholz (1902-1995), KPD seit 1925, wiederholt in der Nazizeit inhaftiert, 1948 Mitbegründer der Demokratischen Bauernpartei Deutschlands (DBD), deren stellvertretender Vorsitzender er von 1950 bis 1989 war. Minister für Land- und Forstwirtschaft von 1950 bis 1952 und von 1953 bis 1955 sowie von 1952 bis 1967 Vizepremier.

5 http://de.wikipedia.org/wiki/Hans_Reichelt

6 Karl Nuß in: »Mein langer Weg nach Hause«, Leipzigs Neue, 17. Juni 2005

Nachfolgend Auszüge aus »Freitagsbriefen« ehemaliger sowjetischer Kriegsgefangener an den Verein »Kontakte« in Berlin

175. Freitagsbrief vom 18. November 2009, Michail Iwanowitsch Kosjakin aus Armawir, Kreis Krasnodar, Russland:

Ich war drei Jahre in der Gefangenschaft, es war eine schreckliche Zeit, manchmal hatten wir 4-5 Tage weder Essen noch Wasser, die Nazis und die deutschen Soldaten waren brutal und schikanierten uns wie sie lustig waren. In den Lagerbaracken gab es nur einfache Pritschen, keine Decken oder Bettwäsche. Im Winter wurden die Baracken nicht geheizt, drei Jahre lang habe ich nie ein Bad genommen, wir arbeiteten zwölf Stunden am Stück, an den Füßen hatten wir Holzschuhe, zum Essen bekamen wir nur Rüben, und auch davon nicht so viel, dass wir satt wurden. Brot bekamen wir selten und wenn ja, dann nur 200 Gramm und halb gebacken. Ich war völlig entkräftet, wog noch 30 Kilogramm. Nur Haut und Knochen, aber ich bin am Leben geblieben, ich war damals 25 Jahre alt, jetzt bin ich 93.

Liebes deutsches Volk, liebe junge Leute, ich wünsche Euch Freundschaft zwischen den Völkern und nie mehr Krieg.

Voller Achtung vor Ihnen,

M. I. Kosjakin

Es schreibt Ihnen Wasilij Michajlowitsch Kosjakin, der Sohn von Michail Iwanowitsch.

Ich habe das erste Mal davon erfahren, dass mein Vater in Gefangenschaft war, nachdem ich 1969 die Schule abgeschlossen hatte, und zwar erzählte er es mir selbst.

Das war für mich ein Schock, und das Erste, was ich empfand, war Hass auf die Deutschen. Heute, nachdem so viele Jahre vergangen sind, sehe ich alles, was passiert ist, in einem anderen Licht. Darüber, was meinem Vater an der Front, in der Gefangenschaft und nach dem Krieg widerfahren ist, könnte man ein ganzes Buch schreiben. Für den Anfang werde ich versuchen, die Ereignisse kurz wiederzugeben.

Mein Vater wurde am 19. November 1916 geboren, in der Nähe von Zarizyn, dass später Stalingrad und dann Wolgograd wurde. Nach der Schule zog er nach Stalingrad, machte eine Ausbildung zum Drechsler und arbeitete dann in der Fabrik »Barrikady«. Ende 1941 wurde er in die Armee eingezogen. Im Mai 1942 kam er an die Front.

Am 10. Juni 1942 geriet seine Einheit bei Charkow in einen Kessel, es folgte die Gefangenschaft. Erst war er in einem Durchgangslager in Polen, in dem die Lebensbedingungen unerträglich waren, einmal bekamen sie fünf Tage weder Wasser noch Brot. Dann Deutschland, ein Arbeitslager in der Nähe von Dresden. Er hatte insofern Glück, als dass die Gefangenen in dem Bereich, in den er kam, fast nicht arbeiten mussten. Einer der älteren deutschen Arbeiter sagte dort zu ihm: »Michel, Deutschland wird Russland niemals besiegen.« Unter Ihren Landleuten gab es unterschiedliche Menschen, wie überall. Einer der Vorarbeiter brachte meinem Vater manchmal Birnen mit, führte ihn in ein extra Zimmer und sagte ihm, er solle schneller essen, da es ihnen verboten war, den Gefangenen Essen zu geben.

Mein Vater erzählte, dass die russischen Gefangenen immer hungrig waren und deshalb oft Verzweiflungstaten begingen, sie flohen nachts aus dem Lager und gingen in die nah gelegenen Städte, um dort Lebensmittel zu stehlen. Mein Vater wog zu der Zeit nicht mehr als 30 Kilo.

Am 7. Mai 1945 wurde er in der Tschechoslowakei aus der Gefangenschaft befreit. Er diente noch ein weiteres Jahr in der Armee, dann kehrte er nach Hause zurück. Er lebte und arbeitete in der Nähe von Wolgograd und in Wolgograd. Heute leben wir in Armawir im Gebiet Krasnodar, wir haben ein eigenes Haus. Vater ist trotz seines hohen Alters noch gut auf den Beinen und kann arbeiten. Er pflanzt und zieht Gemüse, gräbt den Garten um.

176. Freitagsbrief vom September 2009, Pjotr Michailowitsch Sakidin aus dem Gebiet Pensa, Russland:

Im Mai 1942 gerieten wir bei Smolensk in einen Kessel. Ich wurde verwundet und kam in Gefangenschaft. Das Lager war in Freiberg.

Ich habe drei Jahre in einer Fabrik gearbeitet, im Zinkwerk Winberstahl [Freiberger Zinkwerk?]. Dort wurden Gasmuffen gegossen. Meine Lagernummer war 186886, die Arbeitsnummer 37.

Jene Jahre, die ich im Lager verbracht habe, werde ich mein Leben lang nie vergessen; Hunger, Kälte, wie sie uns zur Arbeit trieben. Die Leute starben direkt an den Maschinen. Nach der Arbeit kehrten wir ins Lager auf unsere kalten, feuchten Pritschen zurück. Um nicht zu verhungern, haben viele Katzen oder Ratten gegessen.

Ich bin jetzt 90 Jahre alt, in meiner Erinnerung ist vieles durcheinander gekommen, vieles habe ich vergessen, aber der Krieg und die Gefangenschaft sind bis heute wie frische Wunden.

Am 5. Mai 1945 wurden wir von der russischen Armee befreit. Sie wissen wahrscheinlich, wie man uns Gefangene nach der Heimkehr aus dem Krieg und aus der Gefangenschaft behandelt hat. Es gab alles: Erniedrigungen und Beleidigungen, sie gaben einem keine Arbeit, wir wurden von den anderen abgesondert. In unserer Siedlung gab es viele von uns Kriegsgefangenen. Alle waren in verschiedenen Lagern, und für keinen von uns war die Gefangenschaft ein Paradies. Wenn ich an diese Jahre zurückdenke, zieht sich mir alles zusammen, meine Hände ballen sich zu Fäusten, Tränen treten mir in die Augen. So haben wir damals gelebt. Viele haben später gesagt: Na, du hast den Krieg ruhig in der Gefangenschaft abgesessen. Ich wäre lieber an der vordersten Front als dort im Lager gewesen!

Jetzt sind wir anerkannt. Jedes Jahr bekomme ich zum Tag des Sieges viele Geschenke. Zum 60. Jahrestag hatten sie uns eine Renovierung unserer Wohnung versprochen. Ich bekomme eine Rente, sie ist hoch genug.

Ich bin jetzt Invalide ersten Grades. Vor drei Jahren hatte ich eine rechtsseitige Lähmung und war im Krankenhaus. Dank der

Behandlung und Pflege kann ich mich jetzt einigermaßen fortbewegen.

Im Krieg wurde ich verwundet, hatte eine Verletzung von einem Splitter in der Hüfte. Ich lag im Lazarett, habe aber leider keine Bescheinigung darüber, dass ich damals verletzt war. Ich habe ein Gesuch ans Archiv geschrieben, aber natürlich haben sie mir nichts geschickt. Na ja und jetzt macht es wahrscheinlich auch keinen Sinn mehr.

Hiermit möchte ich meinen Brief beenden, und richten Sie Ihren jungen Leuten aus, sie sollen kein fremdes Eigentum begehren, damit sie in Frieden und in Freundschaft leben können.

174. Freitagsbrief vom 22. Februar 2007, Iwan Dmitrijewitsch Solonowitsch aus dem Gebiet Mogilew, Belorussland:

Ich bin im Jahre 1921 im Dorf Ljubonitschi, Bezirk Kirowskij, Gebiet Mogilew geboren. Im November 1940 wurde ich in die Armee eingezogen. Ich diente als einfacher Soldat in der 12. Schützenbrigade. Am 22. Juni 1941 begann der Krieg. Ich wurde an die Front geschickt. Im Juli 1941 wurde ich in der Ukraine schwer verletzt. Ich lag lange allein. Ich hatte großen Blutverlust. Endlich wurde ich abgeholt und zusammen mit anderen Verletzten mit einem Zug in die Stadt Kislowodsk gebracht. Dort wurde ich neun Monate lang behandelt.

Nach der Genesung schickte man mich wieder an die Front. Ich kam nach Kertsch auf der Krim. Dort geriet ich in einen Kessel. Ich wurde von den Deutschen gefangen genommen und nach Hagen in Deutschland verschleppt. Dort befand ich mich in einem Kriegsgefangenenlager. Im Lager begann für mich der Schrecken des Krieges.

Die Menschen waren dünn und entkräftet, mit weißen Gesichtern. Man musste auch noch arbeiten. Jeden Tag starben viele Menschen. Ich überlebte dank eines Wunders. Das Essen war kalorienarm, sehr bescheiden: Es wurden ein bisschen Rüben geschnitten, dazu Wasser. Das war's. Das nannte man »Suppe«. Zusätzlich gab es 200 Gramm Spänebrot. So war das Essen für den ganzen Tag.

Ich arbeitete zuerst auf einer Baustelle in Hagen. Danach arbeitete ich im Werk von Schmidt. Ich bediente eine Fräse und fertigte Teile. In der Werkhalle arbeitete ein Vorarbeiter, ein Deutscher. Er war ein sehr guter Mensch, sehr menschlich. Er schrie nie, schimpfte auf keinen. Er zeigte Mitleid. Ich war sehr abgemagert. Der Vorarbeiter beauftragte mich, in der Küche zu arbeiten. Ich war für die Lebensmittelzufuhr zuständig. Ich weiß nicht, ob der Mann noch lebt. Ich habe seinen Name vergessen.

Im Lager dagegen wurden wir erniedrigt und geschlagen. Das habe ich gut in Erinnerung. Es gab einen »Polizaj«. Er war Pole. Jeden Morgen beim Appell stand der mit einem Gummiknüppel, manchmal auch mit einem Eisenstab, und schlug Menschen.

Es ist schwer, sich an das Ganze zu erinnern. Vieles habe ich nicht mehr im Kopf. Ich hielt mich in Deutschland bis 1945 auf.

Danach wurde ich von amerikanischen Truppen befreit. Ich und andere Kriegsgefangene wurde mit Bahnwaggons nach Brest gebracht. Wir, schwach, krank, arbeitsunfähig, wurden nach Sibirien geschickt. Die Station hieß Issa. Dort sollte ich zwei Jahre arbeiten. Ich durfte nicht heimkehren. Es kam der sofortige Arbeitseinsatz. Wir wurden als Vaterlandsverräter eingeordnet, nur aus einem einzigen Grund: weil wir in Kriegsgefangenschaft geraten waren.

Wir zerkleinerten große Tonstücke, stapelten sie. Danach wurde der Ton mit Wagen weggebracht. Ich verbrachte dort anderthalb Jahre. Ich wurde krank und bekam Urlaub. Ich kehrte nicht mehr zurück.

Die Eltern waren schon tot. Ich hatte einen einzigen Verwandten, einen Bruder. Der zweite Bruder, Lokführer von Beruf, war an der Front gefallen.

Ich kam nach Hause ohne Ausweispapiere, weil ich noch ein halbes Jahr in Sibirien arbeiten musste. Die Arbeit war schwer. Ich konnte nicht studieren. Es fehlten Kleidung und Schuhe. Ich suchte meine Unterlagen. Ich brauchte eine Bescheinigung, dass ich in Kislowodsk verwundet worden war. Meine Papiere waren nicht zu finden. Das Archiv war ausgebrannt. Ich erreichte nichts.

Heute bin ich 86 Jahre alt. Ich wundere mich, dass ich damals überlebte und noch am Leben bin. Jetzt bin ich schwer krank. Meine Beine, Hände, mein Magen tun weh. Alles tut weh. Meine Seele tut auch weh.

Meine Rente ist klein. Ich lebe mit meiner Ehefrau Sofia zusammen. Wir haben zwei Kinder und zwei Enkel. Ich weiß nicht, was ich noch schreiben soll. Wenn ich in Erinnerungen versinke, habe ich Kopfschmerzen. Ich bin oft sehr nervös. Es ist schwer, sich überhaupt vorzustellen, wie ich das Ganze überlebt habe. Ich höre schlecht. In der rechten Hand habe ich immer noch Splitterreste. Ich kann keine Unterlagen, keine Nachweise finden.

Damit beende ich mein Brief.

Mit besten Wünschen

Iwan Dmitrijewitsch Solonowitsch und seine Ehefrau Sofia Wasiljewna

172. Freitagsbrief vom 10. September 2009, geschrieben von Wladimir Fedorowitsch Larionow aus dem Gebiet Twer, Russland:

Im Lager von Millerowo, wo die Gefangenen unter freiem Himmel in Gruben ausharren mussten (früher wurde dort Lehm gewonnen), gaben sie uns Weizen und Ölkuchen zu essen, wovon den Leuten die Bäuche aufquollen, sie starben unter schrecklichen Qualen. Man muss das selbst durchlebt haben, um verstehen zu können, wie entsetzlich das alles war.

In Wlodzimier-Wolynski (einem Offizierslager) [Stalag 365] war die ganze Fläche, auf der sich die Kriegsgefangenen befanden, gepflastert, zwischen den Steinen wuchs aber Gras, und das haben wir mit den Wurzeln gegessen. Davon erkrankten die Gefangenen reihenweise an Ruhr. Ein Teil des Wachpersonals waren ukrainische und russische »Polizai«, die sehr brutal zu den Gefangenen waren, brutaler als die Deutschen. So etwas gab es auch.

Bei der Arbeit im Bergwerk Peine gaben uns die deutschen und marokkanischen Arbeiter belegte Brote oder Kartoffeln. Ich bin ihnen sehr dankbar, dass sie uns geholfen haben.

Die Lagerwachen machten sich jeden Tag ihren Spaß mit uns, z. B. zogen sie einen älteren Hauptmann nackt aus und bespritzten ihn mit dem Wasserschlauch; mit dieser Folter quälten sie ihn zu Tode. So haben sie die Menschen schikaniert.

Es ist unmöglich, über all die Etappen, die ich in den schweren Jahren des Krieges durchmachen musste, zu schreiben. Es schmerzt, dass Ihre Regierung Vorurteile gegenüber den Kriegsgefangenen hat. Wir haben daran keine Schuld, wir haben unsere Heimat verteidigt, aber wir hätten nie gedacht, dass uns solche Qualen erwarten. Anscheinend schämen sie sich, ihre eigene Schuld einzugestehen. Möge Gott über sie richten.

Ich habe dann in Brandenburg in einer Filtrations-Armee-Einheit für Repatriierte gearbeitet, ich war stellvertretender Kommandeur des Bataillons zur Aussonderung der Verräter, der Angehörigen der Wlassow-Armee usw. Ich bekam meinen Offiziersgrad zurück, dann wurde ich in die Reserve entlassen. Ich habe einige militärische Auszeichnungen. Dann bin ich zu den Eltern heimgekehrt, habe begonnen zu arbeiten und gewissenhaft die schwere Arbeit ausgeführt, die der Staat mir anvertraute. Ich wurde mit Auszeichnung in den Ruhestand entlassen.

Seit 1990 bin ich wegen meines Gesundheitszustandes Invalide zweiten Grades. Nach dem Krieg habe ich mich mit einem Kameraden aus dem Lager getroffen, mit dem ich zusammen im Bergwerk gearbeitet und all die Qualen durchgemacht habe; aber Sie sehen, wir haben durchgehalten. Er heißt Nikolaj Gister, lebt in Moskau, wir haben viele Jahre den Kontakt gehalten. Mittlerweile ist er erblindet. Auch mit Girtkewitsch Don Ossipowitsch (Jude) war ich befreundet, er hat den ganzen schrecklichen Krieg in der Gefangenschaft verbracht.

Es würde mich interessieren, ob das Bergwerk in Peine noch in Betrieb ist und wem es gehört, wie die einfachen Leute heute leben usw.

170. Freitagsbrief vom 17. Oktober 2009, Andrej Wassiljewitsch Kitaschow aus Arwamir in der Region Krasnodar, Russland:

Es gab natürlich auch Verräter, aber das waren wenige. Sie gingen offen auf die deutsche Seite über und schufen eine gewisse Verwirrung unter den zum Überleben verurteilten Gefangenen. Ein Teil schloss sich den Taten der Verräter unbewusst an. Andere suchten andere Wege, um dem Lager zu entkommen.

Ein Beispiel: Ein Teil des Territoriums der UdSSR war von der Wehrmacht besetzt. Darunter auch die Ukraine. Die Deutschen hegten Sympathien für die Ukrainer. Sie bemerkten, dass sie der Unabhängigkeit nicht abgeneigt waren. In diesem Falle nahmen die Deutschen unter den Gefangenen Ukrainer zum Dienst als »Polizai« in den eroberten Gebieten. So kamen einmal deutsche Offiziere in das Lager. Alle Ukrainer mussten in einer Reihe antreten. Das Unterfangen war allen Gefangenen klar.

So sagte mein Kamerad, ein Belorusse, zu mir: »Lass uns auch als Ukrainer in die Reihe treten, wenn es glückt, werden wir als Polizai genommen. Hauptsache wir entkommen aus dem Lager, danach laufen wir zu den Partisanen über.«

Und so reihten wir uns ein.

Aber der deutsche Offizier sprach etwas Ukrainisch. Er fragte den einen oder anderen: »Bist du Ukrainer?«

Wenn er richtig antwortete, blieb er in der Reihe, wenn nicht, wurde er weggejagt.

Wie der Zufall es wollte, kam er auch zu mir und fragte »Ukrainer?«

»Ja«, antwortete ich.

»Wo wohnst du?«

»In Maikop«, antwortete ich.

»Wie ist das Leben da so?«

Ich antwortete »Charascho«.

Da schlug er mir mit ganzer Kraft ins Gesicht und schrie: »Dobre!«

Das heißt »gut« auf Ukrainisch, »charascho« aber war russisch.

Mein Kamerad kam durch.

Offensichtlich waren in der Reihe jedoch viele solcher »Ukrainer« wie ich. So kam die Anwerbung nicht zustande. Wir mussten wegtreten.

Wenn wir erfolgreich durchgekommen wären, wie hätte sich unser Schicksal gestaltet? So wären wir schnell zu Verrätern geworden, wenn es nicht gelungen wäre, zu den Partisanen überzulaufen. Später unternahm ich mit meinem Kameraden aus Belorussland einen Fluchtversuch, der von der Wache vereitelt wurde. Ich verblieb im Lager. Was aus ihm wurde, weiß ich nicht.

Um sich vor dem Hunger und dem Tod zu retten, suchten die Gefangenen nach Auswegen. Einige, besonders aus den unteren Kommandeursrängen, haben so etwas wie Laienkunst organisiert: Lieder, Tänze, um so bei der deutschen Lagerleitung Aufmerksamkeit zu erregen, die ihnen dann etwas zu Essen zuteilte.

Was war aber weiter? Sie sind dann organisiert gefördert und an die vorderste Frontlinie gebracht worden, wo man sie gezwungen hat, über Lautsprecher ihre Lieder in Richtung Sowjetarmee zu singen. So wurden sie ungewollt zu Verrätern.

Nicht alle Wlassow-Leute waren offensichtliche Verräter. Die meisten von ihnen wollten sich vor Hunger retten und haben sich ohne nachzudenken angeschlossen in der Hoffnung, zu den Eigenen überlaufen zu können. Aber das ist leider auch Verrat.

Ich habe auch folgende Episode erlebt. In Rastenburg mussten die Gefangenen unter grausamen Bedingungen arbeiteten, sie wurden auf Schritt und Tritt geprügelt. Eines Tages wurde ein groß gewachsener junger Mann in zerlumpter deutscher Uniform kaukasischer Nationalität in unser Lager gebracht. Es war deutlich zu sehen, dass er krank war. Einmal, ich weiß nicht mehr aus welchem Grunde, blieb ich im Lager, um Kartoffeln für die Küche zu schälen. Dort traf ich diesen Menschen wieder. Aus dem Gespräch ging hervor, dass er von der Freiwilligenarmee zur Befreiung des Kaukasus angeworben worden war. Für guten Dienst war er sogar zum Urlaub ins okkupierte Territorium geschickt worden. Dort hatte er seine Verwandten getroffen. Nach der Rückkehr zu seiner Einheit erkrankte er an Tbc. So hat man ihn jetzt in unser Lager geworfen.

In diesem Lager wurde man jeden Morgen zur Arbeit gejagt. Wer nicht gehen konnte, wurde getötet. Und so wurde einmal dieser Mensch zu Tode geprügelt. Ich musste auf Befehl der Wachen den Toten in den Bunker schleppen.

So gab es auch solche Verräter, und das Schicksal war ihnen nicht hold. 1944 jagte man die Gefangenen entlang der Ostsee nach Westen. In der Stadt Danzig waren im Winter die Wachen und die Patrouillen rings um die Stadt Russen in deutscher Uniform. Das waren auch Verräter. […]

Ich sage voller Überzeugung, die große Masse der Gefangenen hat sich würdig verhalten und die Selbstbeherrschung nicht verloren. Es war zu bemerken, dass andere Kriegsgefangene, Franzosen, Italiener, Polen und sogar die Deutschen, uns darum beneideten.

Im »geliebten« Dorf Langendorf beim Großgrundbesitzer habe ich 1943 den Deutschen gesagt, dass die Russen ganz bestimmt kommen und alle Deutschen verjagen werden. Viele haben das bezweifelt. […]

Würdig und patriotisch unter schweren, schwierigen Bedingungen unter allen Umständen haben sich gehalten: Russen, Belorussen, Wolga-Tataren, Udmurten, Baschkiren, Tschuwaschen. Schwächer waren die Mittelasiaten, vorsichtig die Kaukasier, und ein Teil der Ukrainer war unsicher.

Aber allen war der Kriegsbeginn bekannt. Die an der Grenze gelegenen Truppen hatten unter schwierigsten Bedingungen erbittert Widerstand geleistet und große Verluste erlitten. Erschöpft und verwundet gerieten sie in großen Massen in Gefangenschaft, haben aber den Kampfgeist nicht verloren. Was sie konnten, haben sie getan, um ihre Grenzen zu verteidigen. Aber nachdem sie in Gefangenschaft geraten waren, fühlten sie sich in der Seele schuldig, aber nicht als Verräter.

Nach der Befreiung von uns Gefangenen durch die Engländer wurden wir gewaschen, desinfiziert und in deutsche Beuteuniformen der Marine gekleidet und den sowjetischen Truppen in der Stadt Parchim übergeben. Von dort ging es zu Fuß unter Begleitung bis zur sowjetischen Grenze. An einem großen Bahnhof war ein Zug mit Personenwaggons bereitgestellt worden, in die wir gesetzt wurden. Viele von uns liefen noch neben den Waggons herum. Einige Gleise weiter stand ein Zug mit demobilisierten Soldaten mit Orden und Medaillen. Die Türen standen offen, es waren einfache Güterwagen, auf dem Boden lagen Stroh und das Gepäck der Frontkämpfer. In einer offenen Tür saß ein junger Bursche, auf dessen Brust der Heldenstern glänzte. Neben ihm standen demobilisierte Soldaten und schauten auf uns mit Hohn und Hass. Sie hatten ihre Gründe. Sie trugen als Helden und

Befreier schäbige, verschlissene Uniformen – und vor ihnen standen wir Repatriierte, in deutschen Uniformen, wenn auch ohne Schulterstücke. [...]

Voll Bosheit mit den Zähnen knirschend haben viele von ihnen giftige Worte an unsere Adresse gerichtet. »Da sind sie ja, die Verräter in sauberen Uniformen! Und wir tragen Lumpen.«

Diese urplötzlich und bis zu Tränen kränkenden Worte erregten beide Seiten. Und beide Seiten schlugen dann auch mit Fäusten aufeinander. Die Sieger-Helden und jener Bursche mit dem Heldenstern wurden in die Waggons gejagt.

Hätte es nicht die Führung des Zuges der Demobilisierten gegeben, wäre bestimmt Blut geflossen.

169. Freitagsbrief vom 13. November 2009, Aleksandra Antonowna Kotschubej aus Lwow in der Ukraine:

Ich, A. A. Kotschubej, geb. 1922, habe 1940 die medizinische Fachschule in Leninsk-Kusnezkij im Gebiet Kemerowo abgeschlossen und wurde in den Bezirk Topki im gleichen Gebiet ins Krankenhaus von Ustsosnowo geschickt, wo ich als Hebamme gearbeitet habe.

Am 22. Juni 1941 begann der Krieg mit Deutschland, ich wurde mit anderen Krankenschwestern sowie mit Polina Wasilenko (ihr Mädchenname war Terechina) in die sowjetische Armee eingezogen. Polina und ich kamen in den Nordwesten in die 2. Stoßarmee, 22. Division, 7. Sanitätsbataillon. Zu der Zeit wurde die Armee von General Wlassow befehligt. 1942 wurde unsere Armee von den Deutschen eingekesselt, und der General ergab sich den Deutschen.

Zu der Zeit fanden heftige Gefechte statt, und ich wurde von Minensplittern an beiden Beinen verwundet, ich konnte nicht mehr laufen und lag vier Tage im Wald bei minus 40 Grad. Am fünften Tag fanden mich deutsche Soldaten, brachten mich ins Feldlazarett, wo ein Oberarzt erste Hilfe leistete. Dann schickte er mich weiter nach Nowgorod ins Krankenhaus, wo die Splitter entfernt wurden.

Nach der Genesung brachten sie mich mit anderen Kriegsgefangenen, unter denen auch die Ärztin Frida Ibragimowa war, mit der ich im Sanitätsbataillon gearbeitet hatte, ins Konzentrationslager nach Narva in Estland. Dort traf ich meine Kollegin Polina wieder. Der Lageraufseher war ein Deutscher, Otto Blüm, vom Rang her Gefreiter. Im Lager wurden wir zu Straßenreparaturarbeiten eingesetzt von morgens 6 Uhr bis abends 7 Uhr.

Ich blieb bis März 1944 in diesem Lager, dann wurde ich mit anderen Kriegsgefangenen in ein anderes Konzentrationslager gebracht, nach Lublin [Stalag 366], wo ich zwei Wochen und ein paar Tage war.

In einer Nacht gelang uns die Flucht aus der Gefangenschaft. Ein Pole half uns dabei, an seinen Namen kann ich mich nicht mehr erinnern, er war freie Arbeitskraft im Lager, und er organisierte für uns Proviant.

Wir waren fünf Leute, wir schlugen uns durch die Wälder, gingen auch in die Dörfer und baten dort um Essen, die Polen gaben uns immer etwas. So kamen wir in die Nähe der Front, d. h. zu den Partisanen. Ein Pole, er hieß Jakub, brachte uns zu einer Partisanengruppe, die sich der Mirkowskij-Partisaneneinheit anschloss.

Dort waren wir von Mai bis August 1944, d. h. bis zur Auflösung der Einheit.

167. Freitagsbrief vom 11. Mai 2007, Wladimir F. Tolkatsch aus dem Gebiet Witebsk, Belorussland:

Es schreibt Ihnen der ehemalige Offiziersschüler der Panzertruppenschule Wladimir Fomitsch Tolkatsch.

In den ersten Kriegstagen bin ich in Gefangenschaft geraten, ich wurde bei Pruschany nicht weit von Brest verwundet. Ich kann mich noch daran erinnern, wie sie uns zusammentrieben und dann ins Lager 304 [204?] hetzten, die Schikanen haften für immer im Gedächtnis: wie sie uns in die Waggons luden, und wie sie uns schlugen mit allem, was ihnen unter die Finger kam, wie wir dann dicht aneinander gedrängt in den Waggons standen.

Wir hielten lange am Bahnhof von Brest, wir baten um etwas zu Trinken, überall Stöhnen und Schreie. Dann entluden sie die Waggons, und viele von uns waren nicht mehr am Leben, danach mussten wir auf dem offenen Feld liegen. Und was machten sie dann, wenn einer aufstand? Sie leuchteten mit einem Scheinwerfer auf ihn.

Dann trieben sie uns Geschwächten weiter, gaben uns nicht einmal etwas Wasser, und ich weiß noch, was sie machten, wenn jemand zusammenbrach und nicht mehr aufstehen konnte.

Dann bauten sie das Lager unter freiem Himmel, es war unterteilt in mehrere Abschnitte und Wachtürme.

Alles, was dort wuchs, aßen wir auf, und übrig war nur die schwarze Erde, mit den Händen gruben wir nach Wasser, saugten am nassen Sand. Ich kann mich gut erinnern, wie wir in einer regnerischen und kalten Nacht versuchten, über den Zaun zu kommen, um uns in den Wald zu retten, das war am linken Rand des Lagers. Aber dann entdeckten sie uns von den Wachtürmen mit ihrem Scheinwerfer. Und wie viele ließen dort ihr Leben, sogar noch halb Lebendige legten sie auf die Stapel und bestreuten sie, nach einem Fluchtversuch oder einem Aufstand.

Einige Gefangene, natürlich nicht alle, hielten es nicht aus, sie wollten sich mit den Händen freigraben, bis sie bluteten. Wie sie dann schrien! Wer blutete, der bekam medizinische Hilfe. Auch ich, allerdings kam ich unters Dach auf gelben Sand, die Deutschen hatten Angst, dorthin zu gehen. Mir und noch einigen anderen rettete unser Arzt das Leben, er gab uns weiße Kittel und führte uns als Sanitäter dort hinaus.

Ich weiß noch, wie sie die Geschwächten, die wie durch ein Wunder am Leben geblieben waren, durch die Straßen von Leipzig hetzten, dann zum Lager IV B [Mühlberg/Elbe]. Sie schmierten uns mit etwas ein, das vor Läusen schützen sollte, wir mussten stundenlang stehen, und unsere Jungs starben, die sie für einen Fluchtversuch oder fürs Auflehnen an den Händen aufgehängt hatten.

Wir aßen einmal rohe Kartoffeln, und vor Wut, dass sie nichts gefunden hatten, schlugen sie uns. Dann wurden wir abgezählt, hergerichtet, angezogen und vorbereitet für den Arbeitseinsatz. Der Arbeitgeber nahm uns im Dorf Krostitz nicht weit von Leipzig in Empfang, wir mussten zugewachsene Kanäle säubern. Er sagte: »Wenn ihr gut arbeitet, werdet ihr auch gut essen.« Wir schliefen auf Brettern, arbeiten mussten wir von sechs Uhr morgens bis abends, und wir hatten einen Laib Brot auf sechs Personen und Kaffee-Ersatz ohne Zucker, abends dann einen Liter

Suppe mit ungeschälten Kartoffeln und Rübenkraut. Wir fanden kleine Fische im trüben Wasser, die wir an Ort und Stelle aufaßen, das rettete uns.

Vor allem am Wochenende kamen betrunkene Soldaten und Offiziere mit Pistolen zu uns – wir waren etwa 30 Leute –, schrien »Stillgestanden!« und schlugen diejenigen, die ihnen nicht gefielen.

Im Winter arbeiteten wir bei verschiedenen Bauern, versuchten, irgendwie zu überleben, später trieben sie uns dann weiter, in ein Dorf an der Mulde, dort mussten wir Dämme bauen, ließen das Wasser von den überschwemmten Gebieten abfließen. Wir führten alle möglichen Arbeiten aus, wurden auf verschiedene Arbeitgeber aufgeteilt. Im Herbst 1942 brachten sie uns in die Zuckerfabrik Zörbig, Kreis Bitterfeld. Die Hauptarbeit war das Entladen von Kohle, dann mussten wir die Asche aus den Öfen wegbringen, Kalkmilch herstellen, die Zuckerrüben ausladen und den Arbeitern alles bringen, was sie brauchten.

In der Fabrik arbeiteten französische Kriegsgefangene, die uns unter Gefahr halfen und uns sogar Flugblätter brachten. Wir arbeiteten auch nachts. Ich musste als Schreiner arbeiten, habe Fenster eingesetzt und gestrichen, habe Rahmen gemacht und jegliche Arbeit sogar in der Fabrik. Mein Chef Otto Torenz war gut zu mir, aber das wusste ich. Ich danke ihm sehr, falls er noch am Leben ist, auch seiner Frau und seinen Kindern, sie haben mich »Walda« genannt. In der Werkstatt arbeitete nur ich. Sogar der Fabrikdirektor kam mal in die Werkstatt und legte mir eine Zigarre auf die Werkbank. Der Direktor hieß Plesing, ich habe für seinen Sohn einen Spielzeugpanzer gemacht. Dank an sie, dass ich bis heute am Leben bin.

Im Februar 1945 kamen wir wieder ins Lager, und dort wurden wir am 27. April 1945 von unseren Soldaten befreit. Bei Kriegsende war ich dann in Prag in der Tschechoslowakei. 1946 wurde ich aus der Armee entlassen und kehrte in die Heimat zurück, aber meine Mutter und meinen Bruder sah ich nie wieder. In Krasnoluki gab es ein Kinderheim, in dem ich dann arbeitete.

Die Weißrussen haben Leid erfahren, das sie schwer vergessen können. In meinem Geburtsort Krasnoluki wurden mehr als 300 Menschen erschossen. Es gibt jetzt ein Denkmal aus schwarzem Marmor mit der Aufschrift: »Hier haben die Faschisten Kinder und Zivilisten bestialisch ermordet.«

164. Freitagsbrief vom 24. Juli 2009, Ilja Michajlowitsch Lyttschenko aus dem Gebiet Rostow in Russland:

Ich wurde im Oktober 1940 als Junge von 18 Jahren zum Grundwehrdienst in die Sowjetische Armee eingezogen. Ich diente an der Westgrenze (Ustrzyki Dolne, Przemysl). Am 22. Juni 1941 begann dann der Krieg. Und die Armee, in der ich diente, verteidigte sich um 5 Uhr morgens gegen den ersten Angriff.

Im August 1941 wurden zwei unserer Armeen dann eingekesselt und man nahm uns gefangen. Das war im Gebiet Kirowograd, im Dorf Podwysokoje. Sie trieben uns alle in die Ziegelgrube von Uman. Nun begannen die Schikanen. Wir standen bei jedem Wetter unter freiem Himmel in dieser Grube. Wir waren so viele, dass wir uns kaum hinlegen konnten. Wir bekamen entweder gar kein Essen, oder sie warfen uns beispielsweise ein schon faulendes totes Pferd in die Grube. Wir haben sogar die Hufe gegessen.

Dann brachte man uns nach Winniza. Dort war es noch schlimmer. Zum Essen bekamen wir gekochte Rüben mit Rübenkraut und Brot aus Hirseschalen. Sie stellten die russischen Soldaten hinsichtlich ihrer Überlebensfähigkeit auf die Probe. Auf jede Ungehorsamkeit stand die »Exekution«. Es herrschte entsetzlicher Hunger, überall waren Unmengen an Läusen. Jeden Tag starben Hunderte gefangene Soldaten.

Ich habe dreimal versucht, aus der Gefangenschaft zu fliehen. Ich wurde aufgegriffen, sie hetzten die Hunde auf mich, schlugen mich mit Peitschen, und als ich das Bewusstsein verlor, übergossen sie mich mit Wasser und schlugen weiter.

Später kam ich ins Ruhrgebiet nach Dortmund ins Kohlebergwerk und arbeitete im Schacht. Um 3 Uhr morgens wurden wir geweckt und mussten in den Schacht. Der Stollen war nur 90 Zentimeter hoch (ich bin 1,90 Meter groß).

Unsere Arbeitsnorm pro Tag – 2,5 Meter abtragen. Solange man die Norm nicht erfüllt hatte, durfte man nicht nach oben. Wir bekamen als Tagesration Rübensuppe, Kaffee-Ersatz und ein Stück Brot.

Einmal im Monat hatten wir einen Tag frei. An diesem freien Tag mussten wir uns auf Befehl des Lagerkommandanten im Lagerhof aufstellen, ohne Oberbekleidung, und das bei jedem Wetter. Der Kommandant schritt dann die Reihe ab, und wenn ihm jemand nicht gefiel, dann schlug er ihm mit der Faust ins Gesicht. Wenn derjenige sich auf den Beinen halten konnte, ließ er es gut sein, wenn nicht, schlug er ihn noch mit dem Stock. Alles war auf die Vernichtung von uns Russen ausgerichtet.

Wir aber hielten durch, obwohl nicht viele von uns übriggeblieben sind. Als ich zur Armee ging, wog ich 70 Kilo, als ich aus der Gefangenschaft befreit wurde, wog ich nur noch 45 Kilo.

Seit dieser schrecklichen Zeit sind schon viele Jahre vergangen, aber ich erinnere mich noch ganz genau an alles. Bis heute träume ich manchmal davon: von den Hunden, den Peitschen, dem Schacht usw. Ich wache schweißgebadet auf und ohne Tränen kann ich an diesen Albtraum nicht zurückdenken.

Nach dem Sieg habe ich noch zwei Jahre in Deutschland gedient. Es gab dort einfache, gute Deutsche, die uns russischen Soldaten geholfen haben.

Jetzt bin ich schon 89 Jahre alt. Ich lebe in einem Dorf in der Nähe der Kreishauptstadt. Ich habe drei Ehefrauen beerdigt. Meine jetzige Frau ist viel jünger als ich.

Personenverzeichnis

Adenauer, Konrad

geboren am 5. Januar 1876; von den Nazis 1933 als Oberbürgermeister von Köln abgesetzt; nach dem Krieg vom 15. September 1949 bis 15. Oktober 1963 Bundeskanzler der Bundesrepublik; gestorben am 19. April 1967

Backe, Herbert

geboren am 1. Mai 1896; ab 1933 Staatssekretär im Reichsernährungsministerium; ab 1936 Chef der Gruppe Ernährung in Görings Dienststelle Vierjahresplan; ab 1942 Leiter des Reichsministeriums für Ernährung und Landwirtschaft; 1945 Reichsminister für Ernährung in der Regierung Dönitz; gestorben am 6. April 1947 durch Selbstmord in der Untersuchungshaft in Nürnberg

Berger, Gottlob

geboren am 18. Juli 1896; SS-Obergruppenführer und General der Waffen SS; Chef des SS-Hauptamtes; später Generalinspekteur des Kriegsgefangenenwesens; am 11. April 1949 zu 25 Jahren Haft verurteilt; am 15. Dezember 1951 entlassen, gestorben am 5. Januar 1975

Bock, Fedor von

geboren am 3. Dezember 1880; befehligt den Einmarsch in Belgien und in den Niederlanden. Aufgrund der »Weisung Nr. 21 Fall Barbarossa« vom 18. Dezember 1940 wird von Bock mit der Vorbereitung der ihm unterstellten Truppen auf den Angriff auf die Sowjetunion beauftragt. Oberbefehlshaber der Heeresgruppe Mitte und der Heeresgruppe Süd. Am 19. Dezember 1941 vor Moskau gemeinsam mit dem Oberbefehlshaber des Heeres Walther von Brauchitsch abgelöst. Er übernimmt am 18. Januar 1942 die Heeresgruppe Süd. Im Anschluss an erneute Auseinandersetzungen mit Hitler über Militär-Planungen wird er am 15. Juli 1942 seines Amtes als Befehlshaber der Heeresgruppe B enthoben und bis Ende des Krieges zur Führerreserve versetzt. Nach Hitlers Selbstmord bietet er der neuen Reichsregierung seine Dienste an; stirbt jedoch am 4. Mai 1945 bei einem britischen Tieffliegerangriff

Bormann, Martin

geboren 17. Juni 1900; als Leiter der NSDAP-Parteikanzlei engster Vertrauter Hitlers; wahrscheinlich Selbstmord am 2. Mai 1945 in Berlin

Bräutigam, Otto

geboren am 14. Mai 1895; ab 1920 Russlandexperte im Auswärtigen Amt; 1939 Eintritt in die NSDAP; Abteilungsleiter Allgemeine Politik im Ostministerium; 1942 Vorsitzender einer Konferenz zur Bestimmung des Begriffs »Jude«; 1945 US-Internierung, ab 1947 Osteuropaberater bei US-Dienststellen; ab 1953 wieder im Auswärtigen Amt; 1958 Generalkonsul in Hongkong; 1959 Großes Bundesverdienstkreuz; gestorben 30. April 1992

Christmann, Kurt

geboren am 1. Juni 1907; 1938 Staatspolizei-Leitstelle Wien und Innsbruck; 1939 Gestapo-Chef in Salzburg; 1942 bis Februar 1943 Führer des Einsatzkommandos 10a in Krasnodar; Herbst 1943 Gestapo-Chef in Klagenfurt, später in Koblenz; Festnahme und Flucht aus dem Internierungslager; bis 1948 unter falschen Namen bei der britischen Besatzungsmacht; Flucht nach Italien und Argentinien; 1956 Rückkehr in die BRD; Besitzer einer Immobilienfirma; 19. Dezember 1980 vom Landgericht München zu 10 Jahren Haft verurteilt; gestorben am 4. April 1987

Freisler, Roland

geboren am 30. Oktober 1893; 1925 Eintritt in die NSDAP; 1933 Ministerialdirektor, 1934 Staatssekretär; ab 23. August 1942 Präsident des Volksgerichtshofes; berüchtigt für seine aggressive und demütigende Verhandlungsführung; gestorben am 3. Februar 1945 im Keller des Volksgerichtshofes bei einem Luftangriff

Goebbels, Joseph

geboren am 29. Oktober 1897; 1928 Mitglied des Reichstages, ab 1929 Reichspropagandaleiter der NSDAP, Reichsminister für

Volksaufklärung und Propaganda; ab 20. Juli 1944 Generalbevollmächtigter für den »totalen Krieg«; Selbstmord am 1. Mai 1945 im Führerbunker

Göring, Hermann

geboren am 12. Januar 1893; Oberster Führer der SA; 1930 Mitglied, ab 1932 Präsident des Reichstages; April 1933 Ministerpräsident von Preußen; ab Mai 1933 Reichsminister für Luftfahrt, Oberbefehlshaber der Luftwaffe; ab 1934 Reichsforst und -jägermeister; ab 1936 Beauftragter für den Vierjahresplan; gab 1941 den Auftrag zur »Endlösung der Judenfrage«; Festnahme durch die US-Amerikaner; Todesurteil am 1. Oktober 1945 in Nürnberg; Selbstmord am 15. Oktober 1946 kurz vor der Hinrichtung

Heydrich, Reinhard

geboren am 7. März 1904; Chef des Reichssicherheitshauptamtes und Beauftragter der »Endlösung der Judenfrage« im Osten; stellvertretender Statthalter für das als »Protektorat Böhmen und Mähren« bezeichnete Gebiet der ehemaligen Tschechoslowakei; am 10. Juni 1942 erliegt Heydrich in Prag den Verletzungen nach einem Attentat

Himmler, Heinrich

geboren am 7. Oktober 1900; 1925 NSDAP-Geschäftsführer im Gau Niederbayern, 1933 Polizeipräsident von München; ab 1936 Reichsführer SS und Chef der Deutschen Polizei; ab 1939 auch Reichskommissar für die Festigung deutschen Volkstums und ab 1943 zusätzlich Reichsinnenminister; gestorben am 23. Mai 1945 durch Selbstmord in britischer Haft

Hitler, Adolf

geboren am 20. April 1889; »Führer und Reichskanzler« sowie Oberbefehlshaber der Deutschen Wehrmacht bis zu seinem Selbstmord am 30. April 1945

Höß, Rudolf

geboren am 25. November 1900; 1922 Eintritt in die NSDAP; 1924 wegen Beteiligung an einem Fememord zu einer zehnjährigen Haftstrafe verurteilt und inhaftiert; 1928 entlassen;

1934 Mitglied der SS sowie Block- und Rapportführer im KZ Dachau; 1938 Lagerkommandant im KZ Auschwitz; als Inspekteur aller Konzentrationslager verantwortlich für die Einführung des Schädlingsbekämpfungsmittels Zyklon B zur »Endlösung der Judenfrage«; am 11. März 1946 durch die britische Militärpolizei verhaftet und den polnischen Behörden überstellt; dort 1947 zum Tode verurteilt und am 16. April 1947 auf dem Lagergelände von Auschwitz erhängt; 1958 erscheinen seine autobiografischen Aufzeichnungen

Hollidt, Karl-Adolf

geboren am 28. April 1891; Generaloberst; 1948 wegen verbotswidrigen Einsatzes von Kriegsgefangenen sowie Verschleppung und Versklavung von Zivilpersonen zu fünf Jahren Haft verurteilt. 1949 vorzeitig entlassen, danach Landesvorsitzender des Verbandes der Heimkehrer in Nordrhein-Westfalen, gestorben am 22. Mai 1985

Hoth, Hermann

geboren am 12. April 1885; Generaloberst; 1948 zu 15 Jahren Haft verurteilt; 1954 vorzeitig entlassen, gestorben am 22. Januar 1971

Jodl, Alfred

geboren am 10. Mai 1890; Generaloberst; war von 1932 bis 1945 in der Operationsabteilung der Wehrmacht und einflussreichster Berater Hitlers; Unterzeichner der Kapitulationsurkunde in Reims; Todesurteil am 1. Oktober 1946 in Nürnberg; Vollstreckung am 16. Oktober 1946 durch Erhängen; 1953 wurde er posthum als entlastet entnazifiziert

Keitel, Wilhelm

geboren am 22. September 1882; ab 1935 Chef des Allgemeinen Wehrmachtsamtes im Reichskriegsministerium; von 1938 bis 1945: Chef des Oberkommandos der deutschen Wehrmacht und Mitglied des Ministerrates für die Reichsverteidigung; Todesurteil am 1. Oktober 1946 in Nürnberg; Vollstreckung am 16. Oktober 1946 durch Erhängen

Kitzinger, Karl

geboren am 18. April 1896; Wehrmachtsbefehlshaber der Ukraine; gab nachgewiesenermaßen Befehl zur »Sonderbehandlung« von 200 jüdischen Kriegsgefangenen im Stalag 305; gestorben 1962

Koch, Erich

geboren am 19. Juni 1896; Reichsverteidigungskommissar der Provinz Ostpreußen und ab November 1941 Reichskommissar der Ukraine; 1945 mit falschem Namen untergetaucht, 1949 Festnahme, Auslieferung nach Polen, wo er am 9. März 1959 wegen seiner dortigen Verbrechen zum Tode verurteilt wurde; Urteil wegen Krankheit nicht vollstreckt; gestorben 12. November 1986 im Gefängnis

Küchler, Georg von

geboren am 30. Mai 1881; Generalfeldmarschall; ab Januar 1942 Oberbefehlshaber der Heeresgruppe Nord; im Winter 1941/42 für die Belagerung Leningrads (St. Petersburg) mitverantwortlich. 1949 zu 20 Jahren Haft verurteilt, 1953 entlassen, gestorben am 25. Mai 1968

Leeb, Wilhelm von

geboren am 5. September 1876; Generalfeldmarschall; als Oberbefehlshaber der Heeresgruppe Nord im Winter 1941/42 für die Belagerung Leningrads (St. Petersburg) mitverantwortlich, im Januar 1942 von seiner Funktion entbunden. 1948 zu drei Jahren Haft verurteilt, die wegen der Kriegsgefangenschaft als verbüßt galten. Verstorben am 29. April 1956. 1965 wurde in der BRD eine inzwischen aufgegebene Bundeswehrkaserne nach ihm benannt

Lehmann, Rudolf

geboren am 11. Dezember 1890; Leiter der Rechtsabteilung beim OKW und Generaloberstabsrichter; mitverantwortlich dafür, dass Übergriffe deutscher Soldaten gegen die sowjetische Zivilbevölkerung straffrei blieben. 1948, nach drei Jahren Kriegsgefangenschaft, zu sieben Jahren Haft verurteilt, 1950 vorzeitig entlassen, gestorben am 26. Juli 1955

Mansfeld, Werner

geboren am 12. Dezember 1893; ab Mai 1933 Ministerialdirektor im Reichsarbeitsministerium; Leiter der Geschäftsgruppe Arbeitseinsatz in Görings Dienststelle Vierjahresplan; Verbleib unbekannt

Manstein, Erich von

geboren am 24. November 1887; hieß eigentlich Erich Lewinski; 1939 Chef des Generalstabes Heeresgruppe Süd; wegen strategischer Differenzen mit Hitler abgesetzt; 1949 von einem britischen Militärgericht zu 18 Jahren Haft verurteilt, die dann auf 12 Jahre verkürzt wurde; 1953 Entlassung wegen Krankheit; Berater Adenauers und der Bundeswehr; gestorben am 10. Juni 1973

Reichenau, Walter von

geboren am 8. Oktober 1884, Generalfeldmarschall, Oberbefehlshaber der 10. und später der 6. Armee, Chef der Heeresgruppe Süd ab 1. Dezember 1941, gestorben am 17. Januar 1942 an einem Schlaganfall bei einer Bruchlandung

Reinecke, Hermann

geboren am 14. Februar 1888; als General für das Kriegsgefangenenwesen zuständig; Chef des Allgemeinen Wehrmachtsamtes im OKW; Beisitzer am VGH an Freislers Seite, auch bei den Prozessen gegen die Verschwörer des 20. Juli 1944; wurde zu lebenslanger Haft verurteilt und am 1. Oktober 1954 begnadigt; gestorben am 10. Oktober 1973

Reinhardt, Georg-Hans

geboren am 1. März 1887; Generaloberst; 1944 Oberbefehlshaber der Heeresgruppe Mitte bzw. Nord; 1948 zu 15 Jahren Haft verurteilt, im Juni 1952 entlassen; ab 1954 Vorsitz der Gesellschaft für Wehrkunde, wofür er 1962 das Große Verdienstkreuz des Verdienstordens der Bundesrepublik Deutschland erhielt, gestorben am 24. November 1963

Röhm, Ernst

geboren am 28. November 1887; 1920 Eintritt in die NSDAP; baut die SA zu einer schlagkräftigen Massenorganisation aus, die mit der SS und der Reichswehr konkurriert; 1933 Reichsminister; manipulierte Gerüchte über einen angeblich bevorstehenden Putsch der SA, bieten Hitler den Anlass, Röhm am 30. Juni 1934 verhaften und am Tag danach erschießen zu lassen

Roosevelt, Franklin Delano

geboren am 30. Januar 1882; von 1932 bis 1945 Präsident der USA; wegen des andauernden Krieges Präsident mit der längsten Regierungszeit in den Vereinigten Staaten; gestorben am 12. April 1945

Roques, Karl von

geboren 7. Mai 1880; General der Infanterie; Befehlshaber des rückwärtigen Heeresgebietes Süd, wo er Morde von Sonderkommandos legitimierte; am 28. Oktober 1948 zu 20 Jahren Haft verurteilt, wo er nach einer Operation am 24. Dezember 1949 verstarb

Rosenberg, Alfred

geboren am 12. Januar 1893; Reichsminister für die besetzten Ostgebiete; Reichstagsmitglied; Reichsleiter der NSDAP für Weltanschauung und Außenpolitik; Herausgeber der Tageszeitung *Völkischer Beobachter* und der *NS-Monatshefte*; Leiter des außenpolitischen Amtes der NSDAP; Sonderbeauftragter für die gesamte geistige und weltanschauliche Schulung der NSDAP; Reichsminister für die besetzten Ostgebiete; General der SS und der SA; Verhaftung am 19. Mai 1945 in Flensburg; Todesurteil am 1. Oktober 1946 in Nürnberg; Vollstreckung am 16. Oktober 1946 durch Erhängen

Salmuth, Hans von

geboren am 29. November 1888; Generaloberst; 1948 wegen seiner Befehle zur Partisanenbekämpfung zu 20 Jahren Haft verurteilt; im Juli 1953 entlassen; gestorben am 1. Januar 1962

Stalin, Josef Wissarionowitsch

geboren am 21. Dezember 1879; seit 1927 Zentralfigur der 1922 gegründeten UdSSR; als Marschall (1943) und Generalissimus (1945) formeller Oberbefehlshaber der sowjetischen Streitkräfte, gestorben am 5. März 1953. Mit US-Präsident Roosevelt und dem britischen Premier gehörte er zu den Großen Drei, die den Kern der Anthitlerkoalition bildeten

Tiessler, Walter

geboren am 18. Dezember 1903; 1925 Kreisleiter der NSDAP; 1926 Gaupropagandaleiter in Halle; ab 1934 Reichspropagandaleitung in München; ab 1940 Abteilungsleiter für Propaganda; Verbleib unbekannt

Todt, Fritz

geboren am 4. September 1891 in Pforzheim; Generalinspektor für das deutsche Straßenwesen, leitete den Bau der Autobahnen; ab 1940 Reichsminister für Bewaffnung und Munition. Nach ihm war die 1938 gegründete und militärisch organisierte Bautruppe benannt: Organisation Todt (OT); gestorben am 8. Februar 1942 bei einem Flugzeugabsturz bei Rastenburg

Tschuikow, Wassili Iwanowitsch

geboren am 12. Februar 1900; Befehlshaber bei der Stalingradschlacht; an der Einnahme Berlins beteiligt; Oberbefehlshaber der sowjetischen Besatzungstruppen und Chef der sowjetischen Militäradministration in der SBZ/DDR; gestorben im März 1982

Wagner, Eduard

geboren am 1. April 1894, als Generalquartiermeister des Heeres maßgeblich für das Sterben der sowjetischen Kriegsgefangenen verantwortlich; später Teilnehmer am Attentat vom 20. Juli 1944 (er stellte Claus Schenk Graf von Stauffenberg ein Flugzeug bereit, das ihn, seinen Adjutanten Oberleutnant Werner von Haeften und Generalmajor Hellmuth Stieff am 20. Juli 1944 von Berlin zum Führerhauptquartier Wolfsschanze in Ostpreußen und dann wieder zurück nach Berlin brachte; Selbstmord am 23. Juli 1944

Warlimont, Walter

geboren am 3. Oktober 1894; General, zuletzt Stellvertreter von Generaloberst Alfred Jodl im Wehrmachtführungsstab; an der Vorbereitung des Überfalls auf die Sowjetunion beteiligt, Mitunterzeichner des »Kommissar-Befehls«; 1948 zu lebenslanger Haft verurteilt; 1954 vorzeitig entlassen; gestorben am 9. Oktober 1976

Wöhler, Otto

geboren am 12. Juli 1894; General, zuletzt Oberbefehlshaber der 8. Armee und dann der Heeresgruppe Süd; 1948 wegen seiner Beteiligung an Einsatzgruppenaktivitäten zu acht Jahren Haft verurteilt, im Januar 1951 vorzeitig entlassen; gestorben am 5. Februar 1987

Abkürzungsverzeichnis

BArch	Bundesarchiv
DAF	Deutsche Arbeitsfront
DDR	Deutsche Demokratische Republik
DJ	Deutsche Justiz
Dulag	Kriegsgefangenen-Durchgangslager
EK	Einsatzkommando
EM	Einsatzmeldung
Heilag	Kriegsgefangenenlager für kranke und verletzte Soldaten
HLKO	Haager Landkriegsordnung
KdF	Kraft durch Freude
KPdSU	Kommunistische Partei der Sowjetunion
KZ	Konzentrationslager
MWD	Ministerium für Innere Angelegenheiten
LG	Landgericht
MA	Militärarchiv
MWD	Ministerium für Innere Angelegenheiten
NKWD	Volkskommissariat für Innere Angelegenheiten (Juli 1934-1946)
NSDAP	Nationalsozialistische Arbeiterpartei
NSV	Nationalsozialistische Volkswohlfahrt
Oflag	Kriegsgefangenenlager für Offiziere
OKH	Oberkommando des Heeres
OKW	Oberkommando der Wehrmacht
O.T.	Organisation Todt
RGBl.	Reichsgesetzblatt
RKG	Reichskriegsgericht
SBZ	Sowjetische Besatzungszone
SD	Sicherheitsdienst (vorher Ic-Dienst) = Nachrichtendienst der SS
SED	Sozialistische Einheitspartei Deutschlands
SMAD	Sowjetische Militäradministration in Deutschland
SMT	Sowjetisches Militärtribunal

SS	Schutzstaffel der NSDAP
Stalag	Stammlager (Kriegsgefangenenlager für Mannschaftsdienstgrade)
Uffz.	Unteroffizier
VGH	Volksgerichtshof
WASt	Wehrmachtsauskunftsstelle (in Berlin)
ZK	Zentralkomitee

Literaturverzeichnis

Aly, Götz, »Endlösung«. Völkerverschieung und der Mord an den europäischen Juden, Frankfurt am Main 1995

Angrick, Andrej, Besatzungspolitik und Massenmord: die Einsatzgruppe D in der südlichen Sowjetunion 1941-1943, Hamburg 2003

Arnold, Klaus Jochen, Die Wehrmacht und die Besatzungspolitik in den besetzten Gebieten der Sowjetunion. Kriegsführung und Radikalisierung im »Unternehmen Barbarossa«, Berlin 2005

Bartsch, Michael/Schebesch, Hans Frieder/Scheppelmann, Rainer, Der Krieg im Osten 1941-1945, Köln 1981

Borgsen, Werner/Volland, Klaus, Stalag X B Sandbostel. Zur Geschichte eines Kriegsgefangenen- und Auffanglagers in Norddeutschland 1939-1945, Bremen 1991

Bräutigam, Otto, So hat es sich zugetragen, Würzburg 1968

Browning, Christopher R., Ganz normale Männer. Das Reserve-Polizeibataillon 101 und die »Endlösung« in Polen, Hamburg 1993

Broszat, Martin/Fröhlich, Elke, Alltag und Widerstand, Bayern im Nationalsozialismus, München 1987

De Zayas, Alfred M., Die Wehrmacht-Untersuchungsstelle: deutsche Ermittlungen über alliierte Völkerrechtsverletzungen im Zweiten Weltkrieg, München 1980.

Dallin, Alexander, Deutsche Herrschaft in Russland 1941-1945. Eine Studie über Besatzungspolitik, Düsseldorf 1958, Nachdruck 1981

Datner, Szymon, Crime against POWs. Responsibility of the Wehrmacht, Warszawa 1964

Datner, Szymon/Gumkowski, Janusz/ Leszczynski, Kazimierz, Genocide 1939-1945, Warzawa 1962

Ebert, Jens (Hrsg.), Feldpostbriefe aus Stalingrad November 1942-Januar 1943, Göttingen 2003

Förster, Jürgen, Die Sicherung des »Lebensraums«, Stuttgart, 1983, S. 1030-1078; in: Militärgeschichtliches Forschungsamt (Hrsg.), Das Deutsche Reich und der Zweite Weltkrieg. Der Angriff auf die Sowjetunion, Band 4, Teil 1

Förster, Jürgen, Rückblick auf das »Unternehmen Barbarossa«, Frankfurt am Main, Berlin 1979, S. 115-129; in: Friedrich/Wollenberger, Licht in den Schatten der Vergangenheit

Friedrich, Jörg, Das Gesetz des Krieges, Das deutsche Heer in Russland 1941 bis 1945. Der Prozess gegen das Oberkommando der Wehrmacht, München, Zürich 1993

Fritzsche, Claus, Das Ziel: überleben. Sechs Jahre hinter Stacheldraht, Zweibrücken 2000

Grabitz, Helge/Bästlein, Klaus/Tuchel, Johannes (Hrsg.), Die Normalität des Verbrechens, Berlin 1994

Gerlach, Christian, Kalkulierte Morde: die deutsche Wirtschafts- und Vernichtungspolitik in Weißrussland 1941 bis 1944, Hamburg 1999.

Goldhagen, Daniel Jonah, Hitlers willige Vollstrecker. Ganz gewöhnliche Deutsche und der Holocaust, Berlin 1996

Harris, Whitney R., Tyrannen vor Gericht: Das Verfahren gegen die deutschen Hauptkriegsverbrecher nach dem Zweiten Weltkrieg in Nürnberg 1945-1946, Berlin 2008

Hartmann, Christian, Massensterben oder Massenvernichtung? Sowjetische Kriegsgefangene im »Unternehmen Barbarossa«. Aus dem Tagebuch eines deutschen Lagerkommandanten, München 2001, S. 97-158, in: *Vierteljahreshefte für Zeitgeschichte,* 49/2001, Heft 1

Haupt, Werner, 1945. Das Ende im Osten, Dorheim 1970

Haus der Geschichte der Bundesrepublik Deutschland (Hrsg.), Kriegsgefangene. Sowjetische Kriegsgefangene in Deutschland, deutsche Kriegsgefangene in der Sowjetunion, Düsseldorf 1995

Heer, Hannes/Naumann, Klaus (Hrsg.), Vernichtungskrieg, Verbrechen der Wehrmacht 1941-1944, Hamburg 1995

Herbert, Ulrich, Fremdarbeiter. Politik und Praxis des »Ausländer-Einsatzes« in der Kriegswirtschaft des Dritten Reiches, Berlin, Bonn 1985

Herbert, Ulrich, Geschichte der Ausländerpolitik in Deutschland, München 2001

Herbert, Ulrich (Hrsg.), Nationalsozialistische Vernichtungspolitik 1939-1945. Neue Forschungen und Kontroversen, Frankfurt am Main 1998

Heydecker, Joe J./Leeb, Johannes, Der Nürnberger Prozess, Köln 1979

Hilger, Andreas, Deutsche Kriegsgefangene in der Sowjetunion 1941-1956. Kriegsgefangenenpolitik, Lageralltag und Erinnerung, Essen 2000

Hochhuth, Rolf, Eine Liebe in Deutschland, Hamburg, 1980

Hüser, Karl/Otto, Reinhard, Das Stammlager 326 (VI K) Senne 1941-1945, Bielefeld 1992

Jacobsen, Hans-Adolf, Kommissarbefehl und Massenexekution sowjetischer Kriegsgefangener, in: Anatomie des SS-Staates, Band 2, Olten 1965, S. 163-279

Jacobsen, Hans-Adolf/Löser, Jochen/Proektor, Daniel/Slutsch, Sergej (Hrsg.), Deutsch-russische Zeitenwende. Krieg und Frieden 1941-1995, Baden-Baden 1995

Klee, Ernst/Dreßen, Willi, Gott mit uns. Der deutsche Vernichtungskrieg im Osten 1939-1945, Frankfurt a. M. 1989

Klee, Ernst, Personallexikon zum Dritten Reich, Frankfurt a. M. 2003

Klemp, Stefan, »Nicht ermittelt«, Polizeibataillone und die Nachkriegsjustiz. Ein Handbuch, Essen 2005

Knopp, Guido, Der verdammte Krieg. »Unternehmen Barbarossa«, Überfall auf die Sowjetunion 1939-41, München 1991

Kohl, Paul, »Ich wundere mich, dass ich noch lebe«, Gütersloh 1990

Krausnick, Helmut, Hitlers Einsatzgruppen. Die Truppen des Weltanschauungskrieges 1938-1942, Frankfurt a. M. 1985

Kurowski, Franz, Fränkische Infanterie, Würzburg 1970

Lauerwald, Hannelore, In fremdem Land, Kriegsgefangene im Stalag VIII A Görlitz 1939-1945. Tatsachen, Briefe, Dokumente, Görlitz 1996

Littell, Jonathan, Die Wohlgesinnten, Berlin 2008.

Marxen, Klaus, Das Volk und sein Gerichtshof, Frankfurt a. M. 1994

Mai, Uwe, Kriegsgefangen in Brandenburg, Stalag III A in Luckenwalde 1939-1945, Berlin 1999

Meyer-Seitz, Christian, Die Verfolgung von NS-Straftaten in der Sowjetischen Besatzungszone, Berlin 1998

Müller, Klaus-Dieter/Nikischin, Konstantin/Wagenlehner, Günther (Hrsg.), Die Tragödie der Gefangenschaft in Deutschland und in der Sowjetunion 1941-1956, Köln, Weimar 1998

Müller-Ballin, Gabi, Die Nürnberger Prozesse 1945-1949, Nürnberg 1995

Müller, Norbert (Hrsg.), Deutsche Besatzungspolitik in der UdSSR 1941-1944, Köln 1980

Müller, Norbert (Hrsg.), Die faschistische Okkupationspolitik in den zeitweilig besetzten Gebieten der Sowjetunion (1941-1944), Berlin 1991

Niedersächsische Landeszentrale für politische Bildung, Sowjetische Kriegsgefangene 1941-1945, Leiden und Sterben in den Lagern Bergen-Belsen, Oerbke, Wietzendorf, Broschüre zur Sonderausstellung, Loheide 1991

Osterloh, Jörg, Sowjetische Kriegsgefangene 1941-1945 im Spiegel nationaler und internationaler Untersuchungen, Dresden 1995

Overmans, Rüdiger, Soldaten hinter Stacheldraht, Deutsche Kriegsgefangene des Zweiten Weltkriegs, Berlin, München, 2000

Overmans, Rüdiger, Die Kriegsgefangenenpolitik des Deutschen Reiches 1939 bis 1945, S. 729-875; in: Militärgeschichtliches Forschungsamt (Hrsg.), Das Deutsche Reich und der Zweite Weltkrieg. Die Deutsche Kriegsgesellschaft 1939-1945, Ausbeutung, Deutungen, Ausgrenzung, Band 9, Teil 2, Stuttgart 2005

Peter, Erwin/Epifanow, Alexander E., Stalins Kriegsgefangene. Ihr Schicksal in Erinnerungen und nach russischen Archiven, 2. Auflage, Graz 1998

Pohl, Dieter, Die Herrschaft der Wehrmacht. Deutsche Militärbesatzung und einheimische Bevölkerung in der Sowjetunion 1941-1944, München 2008

Polian, Pavel, Deportiert nach Hause. Sowjetische Kriegsgefangene im »Dritten Reich« und ihre Repatriierung, München 2001

Reichelt, Hans, Die deutschen Kriegsheimkehrer. Was hat die DDR für sie getan?, Berlin 2007

Reuß, Ernst, Vier Sektoren – eine Justiz, Berlin 2003

Rückerl, Adalbert, NS-Verbrechen vor Gericht, Heidelberg 1982

Rürup, Reinhard (Hrsg.), Der Krieg gegen die Sowjetunion 1941-1945, Berlin 1991

Schönherr, Klaus, Der Rückzug der Heeresgruppe A über die Krim bis Rumänien, München, 2007, S. 451-493; in: Militärgeschichtliches Forschungsamt (Hrsg.), Die Ostfront 1943/44. Der Krieg im Osten und an den Nebenfronten, Band 8, Teil 1

Schwarberg, Günther, Der SS-Arzt und die Kinder vom Bullenhuser Damm, Göttingen 1988

Shepetinski, Jacob, Die Jacobsleiter. Erinnerungen eines Shoa- und Gulag-Überlebenden, Zürich 2005

Shirer, Wiliam L., Aufstieg und Fall des Dritten Reiches, Köln 1961

Stiftung Sächsischer Gedenkstätten (Hrsg.), Für die Lebenden Der Toten gedenken, Dresden 2003

Stopsack, Hans Herrmann/Eberhard, Thomas (Hrsg.), Stalag VI A Hemer, Kriegsgefangenenlager 1939-1945. Eine Dokumentation, Hemer 1995

Streim, Alfred, Die Behandlung sowjetischer Kriegsgefangenenlager im »Fall Barbarossa«, Karlsruhe 1981

Streim, Alfred, Sowjetische Gefangene in Hitlers Vernichtungskrieg, Heidelberg 1982

Streit, Christian, Keine Kameraden. Die Wehrmacht und die sowjetischen Kriegsgefangenen 1941-1945, 1. Auflage Stuttgart 1978

Taylor, Telford, Die Nürnberger Prozesse. Hintergründe, Analysen und Erkenntnisse aus heutiger Sicht, München 1994

Ueberschär, Gerd R./Wette, Wolfram (Hrsg).: Der deutsche Überfall auf die Sowjetunion. »Unternehmen Barbarossa« 1941, Frankfurt a. M. 1997

Welzer, Harald, Täter. Wie aus ganz normalen menschen Massenmörder werden., Frankfurt a. M 2005

Wilhelm, Hans-Heinrich, Die Einsatzgruppe A der Sicherheitspolizei und des SD 1941/42, Frankfurt a. M 1996

Wrobel, Hans, Strafjustiz im totalen Krieg. Aus den Akten des Sondergerichts Bremen 1940 bis 1945, Band 1-3, Bremen 1991-1994

Zeidler, Manfred, Stalinjustiz contra NS-Verbrechen, Dresden 1996

Inhalt

Bildnachweis

Archiv des Autors (17, 18, 19, 30, 52, 97, 115, 116, 122, 123, 149, 168, 169, 173, 200, 202, 203, 204); Bundesarchiv Koblenz (14, 22, 29, 31, 32, 33, 35, 39, 42, 46, 75, 81, 88, 92, 100, 142, 175); Stiftung Niedersächsische Gedenkstätten (65); Bundesarchiv Ludwigsburg (83, 84)